Die selbstständige Tätigkeit im Insolvenzverfahren und die Negativerklärung gemäß § 35 II 1 InsO

Schriften zum Zivilverfahrensrecht und Insolvenzrecht

Herausgegeben von Martin Ahrens

Band 5

PL ACADEMIC RESEARCH

Steffen Gotter

Die selbstständige Tätigkeit im Insolvenzverfahren und die Negativerklärung gemäß § 35 II 1 InsO

PL ACADEMIC RESEARCH

Bibliografische Information der Deutschen Nationalbibliothek
Die Deutsche Nationalbibliothek verzeichnet diese Publikation in der Deutschen Nationalbibliografie; detaillierte bibliografische Daten sind im Internet über http://dnb.d-nb.de abrufbar.

Zugl.: Osnabrück, Univ., Diss., 2014

Gedruckt auf alterungsbeständigem,
säurefreiem Papier.

D 700
ISSN 2192-4953
ISBN 978-3-631-65749-2 (Print)
E-ISBN 978-3-653-05043-1 (E-Book)
DOI 10.3726/978-3-653-05043-1

PL Academic Research ist ein Imprint der Peter Lang GmbH.

Peter Lang – Frankfurt am Main · Bern · Bruxelles · New York · Oxford · Warszawa · Wien

Diese Publikation wurde begutachtet.

www.peterlang.com

Vorwort

Die vorliegende Arbeit wurde im Sommersemester 2014 vom Fachbereich Rechtswissenschaften der Universität Osnabrück als Dissertation angenommen. Gesetzgebung, Rechtsprechung und Literatur konnten bis Februar 2014 berücksichtigt werden.

Wie viele andere Veröffentlichungen wäre auch diese nicht ohne Mithilfe und Unterstützung entstanden. In erster Linie möchte ich mich bei meinem Doktorvater bedanken – Prof. Dr. Ulrich Foerste. Er hat nicht nur die Grundlage für diese Arbeit gelegt, sondern mich auch während der Forschungszeit mit großem Interesse unterstützt: sei es durch hilfreiche Tipps, Hinweise und Kritik, sei es durch die Einbindung in spannende und deswegen positiv ablenkende Projekte. Herzlich bedanken möchte ich mich auch bei Prof. Dr. Hans-Jürgen Ahrens für die rasche Erstellung des Zweitgutachtens und das Interesse an dem behandelten Thema. Schließlich gebührt ein großer Dank meinen Kollegen Christoph Bielak, Arne Krämer und Hauke Dietrich. Ohne ihre vielen Anregungen wäre diese Arbeit nicht möglich gewesen.

Lübeck, im September 2014

Inhaltsverzeichnis

Literaturverzeichnis XIII

Einführung 1

A. Problemaufriss 1
B. Untersuchungsziel 2
C. Gang der Darstellung 4

Erster Teil: Der historische Hintergrund des § 35 II InsO 5

A. Neuerwerb und Neuverbindlichkeiten 5
I. Nettovermögenstheorie 5
II. Masseverbindlichkeiten 6
1. Stimmen der Literatur 7
2. Die herrschende Meinung 7
3. Die obergerichtliche Rechtsprechung 8
4. Kritik an der Rechtsprechung 9
III. Freigabe des Neuerwerbs 10
B. Bei Verfahrenseröffnung bestehende Alt-Verträge 11
I. Dauerschuldverhältnisse im Sinne des § 108 I 1 InsO 11
II. Verträge im Sinne des § 103 InsO 13
C. Ruf nach dem Gesetzgeber 14

Zweiter Teil: Die Negativerklärung und ihre Reichweite 15

A. Meinungsstand 16
I. Weite Auslegung 16
II. Enge Auslegung 18
III. Vermittelnde Auslegung 19
IV. Sonderproblem Alt-Verträge 20
1. Alt-Verträge im Sinne des § 103 I InsO 20
2. Alt-Verträge im Sinne des § 108 I 1 InsO 21
B. Stellungnahme 21
I. Der Wortlaut des § 35 II 1 InsO 22
1. Die Präposition „aus“ 22
2. Verträge als „Vermögen“? 23
II. Historisch-teleologische Auslegung 24

III. Systematische Auslegung ... 26
1. Die Negativerklärung als „Freigabe“ des Unternehmens en bloc ... 26
a) Entscheidungsprärogative der Insolvenzgläubiger ... 26
b) Folgerung für § 35 II 1 InsO ... 28
2. Die Negativerklärung als „Freigabe“ der Alt-Verträge ... 31
a) Der hinkende Vergleich mit § 109 I 2 InsO ... 31
b) Perpetuierung versus Sanierung ... 32
IV. Ergebnis ... 35
C. Vertiefung: Neuerwerb aus der selbstständigen Tätigkeit ... 36
I. Vermögen, das der selbstständigen Tätigkeit „gewidmet“ ist ... 36
1. Widmungsbefugnis ... 36
2. Mischnutzung ... 37
II. Neuerwerb aus unerfüllten insolvenzfreien Alt-Verträgen ... 38
III. Neuerwerb aus der Verwertung von Alt-Umlaufvermögen ... 39
D. Zusammenfassung ... 42

Dritter Teil: Die zeitliche Dimension der Negativerklärung ... 43

A. Meinungsstand ... 43
B. Stellungnahme ... 46
I. Die Materialien ... 46
II. Keine Masseverbindlichkeiten aus der selbstständigen Tätigkeit ... 47
1. § 55 I Nr. 1 Alt. 1 InsO: Duldung der selbstständigen Tätigkeit ... 48
2. Duldungs- und Anscheinsvollmacht ... 49
3. Schweigen als Positiverklärung ... 50
III. Ergebnis ... 51

Vierter Teil: Die „entsprechende“ Anwendung des § 295 II InsO ... 53

A. Pflicht oder Obliegenheit ... 53
I. Meinungsstand ... 54
II. Stellungnahme ... 55
B. Die abstrakte Höhe der Zahlungen ... 56
I. Meinungsstand ... 56
II. Stellungnahme ... 57
C. Die konkrete Höhe der Zahlungen ... 59
I. Meinungsstand ... 59
II. Stellungnahme ... 61
1. Bestimmungspflicht des Verwalters ... 61

2. Prozessuale Möglichkeiten für den Verwalter 62
a) Beweiserleichterung gemäß § 287 II ZPO 62
b) Stufenklage 63
c) Feststellungsklage des Verwalters 64
3. Feststellungsklage des Schuldners 65
D. Fälligkeit der Zahlungen 66
I. Meinungsstand 66
1. „Quasi-Fälligkeit" in der Wohlverhaltensphase 66
2. Fälligkeit im Insolvenzverfahren 68
II. Stellungnahme 69
1. Monatliche Zahlungen 70
2. Fälligkeit bei entschuldigten Rückständen 71
E. Die Zahlungspflicht und der Schlusstermin 73
I. Die Zahlungen des Schuldners und „laufendes Einkommen" 73
II. Zahlungsrückstände und der Schlusstermin 74
F. Dauer der Abführpflicht 75
I. Beginn der Abführpflicht 76
II. Ende der Abführpflicht 76
G. Vollstreckungsschutz gegen Zugriffe der Neugläubiger 76
I. Vorrang der Masse 78
1. Kein Vorrang der Insolvenzgläubiger in der Wohlverhaltensphase 78
2. Vorrang der Insolvenzgläubiger im Insolvenzverfahren 79
II. Pfändungsschutz für den Schuldner 80
1. Pfändungsschutz gemäß § 811 I Nr. 5 und Nr. 7 ZPO 80
2. Pfändungsschutz gemäß §§ 850i I, 850f I lit. b ZPO 80
III. Vollstreckungsrechtliche Rechtsbehelfe für den Verwalter 81
1. Zulässigkeit von Sicherungsübereignung und Sicherungszession 82
2. Einzelheiten 83
a) Die Sicherungsabrede 83
aa) Bewegungsfreiheit des Schuldners 83
bb) Sicherungsfähiger Anspruch 84
cc) Bestimmtheit 84
(1) Sicherungszession 84
(2) Sicherungsübereignung 85
dd) Zwischenergebnis 86
b) Verwertungsreife 86
H. Die Zahlungspflicht und § 290 I Nr. 5 InsO 87
I. Zusammenfassung 88

Fünfter Teil: Die Unwirksamkeit der Negativerklärung 91

A. Meinungsstand 91
I. Unwirksamkeit ex nunc 91
II. Unwirksamkeit ex tunc 93
B. Stellungnahme 94
I. Die dogmatische Grundlage der bisherigen Auffassungen 94
II. Rechtsfolgen der gebundenen Positiverklärung 94
1. Der Wortlaut des § 35 II 1 InsO 94
2. Teleologische Betrachtungen 95
3. Zwischenergebnis 96
III. Folgefragen 96
1. Noch nicht (vollständig) erfüllte Verträge 97
2. Rückabwicklungen 98
3. Anfechtung gemäß §§ 129 ff. InsO analog 99
a) Allgemeine Voraussetzungen für eine Analogie 99
aa) Planwidrige Regelungslücke 99
bb) Vergleichbare Interessenlage 100
(1) Vergleichbarkeit der gebundenen Positiverklärung mit einer Verfahrenseröffnung 100
(2) Ziele des Anfechtungsrechts 100
(a) Gläubigergleichbehandlung 101
(b) Vermögensverschiebungen 102
b) Die Tatbestände der §§ 130 ff. InsO 102
aa) Die Anfechtungstatbestände der §§ 130 – 132 InsO 102
(1) Analogie zu § 132 InsO 102
(2) Analogie zu §§ 130, 131 InsO 103
bb) Die allgemeine Anfechtung gemäß §§ 133, 134 InsO 104
(1) Analogie zu § 133 InsO 104
(2) Analogie zu § 134 InsO 105
C. Zusammenfassende Würdigung 105

Sechster Teil: Alt-Verträge im Sinne des § 108 I 1 InsO 107

A. Allgemeines 107
B. Bisherige Lösungsvorschläge 109
I. § 109 I 2 InsO analog 109
1. Hintergrund des § 109 I 2 InsO 110
2. Unterschiede zwischen Wohnraum und beruflich genutzten Dauerschuldverhältnissen 110
II. „Relative Kündigung“ 111

III. Analoge Anwendung des § 613a BGB ... 111
1. Eingeschränkte Anwendbarkeit ... 112
2. Fehlende Unterscheidung zwischen Produktions- und Dienstleistungsbetrieben ... 113
3. Miet- und Pachtverträge ... 114
C. Eigener Lösungsvorschlag ... 116
I. Das Ausgleichsmodell ... 117
1. Die §§ 35 II 2, 295 II InsO als Grundlage für einen Ausgleich ... 117
2. Ausgleichsanspruch gegen den Schuldner ... 118
II. Das Freigabemodell ... 118
1. Freigabe des Unternehmens ... 119
a) Bestimmtheit der Freigabe ... 119
aa) „Unternehmen" als Sammelbegriff ... 120
bb) Die Grundsätze eines Raumsicherungsvertrags ... 120
b) Erforderliche Zustimmungen ... 121
aa) Zustimmung des Schuldners ... 121
bb) Zustimmung der Insolvenzgläubiger ... 122
2. Übergang der vertraglichen Rechte und Pflichten ... 122
a) Interessen des Vertragspartners ... 123
b) Kein systematischer Bruch mit § 109 I 2, 3 Alt. 2 InsO ... 125
D. Zusammenfassung ... 126

Siebter Teil: Alt-Verträge im Sinne des § 103 InsO ... 129

A. Verwalter wählt Erfüllung ... 130
B. Verwalter lehnt Erfüllung ab ... 131
I. Recht des Schuldners zur Vertragsdurchführung auf eigene Rechnung ... 132
1. Meinungsstand ... 133
2. Stellungnahme ... 133
II. Die Leistung des Vertragspartners ... 135
1. Die Gegenleistung als „Vermögen aus der selbstständigen Tätigkeit" ... 136
2. Anspruch des Schuldners auf Freigabe seines Anspruchs ... 137
3. Reichweite der Freigabe – oder: das Problem der Teilleistung ... 138
III. Sonderproblem Mietverträge ... 140

Achter Teil: Parallelverfahren ... 143

A. Antrags- und Teilnahmebefugnis ... 144
I. Neugläubiger ... 144
1. Neugläubiger aus beruflich veranlassten Schuldverhältnissen ... 144

2. Neugläubiger aus privaten Geschäften ... 145
II. Altgläubiger aus dem Erstverfahren ... 146
1. Die Konkursordnung und das Parallelverfahren ... 146
2. Stellungnahme ... 148
a) Das Erstverfahren ist noch im Gange ... 148
b) Das Erstverfahren ist ohne Restschuldbefreiung beendet ... 149
III. Ergebnis ... 150
B. Zulässigkeit des Eröffnungsantrags ... 150
I. Fremdantrag ... 150
1. Meinungsstand ... 150
a) Die „Dresdner" Auffassung ... 150
b) Die herrschende Meinung ... 152
2. Stellungnahme ... 153
3. Zwischenergebnis ... 155
II. Eigenantrag ... 155
C. Die Masse des Parallelverfahrens ... 156
I. Die Abführpflicht gemäß §§ 35 II 2, 295 II InsO ... 157
1. Abgesonderte Befriedigung § 51 Nr. 1 InsO ... 158
2. Masseverbindlichkeit ... 158
3. Der lakonische Hinweis des Bundesgerichtshofs ... 160
II. Unwirksamkeitsbeschluss gemäß § 35 II 3 InsO im Erstverfahren ... 161
D. Restschuldbefreiung ... 163
I. Parallelverfahren als Sonderinsolvenz? ... 163
II. Kein (zulässiger) Antrag auf Restschuldbefreiung im Erstverfahren ... 165
1. Die restriktive Rechtsprechung ... 165
2. Stellungnahme ... 167
3. Ergebnis ... 169
III. Beantragte Restschuldbefreiung im Erstverfahren ... 169
1. Versagung der Restschuldbefreiung gemäß § 290 I InsO ... 171
2. Antragsrücknahme im Erstverfahren ... 173
a) Zulässigkeit der Antragsrücknahme ... 173
b) Nutzanwendung der gefundenen Ergebnisse auf Parallelverfahren nach einer Negativerklärung ... 177
3. Ergebnis ... 178
E. Zusammenfassung des Achten Teils ... 178

Schlussbetrachtung ... 181

Literaturverzeichnis

Adam, Roman F., Insolvenzrecht und Grundgesetz, DZWIR 2009, S. 441-450

Ahrens, Martin, Leistungspflicht nach einer Negativerklärung, NJW-Spezial 2013, S. 85-86

–, Selbständige Tätigkeit im Insolvenzverfahren, KSzW 2012, S. 303-309

–, Der Pkw des Schuldners in der Insolvenz, NJW-Spezial 2012, S. 725-726

–, Rechtsfolgen der Erklärung nach § 35 II InsO für Vertragsverhältnisse, NJW-Spezial 2012, S. 341-342

–, Negativerklärung zur selbstständigen Tätigkeit gem. § 35 II InsO, NZI 2007, S. 622-626

Alter, Thomas, Anm. zu Thüringer FG, Urt. v. 11.9.2003 – IV 966/02, ZInsO 2004, S. 393-394

Andres, Dirk, Anmerkung zu BGH, Urt. v. 9.2.2012 IX ZR 75/11, NZI 2012, S. 413

–, Die geplante Neuregelung des Neuerwerbs des selbstständigen Schuldners in der Insolvenz, NZI 2006, S. 198-201

Andres, Dirk/Leithaus, Rolf, Kommentar zur Insolvenzordnung, 2. Auflage, München 2011 (zitiert: Andres/Leithaus/*Bearbeiter*)

Andres, Dirk/Pape, Gerhard, Die Freigabe des Neuerwerbs als Mittel zur Bewältigung der Probleme einer selbstständigen Tätigkeit des Schuldners, NZI 2005, S. 141-147

Annuß, Georg, Der Betriebsübergang nach „Ayse Süzen“, NZA 1998, S. 70-77

Arens, Stephan, Steuerforderungen im Zusammenhang mit dem Neuerwerb nach Neuregelung des § 35 InsO – Zugleich eine Besprechung des Urteils des FG Nürnberg vom 11.12.2008, 4 K 1394/ 2007, DStR 2010, S. 446-450

Bamberger, Heinz Georg/Roth Herbert, Kommentar zum Bürgerlichen Gesetzbuch, 3. Auflage 2012 (zitiert: Bamberger/Roth/*Bearbeiter* BGB)

Baumbach, Adolf/Hopt, Klaus J., Kommentar zum Handelsgesetzbuch, 36. Auflage, München 2014 (zitiert: Baumbach/Hopt/*Bearbeiter* HGB)

Bai, Alexandra, Die Freigabe im Insolvenzverfahren, Hamburg 2009 (zitiert: *Bai* Freigabe)

Bärenz, Christian, Von der Erlöschenstheorie zur Theorie der insolvenzrechtlichen Modifizierung – zur Dogmatik der neuen BGH-Rechtsprechung zu § 103 InsO, NZI 2006, S. 72-76

Bartels, Klaus, Freigabe des Unternehmens und Enthaftung des verbleibenden Alterwerbs (Masse) nach § 35 Abs. 2 Satz 1 InsO – Zugleich eine Besprechung von BGH, 9.2.2012 – IX ZR 75/11 = BGHZ 191, 192, 332 ff. –, KTS 2012, S. 381-403

Beisel, Wilhelm/Klumpp, Hans-Hermann, Der Unternehmenskauf, 6. Auflage, München 2009 (zitiert: Beisel/Klumpp/*Bearbeiter* Unternehmenskauf)

Berger, Christian, Die unternehmerische Tätigkeit des Insolvenzschuldners im Rahmen der Haftungserklärung nach § 35 Abs. 2 InsO, ZInsO 2008, S. 1101-1108

–, Immaterielle Wirtschaftsgüter in der Insolvenz, ZInsO 2013, S. 569-578

Bork, Reinhard, Vorleistungen des Schuldners in der Insolvenz, in: Festschrift für Jobst Wellensiek, Hrsg.: Michael Flitsch u. a., München 2011, S. 201-210 (zitiert: *Bork* FS Wellensiek)

–, Zur Dogmatik des § 17 KO, in: Festschrift für Albrecht Zeuner, Hrsg.: Karl August Bettermann u. a., Tübingen 1994, S. 297-315 (zitiert: *Bork* FS Zeuner)

Braun, Eberhard, Insolvenzordnung (InsO) Kommentar, 5. Auflage, München 2012 (zitiert: Braun/*Bearbeiter*)

Bülow, Peter, Recht der Kreditsicherheiten, 7. Auflage, Heidelberg 2007 (zitiert: *Bülow* Kreditsicherheiten)

Dahl, Michael, Auswirkung der Freigabe des Geschäftsbetriebs auf bestehendes Mietverhältnis, Praxishinweis zu LG Krefeld, Urt. v. 24.02.2010 – 2 O 346/09, Verbraucherinsolvenz aktuell (Heft 7), Juli 2010, S. 54

–, Im Überblick: Der Mieter in der Insolvenz, NZM 2008, S. 585-593

–, Unternehmensfreigabe nach § 35 II, III InsO – Insolvenzmasse, NJW-Spezial 2007, 485-486

Dahl, Michael/Schindler, Dennys, Auswirkungen der Negativerklärung gem. § 35 II 1 InsO auf bestehende Dauerschuldverhältnisse, VIA 2011, S. 1-3

Delhaes, Wolfgang, Zur Kündigung von Wohnraummietverhältnissen durch den Treuhänder im Verbraucherinsolvenzverfahren, in: Festschrift für Wilhelm Uhlenbruck, Hrsg.: Hanns Prütting und Heinz Vallender, Köln 2000, S. 585-604 (zitiert: *Delhaes* FS Uhlenbruck)

Ebenroth, Carsten Thomas/Boujong, Karlheinz/Joost, Detlev/Strohn, Lutz, Handelsgesetzbuch, Band 1 §§ 1- 342e, Hrsg.: Joost, Detlev/Strohn, Lutz,

2. Auflage, München 2008 (zitiert: Ebenroth/Boujong/Joost/Strohn/*Bearbeiter* HGB)

Eckardt, Diederich, Kurzkommentar zu LG Erfurt, Urt. v. 30.10.2002 – 3 O 2992/01 (nicht rechtskräftig), ZIP 2002, 2325, EWiR 2003, S. 69-70

Eckert, Hans-Georg, Die Schuldnerwohnung im Verbraucherinsolvenzverfahren, ZVI 2006, S. 133-142

–, Neues im Insolvenzrecht der Wohnraummiete, NZM 2001, S. 260-263

Ehlers, Harald, Die Freigabe der selbstständigen Tätigkeit und die Sanierungsoption, ZInsO 2014, S. 53-58

–, Die Freigabe der selbstständigen Tätigkeit und die Sanierungsoption, in: Festschrift für Hans Haarmeyer: Insolvenz und Sanierung – auf der Dauerbaustelle geht es weiter, Hrsg.: Hugo Grote u. a., Köln 2013, S. 15-26 (zitiert: *Ehlers* FS Haarmeyer)

Eidenmüller, Horst, Reformperspektiven im Restrukturierungsverfahren, ZIP 2010, S. 649-660

Foerste, Ulrich, Insolvenzrecht, 5. Auflage, München 2010

–, Die Vorsatzanfechtung (§ 133 InsO) – zum politischen Potential der Begriffsjurisprudenz, in: Festschrift für Eduard Picker, Hrsg.: Thomas Lobinger, Tübingen 2010, S. 227-248 (zitiert: *Foerste* FS Picker)

Frankfurter Kommentar zur Insolvenzordnung, Hrsg.: Klaus Wimmer, 7. Auflage, Köln 2013 (zitiert: FK/*Bearbeiter*)

Frind, Frank, Praxis-Prüfstand: Die Vorschläge zur Neuordnung des Insolvenzverfahrens natürlicher Personen – Teil 2; zum Referentenentwurf v. 18.1.2012 eines Gesetzes zur Verkürzung des Restschuldbefreiungsverfahrens, zur Stärkung der Gläubigerrechte und zur Insolvenzfestigkeit von Lizenzen, ZInsO 2012, S. 668-677

Gerke, Lars/Sietz, Oliver, Reichweite des Auslagenbegriffs gem. § 54 InsO und steuerrechtliche Pflichten des Verwalters in massearmen Verfahren, NZI 2005, S. 373-380

Gerland, Heinrich, Jäger, Ernst, Die Konkursordnung auf der Grundlage des neuen Reichsrechts (Strafbestimmungen [§§ 239-244] erläutert von Carl Jäger, Staatsanwalt in Metz), KrVJSchr 46 (1905), S. 29-75

Gleichenstein, Hans von, „Freigabe der selbstständigen Tätigkeit" und Zahlungspflicht des Schuldners gem. § 35 Abs. 2, § 295 Abs. 2 InsO, ZVI 2013, S. 409-423

Gogger, Martin, Insolvenzgläubiger-Handbuch, 3. Auflage, München 2011

Gottwald, Peter, Insolvenzrechts-Handbuch, 4. Auflage, München 2010 (zitiert: Gottwald/*Bearbeiter* Insolvenzrechts-Handbuch)

Grote, Hugo, § 35 Abs. 2 und § 295 Abs. 2 InsO – Echte oder scheinbare Probleme nach der Freigabe der Selbstständigkeit, ZInsO 2011, S. 1489-1494

–, Zur Abführpflicht des Selbstständigen gem. § 295 Abs. 2 InsO in der Wohlverhaltensperiode, ZInsO 2004, S. 1105-1112

–, Wohnraummiete und Arbeitseinkommen während des eröffneten Verbraucherinsolvenzverfahrens – Steht der private Schuldner mittellos auf der Straße? NZI 2000, S. 66-69

Grote, Hugo/Pape, Gerhard, Stellungnahme zum Referentenentwurf eines Gesetzes zur Änderung der Insolvenzordnung, des Kreditwesengesetzes und anderer Gesetze, ZInsO 2004, S. 993-1005

Grund, Andreas, Anmerkung zu LG Düsseldorf, Urt. v. 23.10.2012 - 7 O 342/11, NZI 2012, S. 971-972

Gundlach, Ulf/Frenzel, Volkhard/Schirrmeister, André, Das Gesetz zur Vereinfachung des Insolvenzverfahrens, DStR 2007, S. 1352-1355

Gutsche, Lason, Die schicksalhafte Begegnung der Dauerschuldverhältnisse mit der „Freigabe" gem. § 35 Abs. 2 InsO, ZVI 2008, S. 41-47

Haarmeyer, Hans, Die „Freigabe" selbstständiger Tätigkeit des Schuldners und die Erklärungspflichten des Insolvenzverwalters – Zur praktischen Umsetzung der Neuregelung des § 35 Abs. 2 und 3 InsO, ZInsO 2007, S. 696-698

Hackländer, Philipp, Kurzkommentar zu BGH, Beschl. v. 16.7.2009 – IX ZB 219/08, EWiR 2009, S. 681-682

–, Die Schranken für den zweiten Antrag auf Restschuldbefreiung, ZInsO 2008, S. 1308-1315

Hahn, Carl/Mugdan, Benno, Die gesamten Materialien zu den Reichs-Justizgesetzen, Band IV, KO, Aalen 1983 (zitiert: *Hahn/Mugdan* Band IV)

Hamburger Kommentar zum Insolvenzrecht, Hrsg.: Andreas Schmidt, 4. Auflage, Köln 2012 (zitiert: HambKomm/*Bearbeiter*)

Hanau, Peter, Objektive Elemente im Tatbestand der Willenserklärung, Ein Beitrag zur Kritik der „stillschweigenden und schlüssigen Willenserklärungen", AcP 165 (1965), S. 220-284

Häsemeyer, Ludwig, Insolvenzrecht, 4. Auflage, Köln u. a. 2007

Heidelberger Kommentar zur Insolvenzordnung, Hrsg.: Gerhart Kreft, 6. Auflage, Heidelberg u. a. 2011 (zitiert: HK/*Bearbeiter*)

Heinze, Harald, Die Barkaution in der Insolvenz des Mieters, ZInsO 2010, S. 1073-1077

–, Anmerkung zu BAG, Urteil vom 5.2.2009 - 6 AZR 110/08, DZWIR 2009, S. 286-288

–, Die neue Freigabe des Unternehmens aus der Insolvenzmasse, ZVI 2007, S. 349-357

Henckel, Wolfram, Gegenseitige Verträge in Konkurs und Vergleich - Zu dem gleichnamigen Buch von Wolfgang Marotzke, ZZP 99 (1986), S. 419-445

–, Die Gläubigeranfechtung – ein taugliches Mittel zur Beseitigung von Verkürzungen der Konkursmasse? ZIP 1982, S. 391-399

Henning, Kai, Aktuelles zu Überschuldung und Insolvenzen natürlicher Personen, ZInsO 2004, S. 585-592

Hess, Harald/Röpke, Andreas, Die Insolvenz der kammerabhängigen freien Berufsangehörigen, NZI 2003, S. 233-280

Hess, Harald, Kommentar zur Konkursordnung, 6. Auflage, Neuwied, Kriftel 1998 (zitiert: *Hess* KO)

Heß, Rainer/Burmann, Michael, Der unbezifferte Klageantrag, NJW-Spezial 2006, S. 63

Heyn, Michaela/Welsch, Frank M., Neue Verbindlichkeiten während des Insolvenzverfahrens oder der Restschuldbefreiungsphase, InsbürO 2007, S. 102-110

Holzer, Johannes, Erklärungen des Insolvenzverwalters bei Ausübung einer selbstständigen Erwerbstätigkeit des Schuldners, ZVI 2007, S. 289-294

Hölzle, Gerrit, Kurzkommentar zu BGH, Beschl. v. 18.5.2004 – IX ZB 189/03 (LG Neubrandenburg), EWiR 2004, S. 987-988

Höpfner, Alexander, Möglichkeiten des Insolvenzverwalters zur Rückgängigmachung oder wirtschaftlichen Kompensation der Freigabe, ZIP 2000, S. 1517-1522

Ising, Petra, Pfändungsschutz für Arbeitsmittel und Vergütungsforderungen bei selbständiger Erwerbstätigkeit nach § 811 Abs. 1 Nrn. 5, 7 ZPO und § 850i Abs. 1 ZPO, Bielefeld 2007 (zitiert: *Ising* Pfändungsschutz)

Jaeger, Ernst, Insolvenzordnung Großkommentar, Hrsg.: Wolfram Henckel und Walter Gerhardt, Band I, §§ 1-55, 1. Auflage, Berlin 2004 (zitiert: Jaeger/*Bearbeiter* InsO)

–, Konkursordnung mit Einführungsgesetzen §§ 1-42, 9. Auflage, Berlin, New York 1997 (zitiert: Jaeger/*Bearbeiter* KO)

Jauernig, Othmar, Kommentar zum Bürgerlichen Gesetzbuch, 15. Auflage, München 2014 (zitiert: Jauernig/*Bearbeiter* BGB)

Kexel, Thomas, Kurzkommentar zu BGH, Beschluss vom 12.2.2009 - IX ZB 112/06, EWiR 2009, S. 545-546

Kilger, Joachim/Schmidt, Karsten, Insolvenzgesetze KO/VglO/GesO, 17. Auflage, München 1997 (zitiert: Kilger/Schmidt KO)

Kindl, Johann/Meller-Hannich, Caroline/Hans-Joachim Wolf, Gesamtes Recht der Zwangsvollstreckung, 2. Auflage, Baden-Baden 2013 (zitiert: Kindl/Meller-Hannich/Wolf/*Bearbeiter* Zwangsvollstreckung)

Kling, Stephan, Steuerrechtliche Auswirkungen der neuen Insolvenzordnung, DStR 1998, S. 1813-1817

Kloepfer, Michael, Vorwirkung von Gesetzen, München 1974 (zitiert: *Kloepfer* Vorwirkung)

Klomfaß, Ralf, Zur Bedeutung der Erklärung nach § 35 II 1 InsO, KKZ 2009, S. 241-243

Kluth, Thomas, Die freiberufliche Praxis „als solche" in der Insolvenz – „viel Lärm um nichts"? NJW 2002, S. 186-188

Kneser, Andreas, Die Verwertung von Neuerwerb des Gemeinschuldners, KTS 1958, S. 135-136

Knof, Béla, Kurzkommentar zu BGH, Beschl. v. 7.5.2009 – IX ZB 133/07 (LG Münster), ZVI 2009, 388 = NZI 2009, 482 = ZInsO 2009, 1217, EWiR 2009, S. 581-582

Kohler, Josef, Leitfaden des Deutschen Konkursrechts, 2. Auflage, Stuttgart 1903 (zitiert: *Kohler* Leitfaden Konkursrecht)

–, Lehrbuch des Konkursrechts, Stuttgart 1891 (zitiert: *Kohler* Konkursrecht)

Koller, Ingo/Roth, Wulf-Henning/Morck, Winfried, Handelsgesetzbuch, 7. Auflage, München 2011 (zitiert: Koller/Roth/Morck/*Bearbeiter* HGB)

Kothe, Wolfhard, Anmerkung zu BGH, Beschluss vom 20.3.2003 – IX ZB 388/02, NZI 2003, S. 393-394

Kothe, Wolfhard/Ahrens, Martin/Grote, Hugo, Verfahrenskostenstundung, Restschuldbefreiung und Verbraucherinsolvenzverfahren – Kommentar, 4. Auflage, Köln 2009 (zitiert: Kothe/Ahrens/Grote/*Bearbeiter*)

Kranzusch, Peter, Zur Reform des Insolvenzrechts im Bereich Restschuldbefreiung laut Regierungsentwurf, ZInsO 2012, S. 2169-2179

Kreft, Gerhart, Teilbare Leistungen nach § 105 InsO (unter besonderer Berücksichtigung des Bauvertragsrechts), in: Festschrift für Wilhelm Uhlenbruck, Hrsg.: Hanns Prütting und Heinz Vallender, Köln 2000, S. 387-403 (zitiert: *Kreft* FS Uhlenbruck)

–, Die Wende in der Rechtsprechung zu § 17 KO, in: Festschrift für Karlheinz Fuchs, Hrsg.: Rüdiger Wienberg und Ulrich Demmer, Dresden 1996, S. 115-131 (zitiert: *Kreft* FS Fuchs)

Krejci, Heinz, Betriebsübergang und Arbeitsvertrag: zugleich ein Beitrag zur Lehre von der Vertragsübernahme, Wien 1972

Kühne, Robert, Die Insolvenz des selbstständig tätigen Schuldners: Eine Analyse des § 35 Abs. 2 und Abs. 3 InsO, Baden-Baden 2013 (zitiert: *Kühne* Die Insolvenz des selbstständig tätigen Schuldners)

Kummer, Joachim/Schäfer, Berthold/Wagner, Eberhard, Insolvenzanfechtung: Fallgruppenkommentar, Köln 2012 (zitiert: Kummer/Schäfer/Wagner/*Bearbeiter* Insolvenzanfechtung)

Kupka, Natascha/Schmittmann, Jens M., Freigabe einer selbstständigen Tätigkeit und Übertragung der Betriebs- und Geschäftsausstattung nach § 35 Abs. 2 InsO n. F., InsbürO 2007, S. 386-389

Küpper, Norbert/Heinze, Frank-Rüdiger, Zu den Risiken und Nebenwirkungen der Abführpflicht aus selbstständiger Tätigkeit des Insolvenzschuldners – Das Kreuz mit dem „fiktiven" Einkommen einer angemessenen Beschäftigung, ZInsO 2009, S. 1785-1791

Lieb, Manfred, Die Haftung für Verbindlichkeiten aus Dauerschuldverhältnissen bei Unternehmensübergang, Heidelberg 1992

Lüke, Wolfgang, Probleme der Selbstständigeninsolvenz am Beispiel der Insolvenz einer Arztpraxis, Bemerkungen zu den Reformvorschlägen des Gesetzgebers, in: Humaniora, Medizin – Recht – Geschichte, Festschrift für Adolf Laufs, Hrsg.: Bernd-Rüdiger Kern u. a., Berlin/Heidelberg 2006, S. 989-1007 (zitiert: *W. Lüke* FS Laufs)

–, Die persönliche Haftung des Konkursverwalters: dargestellt am Beispiel der Haftung gegenüber neuen Massegläubigern, München 1986 (zit.: *W. Lüke* Persönliche Haftung)

–, Haftungsrecht überdacht – Überlegungen zur Systematik der Insolvenzverwalterhaftung, ZIP 2005, S. 1113-1120

Mai, Vera, Die selbstständig tätige natürliche Person im Insolvenzverfahren – Besonderheiten im Hinblick auf Pfändungsschutz und Unternehmensfortführung, in: Kölner Schrift zur Insolvenzordnung, 3. Auflage, Münster 2009, Kapitel 19, S. 597-631 (zitiert: Kölner Schrift/*Mai*)

Maus, Karl Heinz, Steuern bei Neuerwerb im Insolvenzverfahren oder: Der ungeliebte Neuerwerb, ZIP 2004, S. 389-394

Marotzke, Wolfgang, Anmerkung zu BGH, Urt. v. 25.4.2002 – IX ZR 313/99, ZZP 115 (2002), S. 507-514

–, Gegenseitige Verträge im neuen Insolvenzrecht, 3. Auflage, Neuwied/Kriftel/Berlin 2001 (zitiert: *Marotzke* Gegenseitige Verträge)

–, Änderungs- und Ergänzungsbedarf bei § 109 und § 313 InsO – Zu dem am 20.12.2000 beschlossenen Gesetzesentwurf der Bundesregierung –, KTS 2001, S. 67-72

–, Die Wohnraummiete in der Insolvenz des Mieters, KTS 1999, S. 269-289

Marwedel, Niklas, Die Suspensivtheorie zu § 103 InsO – dogmatische Brüche im Richterrecht, ZInsO 2011, S. 937-945

Menn, Florian, Rechtsfolgen der Negativerklärung nach § 35 Abs. 2 Satz 1 InsO im Insolvenzverfahren, ZVI 2011, S. 197-203

Mohrbutter, Jürgen, Zur Einwirkung des Konkurses der OHG auf die persönliche Haftung des Gesellschafters, NJW 1968, S. 1125-1127

–, Zum Absonderungsrecht des Vermieters im Konkurs des Mieters, KTS 1955, S. 10-12

Mohrbutter, Harro/Ringstmeier, Andreas, Handbuch der Insolvenzverwaltung, 8. Auflage, Köln u. a. 2007 (zitiert: Mohrbutter/Ringstmeier/*Bearbeiter*)

Mork, Petra/Heß, Benjamin, Mieterschutz contra Freigabe, Stellungnahme zum Urt. des LG Dortmund v. 12.5.2005 – 11 S 34/05, ZInsO 2005, 724, ZInsO 2005, S. 1206-1210

Mühlmann, Thomas, Insolvenzverfahren und Gewerbeuntersagung – Probleme bei Freigabe eines Gewerbebetriebes, ZInsO 2010, S. 2080-2082

Müller, Klaus, Die Einwirkung des Konkurses der OHG auf die persönliche Haftung des Gesellschafters, NJW 1968, S. 225-230

Münchener Kommentar zum Bürgerlichen Gesetzbuch

Band 2 §§ 241-432, Redakteur: Wolfgang Krüger, 6. Auflage, München 2012 (zitiert: MünchKomm/*Bearbeiter* BGB)

Band 6 §§ 854-1296, Redakteur: Reinhard Gaier, 6. Auflage, München 2013 (zitiert: MünchKomm/*Bearbeiter* BGB)

Münchener Kommentar zum Handelsgesetzbuch, Redakteur: Karsten Schmidt, Band 1 §§ 1-104a, 3. Auflage, München 2010 (zitiert: MünchKomm/*Bearbeiter* HGB)

Münchener Kommentar zur Insolvenzordnung, Hrsg.: Hans-Peter Kirchhof u. a.

Band 1 §§ 1-79, 3. Auflage, München 2013 (zitiert: MünchKomm/*Bearbeiter*)

Band 2 §§ 80-216, 3. Auflage, München 2013 (zitiert: MünchKomm/*Bearbeiter*)

Band 3 §§ 270-359, 2. Auflage, München 2008 (zitiert: MünchKomm/*Bearbeiter*)

Münchener Kommentar zur Zivilprozessordnung, Hrsg.: Wolfgang Krüger und Thomas Rauscher, Band 2 §§ 355-1024, 4. Auflage München 2012 (zitiert: MünchKomm/*Bearbeiter* ZPO)

Musielak, Hans-Joachim, Kommentar zur Zivilprozessordnung mit Gerichtsverfassungsgesetz, 10. Auflage, München 2013 (zitiert: Musielak/*Bearbeiter* ZPO)

–, Die Erfüllungsablehnung des Konkursverwalters – Zur Auslegung des § 17 Abs. 1 der Konkursordnung, AcP 179 (1979), S. 189-213

Nerlich, Jörg/Römermann, Volker, Kommentar zur Insolvenzordnung, Loseblatt, München Juli 2013 (zitiert: Nerlich/Römermann/*Bearbeiter*)

Niesert, Burkhard/Georgiev, Yuliyan, Der automatische Widerruf der Berufszulassung bei Vermögensverfall im Lichte von § 35 InsO und Art. 12 GG – Unter Berücksichtigung der Entscheidung des BVerfG zur Freiheit der Berufswahl von Steuerberatern, NZI 2013, S. 1007-1010

Obermair, Stefan, Der Neuerwerb – eine unendliche Geschichte, Anmerkung zum Urteil des BFH vom 7.4.2005, DStR 2005, S. 1561-1562

Olbrich, Dirk, Zur Umsatzsteuerpflicht des Verwalters bei Neuerwerb des Schuldners, ZInsO 2005, S. 860-862

–, Steuerpflichten des Verwalters bei Neuerwerb des Schuldners? ZInsO 2004, S. 1292-1296

Onusseit, Dietmar, Umsatzsteuer aufgrund einer unternehmerischen Tätigkeit des Schuldners nach Eröffnung des Insolvenzverfahrens – Anmerkung zu BFH, Urt. v. 17.3.2010 – XI R 2/08, ZInsO 2010, 1390, ZInsO 2010, S. 1482-1484

–, Steuerrechtliche Probleme aus den Verfahren der natürlichen Personen, ZVI 2009, S. 353-359

–, Umsatzsteuerrechtliche Aufrechnungslagen und Vorsteuer in der Insolvenz, ZIP 2002, S. 22-31

Palandt, Kommentar zum Bürgerlichen Gesetzbuch, 73. Auflage, München 2014 (zitiert: Palandt/*Bearbeiter* BGB)

Pannen, Klaus/Riedemann, Susanne, Entwurf eines Gesetzes zur Vereinfachung des Insolvenzverfahrens vom 8.2.2006 – Ein weiterer Mosaikstein für eine Reform der InsO, NZI 2006, S. 193-198

Pape, Gerhard, Die Betriebsfortführung in der Insolvenz natürlicher Personen, WM 2013, S. 1145-1154

–, Sperrwirkung gescheiterter Restschuldbefreiungsversuche im Insolvenzverfahren über das Vermögen natürlicher Personen, in: Festschrift für Hans Gerhard Ganter, Hrsg.: Christian Berger u. a., München 2010, S. 315-338 (zitiert: *Pape* FS Ganter)

–, Ablehnung und Erfüllung schwebender Rechtsgeschäfte durch den Insolvenzverwalter, in: Kölner Schrift zur Insolvenzordnung, 3. Auflage, Münster 2009, Kapitel 13, S. 353-402 (zitiert: Kölner Schrift/*Pape*)

–, Änderungen im eröffneten Verfahren durch das Gesetz zur Vereinfachung des Insolvenzverfahrens, NZI 2007, S. 481-486

–, Entwicklung der Rechtsprechung zum Verbraucher- und Restschuldbefreiungsverfahren im Jahre 2003, ZInsO 2004, S. 647-661

–, Insolvenz im Mietrecht, NZM 2004, S. 401-411

Pape, Gerhard/Graeber, Thorsten, Handbuch der Insolvenzverwalterhaftung, Münster 2009 (zitiert: Pape/Graeber/*Bearbeiter*)

Pape, Gerhard/Wenzel, Ulrich, Das Zweitinsolvenzverfahren als Weg von der Vollstreckungsbeschränkung zur Restschuldbefreiung, ZInsO 2008, S. 287-291

Pape, Irmtraut/Pape, Gerhard, Entwicklung der Rechtsprechung zum Verbraucherinsolvenz- und Restschuldbefreiungsverfahren in den Jahren 2011 und 2012 – Teil 1, ZInsO 2013, S. 265-275

Peters, Bernd, Freigabe in der Insolvenz des Selbständigen (§ 35 Abs. 2, 3 InsO), WM 2012, S. 1067-1072

Priebe, Klaus, Kurzkommentar zu ArbG Berlin, Urt. v. 3.6.2010 – 53 Ca 2104/10 (rechtskräftig), ZIP 2010, 1914, EWiR 2010, S. 675-676

Riedel, Ernst, Einmalige Bezüge des Schuldners im Insolvenzverfahren, ZVI 2009, S. 439-442

Ries, Stephan, Freigabe (auch) von Dauerschuldverhältnissen des § 108 InsO aus dem Insolvenzbeschlag beruflich selbstständiger Schuldner – Rückbesinnung auf den Wesenskern formeller Insolvenz, ZInsO 2009, S. 2030-2036

–, Materielle Verfahrenseinheit – die Kosten eines nicht eröffneten Erstverfahrens als Bestandteil der Kosten eines später eröffneten Folgeverfahrens, ZInsO 2005, S. 414-418

–, Die Insolvenz des Freiberuflers, ZVI 2004, S. 221-231

Runkel, Hans-Peter, Probleme bei Neuerwerb in der Insolvenz, in: Festschrift für Wilhelm Uhlenbruck, Hrsg.: Hanns Prütting und Heinz Vallender, Köln 2000, S. 315-333 (zitiert: *Runkel* FS Uhlenbruck)

–, Der Freiberufler in der Insolvenz, ZVI 2007, S. 45-54

Schick, Walter, Der Konkurs des Freiberuflers – Berufsrechtliche, konkursrechtliche und steuerrechtliche Aspekte, NJW 1990, S. 2359- 2363

Schimansky, Herbert/Bunte, Hermann-Josef/Lwowski, Hans-Jürgen, Bankrechts-Handbuch, 4. Auflage, München 2011 (zitiert: Schimansky/Bunte/Lwowski/*Bearbeiter* Bankrechts-Handbuch)

Schmerbach, Ulrich, Die Odyssee des BGH bei der Suche nach der Zulässigkeit von Restschuldbefreiungsanträgen in einem Zweitinsolvenzverfahren, ZInsO 2010, S. 647-653

–, Zweitinsolvenzverfahren, ZInsO 2009, S. 2078-2099

–, Versagungsgründe außer Rand und Band, NZI 2009, S. 677- 679

–, Gesetz zur Vereinfachung des Insolvenzverfahrens, InsbürO 2007, S. 202-213

–, Rechtliche Aspekte der Selbstständigkeit natürlicher Personen im Insolvenzverfahren und in der Wohlverhaltensperiode, ZVI 2003, S. 256-267

Schmerbach, Ulrich/Wegener, Burghard, Insolvenzrechtsänderungsgesetz 2006, ZInsO 2006, S. 400-409

Schmidt, Karsten, Kommentar zur Insolvenzordnung, 18. Auflage, München 2013 (zitiert: K. Schmidt/*Bearbeiter*)

–, § 34 Abs. 3 AO und Umsatzsteuer: Separatinsolvenz der Unternehmen eines Einzelunternehmers? – Insolvenzrechtliche Überlegungen zum Urteil des BFH vom 28.6.2000 – V R 87/99 –, in: Festschrift für Heinrich Wilhelm

Kruse, Hrsg.: Walter Drenseck und Roman Seer, Köln 2001, S. 671-692 (zitiert: *K. Schmidt* FS Kruse)

–, Handelsrecht, 5. Auflage, Köln u. a. 1999

–, Übergang von Vertragsverhältnissen nach §§ 25, 28 HGB? in: Festschrift für Dieter Medicus, Hrsg.: Volker Beuthien u. a., Köln 1999, S. 555-574 (zitiert: *K. Schmidt* FS Medicus)

Schmidt, Thomas B., Rechtsprechungsüberblick zum insolvenznahen Arbeits- und Sozialrecht im Jahr 2008, ZInsO 2009, S. 353-363

Schoppmeyer, Heinrich, Besondere und allgemeine Insolvenzanfechtung am Beispiel der Anfechtung von Zwangsvollstreckungen, NZI 2005, S. 185-194

Senger, Christian/Finke, Eckhard, Dauerschuldverhältnisse unter besonderer Beachtung der Privaten Krankenversicherung, ZInsO 2012, S. 997-1002

Serick, Rolf, Eigentumsvorbehalt und Sicherungsübertragung

Band II Die einfache Sicherungsübertragung – Erster Teil, Heidelberg 1965 (zitiert: *Serick* Band II)

Band III Die einfache Sicherungsübertragung – Zweiter Teil, Heidelberg 1970 (zitiert: *Serick* Band III)

Sinz, Ralf/Hiebert, Olaf, Verwertung der Betriebs- und Geschäftsausstattung eines selbstständig tätigen Insolvenzschuldners – zur Reichweite des § 811 Nr. 5 ZPO, ZInsO 2012, S. 63-68

Smid, Stefan, Freigabe des Neuerwerbs in der Insolvenz selbstständig tätiger Schuldner, DZWIR 2008, S. 133-142

–, Freigabeerklärungen des Insolvenzverwalters/Treuhänders bei selbstständiger Tätigkeit des Insolvenzschuldners? – Zugleich Bemerkungen zu den Änderungsvorschlägen zu § 35 InsO im Referentenentwurf eines Gesetzes zur Änderung der InsO, WM 2005, S. 625-672

–, Kommentar zur Insolvenzordnung, 2. Auflage, Stuttgart 2001 (zitiert: *Smid* InsO)

Stamm, Jürgen, Die Entmystifizierung des Insolvenzverwalterwahlrechts aus zivilrechtlicher Sicht, KTS 2011, S. 421-451

Staudinger, J. von, Kommentar zum Bürgerlichen Gesetzbuch (zitiert: Staudinger/*Bearbeiter* BGB)

Buch 1 Allgemeiner Teil 3 §§ 90-124; 130-133, Redaktor: Norbert Habermann, Berlin 2012

Buch 1 Allgemeiner Teil 5 §§ 164-240, Redaktor: Norbert Habermann, Berlin 2009

Buch 2 Recht der Schuldverhältnisse §§ 535-562d, Redaktor: Dieter Reuter, Berlin 2011

Buch 2 Recht der Schuldverhältnisse §§ 613a-619a, Redaktor: Dieter Reuter, Berlin 2011

Buch 3 Sachenrecht §§ 925-984, Redaktor: Karl-Heinz Gursky, Berlin 2011

Stiller, Jörn U., Wirkung der Negativerklärung gem. § 35 Abs. 2 Satz 1 InsO auf bei Insolvenzeröffnung bestehende Arbeitsverhältnisse – Zugleich Anmerkung zu ArbG Berlin, Urt. v. 3.6.2010 – 53 Ca 2104/10, ZInsO 2010, S. 1374-1376

Tetzlaff, Christian, Rechte des Vermieters in der Insolvenz des Mieters, NZI 2006, S. 87-92

–, Rechtliche Probleme in der Insolvenz des Selbstständigen – Ein Überblick über aktuelle Entwicklungen in der Rechtsprechung und in der Praxis diskutierte Probleme, ZInsO 2005, S. 393-403

–, Die Abwicklung von Insolvenzverfahren bei selbstständig tätigen natürlichen Personen – Gegenstrategien bei nicht kooperationswilligen Schuldnern, ZVI 2004, S. 2-9

–, Entstehung von Masseverbindlichkeiten durch das Handeln des Schuldners in der Insolvenz der natürlichen Person? – Haftungsrisiken für Verwalter bei fortgesetzter Ausübung einer selbstständigen Tätigkeit durch den Schuldner, ZVI 2002, S. 309-312

Thole, Christoph, Gläubigerschutz durch Insolvenzanfechtung: Anfechtung und verwandte Regelungsinstrumente in der Unternehmensinsolvenz, Tübingen 2010

Tintelnot, Albrecht, Kurzkommentar zu BGH, Urt. v. 25.4.2002 – IX ZR 313/99, EWiR 2003, S. 125-126

Uhlenbruck, Wilhelm, Kommentar zur Insolvenzordnung, Hrsg.: Wilhelm Uhlenbruck, Heribert Hirte und Heinz Vallender, 13. Auflage, München 2010 (zitiert: Uhlenbruck/*Bearbeiter*)

–, Die Freigabe von Massegegenständen durch den Insolvenzverwalter als Problem der Gläubigergleichbehandlung, KTS 2004, S. 275-290

Vallender, Heinz, Rechtliche und tatsächliche Probleme bei der Abwicklung der Arztpraxis in der Insolvenz, NZI 2003, S. 530-532

Vallender, Heinz/Dahl, Michael, Das Mietverhältnis des Schuldners im Verbraucherinsolvenzverfahren, NZI 2000, S. 246-250

Voigt, Joachim M.E./Gerke, Lars, Die insolvenzfreie selbstständige Arbeit – Ein Beitrag zur Anwendung der Pfändungsverbote, des Neuerwerbs und der Erfüllung von Verträgen bei selbstständigen natürlichen Personen, ZInsO 2002, S. 1054-1065

Wagenknecht-Hose, Ute, Vertragliche und umsatzsteuerliche Neuverbindlichkeiten des Schuldners in der Insolvenz, München 2008 (zitiert: *Wagenknecht-Hose* Neuverbindlichkeiten)

Waskönig, Peter H., Rechtsgrund und Tragweite der §§ 25, 28 HGB, Bonn 1979

Werth, Franceska, Die Besteuerung des Neuerwerbs im Insolvenzverfahren, DStZ 2009, S. 760-768

Wiesmeier, Cornelia, Privilegien des selbstständigen Schuldners nach einer „Freigabe" gem. § 35 Abs. 2 InsO/§ 295 Abs. 2 InsO analog – Hilfe oder eher Hindernis? ZVI 2010, S. 376-380

Wilmowsky von, Peter, Insolvenzvertragsrecht: Teilleistung des Schuldners vor dem Insolvenzverfahren, KTS 2012, S. 285-314

–, Insolvenzvertragsrecht: Die Grundstruktur – Plädoyer für ein funktionsgerechteres Verständnis des § 103 InsO –, KTS 2011, S. 453-479

Windel, Peter A., „Freigabe" von Dauerschuldverhältnissen aus der insolvenzrechtlichen Haftung – Besprechung des Urteils BGH v. 9.2.2012 – IX ZR 75/11, RdA 2012, S. 366-371

–, Das Prinzip der Selbstverantwortung und das Insolvenzrecht, in: Das Prinzip der Selbstverantwortung, Grundlagen und Bedeutung im heutigen Privatrecht, Hrsg.: Karl Riesenhuber, Tübingen 2011, S. 449-486 (zitiert: *Windel* in: Das Prinzip der Selbstverantwortung)

–, Anmerkung zu BAG, Urt. v. 10.4.2008 – 6 AZR 368/07, AP 2009, Heft 6, § 35 InsO Nr. 1, Blatt 838-843

–, Die Verteilung der Befugnisse zur Entscheidung über Vermögenserwerb zwischen (Gemein-)Schuldner und Konkurs-(Insolvenz)verwalter bzw. Vollstreckungsgläubiger nach geltendem und künftigem Haftungsrecht, KTS 1995, S. 367-409

Wischemeyer, Markus, Die Zahlungspflicht des selbstständig tätigen Schuldners im eröffneten Insolvenzverfahren gem. §§ 35 Abs. 2 Satz 2, 295 Abs. 2 InsO, ZInsO 2010, S. 2068-2072

–, Freigabe einer selbstständigen Tätigkeit nach § 35 Abs. 2 InsO – Praxisfragen und Lösungswege, ZInsO 2009, S. 2121-2131

–, Die Freigabe der selbstständigen Tätigkeit des Schuldners gem. § 35 Abs. 2 InsO – eine „kleine“ übertragende Sanierung? ZInsO 2009, S. 937-944

Wischemeyer, Markus/Schur, Wolfgang, Zur Reichweite der Freigabeerklärung des Insolvenzverwalters nach § 35 Abs. 2 InsO bei bereits ausgeübter selbstständiger Tätigkeit des Schuldners, ZInsO 2007, S. 1240-1246

Wolff, Th., Kommentar zur Konkursordnung, 2. Auflage, Berlin und Leipzig 1921 (zitiert: *Wolff* KO)

Zimmermann, Franc, Freigabe gem. § 35 Abs. 2 InsO und/oder Betriebsstilllegung gem. §§ 157, 158 InsO? – Überlegungen zur Massegenerierung in Insolvenzverfahren von wirtschaftlich selbstständig tätigen Schuldnern, ZInsO 2011, S. 2057-2062

Zipperer, Helmut, Die Insolvenz des freigegebenen selbstständigen Gemeinschuldners, ZVI 2007, S. 541-544

–, Zum Entschädigungsanspruch des Vermieters bei Weiternutzung der Mietsache durch den Insolvenzverwalter ohne Erfüllungswahl, ZVI 2008, S. 47-48

Einführung

In den vergangenen Jahren rief eine insolvenzrechtliche Norm immer wieder juristische Diskurse hervor: § 35 II InsO. Der Gesetzgeber hat mit ihr auf die erheblichen Probleme der Insolvenzpraxis im Umgang mit einer selbstständigen Tätigkeit des Schuldners im laufenden Insolvenzverfahren reagiert. Der Sammelbegriff „selbstständige Tätigkeit" umfasst dabei jede nachhaltig auf Erwerb abzielende Tätigkeit in nicht abhängiger Stellung, das heißt gewerbliche, freiberufliche, künstlerische und landwirtschaftliche Unternehmungen.[1] Sie sind in der Insolvenzpraxis keine Seltenheit, dennoch enthielt die Insolvenzordnung lange Zeit kaum zugehörige Regelungen. Infolgedessen entwickelte sich die selbstständige Tätigkeit zu einem Streitfall für Literatur und Rechtsprechung. Eine Vielfalt kaum noch zu überblickender Meinungen und Ansichten füllte die Lücke, die einer gesetzlichen Ausgestaltung bedurft hätte. Erst im Jahre 2007 hat sich der Gesetzgeber dieser vielfach beklagten[2] Regelungslücke angenommen und sie mit dem in der vorliegenden Arbeit unter anderem zu untersuchenden § 35 II InsO ausgefüllt.

A. Problemaufriss

Anerkanntermaßen verliert der selbstständig tätige Schuldner mit Eröffnung des Insolvenzverfahrens weder seine berufliche Qualifikation noch seine Geschäftsfähigkeit.[3] Zudem kann dem Schuldner infolge der Verweisung des § 36 I 1 InsO auf § 811 I Nr. 5 und Nr. 7 ZPO auch im Insolvenzverfahren ein beträchtlicher Vermögensteil verbleiben. Als Folge dieser rechtlichen Rahmenbedingungen ist es dem Schuldner – auch im Hinblick auf Art. 12 GG – möglich, trotz eines laufenden Insolvenzverfahrens weiterhin einer selbstständigen Tätigkeit nachzugehen.

Ist der Schuldner aber trotz eines laufenden Insolvenzverfahrens selbstständig tätig, stellen sich vor allem drei elementare Fragen: Wie ist mit den erwirtschafteten Erträgen des Schuldners aus der selbstständigen Tätigkeit umzugehen, an

1 MünchKomm/*Ganter*/*Lohmann* § 3 Rn. 7; MünchKomm/*Ott*/*Vuia* § 304 Rn. 52 f.; siehe auch BT-Drs. 12/2443, 110 (zu § 3 RegE-InsO).

2 Siehe nur *Andres*/*Pape* NZI 2005, 141 (147): „Die derzeitige Situation ist ... auf Grund der rechtlichen und tatsächlichen Probleme unhaltbar"; *Grote*/*Pape* ZInsO 2004, 993 (996): „kaum lösbar[e] Fragen"; Jaeger/*Henckel* InsO § 35 Rn. 126 f.; *Tetzlaff* ZInsO 2005, 393 (395).

3 Siehe nur *Windel* AP 2009 § 35 InsO Nr. 1, Blatt 838 (839).

wen können sich Neugläubiger zur Befriedigung ihrer Forderungen wenden und was geschieht mit unternehmensbezogenen Alt-Verträgen, die schon vor Verfahrenseröffnung bestanden haben? Zudem kann es geschehen, dass sich der Schuldner in Ausübung seiner selbstständigen Tätigkeit neu verschuldet, was die Frage aufwirft, inwieweit seinen neuen Gläubigern die Möglichkeit eines zweiten Insolvenzverfahrens gegeben ist.

Diese eben aufgezeigten Fragen waren bis zum Jahre 2007 größtenteils noch nicht geklärt. Das führte schließlich auch dazu, dass der Gesetzgeber mit § 35 II InsO die selbstständige Tätigkeit im Insolvenzverfahren erstmals auf eine gesetzliche Grundlage gestellt hat. Gemäß § 35 II 1 InsO hat der Insolvenzverwalter zu erklären, *ob* das Vermögen des Schuldners aus der selbstständigen Tätigkeit zur Insolvenzmasse gehört und *ob* Ansprüche aus dieser Tätigkeit im Insolvenzverfahren geltend gemacht werden können. Erklärt der Verwalter, Vermögen aus der selbstständigen Tätigkeit gehöre zur Insolvenzmasse und Ansprüche hieraus könnten im Insolvenzverfahren geltend gemacht werden, so spricht man von einer *Positiverklärung.*[4] Das Gegenstück hierzu ist die sogenannte *Negativerklärung.*[5] Mit ihr erklärt der Verwalter, dass Vermögen aus der selbstständigen Tätigkeit nicht zur Insolvenzmasse gehört und Ansprüche aus dieser Tätigkeit nicht im Insolvenzverfahren geltend gemacht werden können. Die selbstständige Tätigkeit des Schuldners wird mit dieser Erklärung vom eigentlichen Insolvenzverfahren also gleichsam abgekoppelt. Diese Abkoppelung soll ausweislich der Materialien „den Schuldner zu einer selbstständigen Erwerbstätigkeit [...] motivieren und zugleich eine Gefährdung der Masse [...] verhindern.“[6]

B. Untersuchungsziel

§ 35 II InsO und die darin angelegte Möglichkeit für den Verwalter, eine Negativerklärung abzugeben, wurden geschaffen, um Rechtsfragen im Zusammenhang mit der selbstständigen Tätigkeit des Schuldners während des Insolvenzverfahrens zu klären. Besieht man sich jedoch den Diskurs, den die Norm in Literatur und Rechtsprechung ausgelöst hat, möchte man meinen, dass der Gesetzgeber mit seinem Anliegen gescheitert ist. Denn obwohl bezüglich der selbstständigen Tätigkeit nunmehr eine gesetzliche Regelung vorliegt, bestehen viele alte Fragen, wenngleich durch § 35 II InsO modifiziert und erweitert, im Falle einer Negativerklärung nach wie vor fort.

---

4 *M. Ahrens* NZI 2007, 622 (623).

5 *M. Ahrens* NZI 2007, 622 (623).

6 BT-Drs. 16/3227, 11 unter 5.

Das liegt zum einen daran, dass schon die Reichweite der Negativerklärung uneinheitlich beurteilt wird, sodass bereits unklar ist, welches Vermögen des Schuldners nach der Negativerklärung nicht mehr zur Masse gehört und von welchen Ansprüchen die Masse freigestellt wird. Dies hat seine Ursache darin, dass der Wortlaut des § 35 II 1 InsO offen für verschiedene Interpretationen ist und auch der mit dieser Norm verfolgte Regelungszweck unterschiedlich bewertet wird.

Doch ist nicht nur die eigentliche Reichweite der Negativerklärung in dieser Arbeit zu untersuchen; der Negativerklärung folgt nämlich eine Vielzahl weiterer Rechtsfragen. Diese ergeben sich daraus, dass der Gesetzgeber in § 35 II 2 InsO und § 35 II 3 InsO für den Fall der Negativerklärung Anordnungen getroffen hat, die in ihren Rechtswirkungen nur sehr allgemein umschrieben sind. § 35 II 2 InsO etwa verweist auf die entsprechende Geltung des § 295 II InsO, sodass infolge der Negativerklärung dem Schuldner – ähnlich der Wohlverhaltensphase – ein Zahlungsgebot an die Masse auferlegt wird. Mit der Anordnung einer „entsprechenden" Anwendung des § 295 II InsO hat der Gesetzgeber aber letzten Endes die Konkretisierung dessen, was der Schuldner wann an die Masse zu zahlen hat, an Rechtsprechung und Literatur weitergegeben.

Besonders augenfällig wird die nur allgemeine Umschreibung der Rechtsfolgen durch den Gesetzgeber in § 35 II 3 InsO: Dort heißt es lediglich, das Insolvenzgericht könne auf Antrag der dort benannten Gläubigerorgane die „Unwirksamkeit" der (Negativ-)Erklärung anordnen. Dabei hat der Gesetzgeber aber weder geregelt, innerhalb welches Zeitrahmens dies geschehen kann, noch vorgegeben, welche Rechtsfolgen eine Unwirksamkeitserklärung überhaupt hat.

Schließlich sind mit der Möglichkeit des Verwalters, Vermögen aus der selbstständigen Tätigkeit an den Schuldner freizugeben, insbesondere zwei alte Fragen weiterhin klärungsbedürftig: zum einen die Frage, inwieweit der Schuldner mit diesem Vermögen unternehmensbezogene Alt-Verträge fortsetzen kann, die er bereits vor dem Verfahren abgeschlossen hat und auf die er für seine Tätigkeit angewiesen ist; und zum zweiten die Frage, ob für den Fall einer erneuten Zahlungsunfähigkeit des Schuldners parallel zu dem bereits laufenden Insolvenzverfahren ein weiteres Verfahren eingeleitet werden kann, und zwar über das freigegebene Vermögen aus der selbstständigen Tätigkeit.

Infolge dieser eben skizzierten Fragen und Probleme verwundert es auch nicht, wenn mit Blick auf § 35 II InsO von „Spekulationen in vermintem Terrain"[7] oder von einem „dornenvollen Anfang"[8] die Rede ist. Das wissenschaftliche Ziel

7 *Zipperer* ZVI 2008, 47 (48).
8 *Häsemeyer* Insolvenzrecht Rn. 9.27a.

dieser Arbeit besteht deshalb darin, sich den aufgezeigten Fragen und Problemen zuzuwenden und § 35 II InsO, um im Bilde zu bleiben, die Dornen zu nehmen.

C. Gang der Darstellung

Bevor sich die Untersuchung im Einzelnen § 35 II InsO zuwendet, wird im ***Ersten Teil*** zunächst einleitend und orientierend näher aufgezeigt, welche Fragen eine selbstständige Tätigkeit im Insolvenzverfahren vor Einführung des § 35 II InsO aufgeworfen hat und wie man in Literatur und Rechtsprechung diese Fragen beantwortete. Vor diesem Hintergrund lässt sich die Neuregelung von § 35 InsO einordnen.

Nach diesem historischen Abriss orientiert sich der Gang der Darstellung für die Teile zwei bis fünf unmittelbar an § 35 II InsO und dessen Einzelregelungen (Sätze eins bis drei). So richtet sich im ***Zweiten*** und ***Dritten Teil*** der Fokus zunächst auf § 35 II 1 InsO und die unmittelbaren Wirkungen der Negativerklärung, das heißt der Erklärung, dass Vermögen aus der selbstständigen Tätigkeit nicht zur Insolvenzmasse gehört und Ansprüche aus dieser Tätigkeit nicht im Insolvenzverfahren geltend gemacht werden können. Dabei geht es zum einen um die gegenständliche Reichweite der Erklärung, zum anderen um die zeitliche. Anschließend wird im ***Vierten Teil*** Fragen nachgegangen, die mit der Verweisung des § 35 II 2 InsO auf § 295 II InsO zusammenhängen. Im ***Fünften Teil*** geht es alsdann darum, welche Rechtsfolgen es nach sich zieht, wenn das Insolvenzgericht die Negativerklärung gemäß § 35 II 3 InsO für unwirksam erklärt.

Die ***Teile Sechs und Sieben*** widmen sich im Anschluss der bereits vor Einführung des § 35 II InsO bestehenden und im historischen Abriss näher dargestellten Problematik, wie für die Tätigkeit des Schuldners relevante Alt-Verträge zu behandeln sind, die dieser bereits vor Verfahrenseröffnung abgeschlossen hat und für die grundsätzlich §§ 103 ff. InsO gelten würden. Dabei soll auch geklärt werden, inwieweit sich die Neuregelung des § 35 II InsO auf diesen Themenkomplex auswirkt.

Im ***Achten Teil*** schließlich stehen „Parallelverfahren" im Mittelpunkt des Interesses, das heißt Insolvenzverfahren, die parallel zu einem bereits laufenden Verfahren eröffnet werden. Denn diese sind als Folge der Negativerklärung und der damit verbundenen Schaffung einer insolvenzfreien Vermögensmasse denkbar.

All die gefundenen Ergebnisse werden anschließend in der ***Schlussbetrachtung*** noch einmal zu einem Gesamtbild zusammengeführt.

Erster Teil: Der historische Hintergrund des § 35 II InsO

Die meisten Streitigkeiten rund um die selbstständige Tätigkeit mündeten vor Einführung des § 35 II InsO in drei große Fragestellungen: Wem gebühren die Erträge aus der selbstständigen Tätigkeit, wer haftet für die Neuverbindlichkeiten aus dieser Tätigkeit und was geschieht mit unternehmensbezogenen Alt-Verträgen?

A. Neuerwerb und Neuverbindlichkeiten

In § 35 InsO a. F. (jetzt § 35 I InsO) hat der Gesetzgeber festgelegt, welche Vermögenswerte der Verwalter in einem Insolvenzverfahren verwerten darf. Da ist zum einen das Vermögen, das dem Schuldner schon zur Zeit der Verfahrenseröffnung gehört, zum anderen aber auch das Vermögen, das er erst während des Verfahrens erlangt (*Neuerwerb*).[9] Und mit dieser Massezugehörigkeit auch des Neuerwerbs nahmen die Probleme hinsichtlich der selbstständigen Tätigkeit ihren Ausgang. Denn es war nirgends ausdrücklich geregelt, dass die Masse als Gegenleistung für den Erhalt des Neuerwerbs auch für Neuverbindlichkeiten des Schuldners haftet, das heißt für Verbindlichkeiten, die erst während des Verfahrens vom Schuldner begründet werden. Die Lösung dieses Problems war sehr umstritten.

I. Nettovermögenstheorie

Teilweise versuchte man die heikle Frage, wer für Neuverbindlichkeiten aus der selbstständigen Tätigkeit zu haften habe, zu lösen, indem man bei der Begrifflichkeit des „Neuerwerbs“ ansetzte: Unter Neuerwerb, so die Argumentation, sei nur das hinzuerworbene Nettovermögen zu verstehen, also das Vermögen nach Abzug der neuen Schulden.[10] Im Ergebnis sollte demnach der

9 Zu Zeiten der Konkursordnung war dies freilich anders: Während eines Konkursverfahrens war der Neuerwerb den Konkursgläubigern entzogen – und das nicht ohne Grund. Dem Schuldner sollte es möglich sein, sich, vom Konkurs losgelöst, eine neue wirtschaftliche Existenz und einen neuen Vermögensbestand aufzubauen. Dies kam vor allem einem Selbstständigen zugute, der trotz des Konkursverfahrens berufstätig sein konnte. Er konnte es deswegen, weil er Forderungen seiner neuen Vertragspartner mit liquiden Mitteln zu begleichen vermochte.

10 *FG Thüringen* ZInsO 2004, 392 (393); Braun/*Bäuerle* (2. Auflage 2004) § 35 Rn. 77; *Onusseit* ZIP 2002, 22 (23).

„Nettovermögenstheorie" zufolge der Schuldner für seine Neuverbindlichkeiten haften, dafür aber auch seinen Neuerwerb einsetzen dürfen.

Dieser Ansatz fand jedoch wenig Beifall.[11] Man wandte dagegen ein, dass § 35 InsO einzelgegenständlich konzipiert sei und jeden neu erworbenen Vermögensgegenstand bereits im Zeitpunkt seines Erwerbs dinglich der Masse zuweise.[12] Würde nur das Neuvermögen abzüglich der neuen Schulden in die Masse fallen, müsste der Verwalter – bevor der Insolvenzbeschlag des Neuerwerbs eintreten könnte – zunächst einen „Ertrag" feststellen. Bis zur Feststellung dieses „Ertrags" wäre das Neuvermögen jedoch insolvenzfrei; Neugläubiger könnten dahinein vollstrecken und damit den Insolvenzgläubigern die Haftungsmasse entziehen.[13]

II. Masseverbindlichkeiten

Ein anderer Ansatz suchte die Lösung darin, Neuverbindlichkeiten aus der selbstständigen Tätigkeit in das Insolvenzverfahren einzubeziehen. § 38 InsO schied freilich von vornherein aus, denn er setzt einen Vermögensanspruch gegen den Schuldner voraus, der zur Zeit der Verfahrenseröffnung bereits begründet ist.[14] Somit blieb lediglich der Versuch übrig, Neuverbindlichkeiten gemäß § 55 I Nr. 1 oder Nr. 3 InsO der Masse aufzuladen. Einigkeit herrschte im Ergebnis noch bei Verpflichtungen des Schuldners, mit denen der Verwalter einverstanden war, dahingehend, dass Neugläubiger ihre Ansprüche gegen die Masse gemäß § 55 I Nr. 1 Alt. 1 InsO geltend machen könnten.[15] Schwierig stellte sich die Rechtslage allerdings dar, wenn es an einer Absprache zwischen Verwalter und Schuldner fehlte. Hierzu wurden mehrere Ansichten und Meinungen vertreten.

---

11 Ablehnend *BGH* NJW 2003, 2167 (2170); *Gerke/Sietz* NZI 2005, 373 (377); *Runkel* FS Uhlenbruck, 315 (328 f.); *K. Schmidt* FS Kruse, 671 (682); *Tetzlaff* ZVI 2002, 309 (310); *Voigt/Gerke* ZInsO 2002, 1054 (1061); *Windel* KTS 1995, 367 (394 f.).

12 *K. Schmidt* FS Kruse, 671 (682); *Voigt/Gerke* ZInsO 2002, 1054 (1061); *Windel* KTS 1995, 367 (394).

13 *Runkel* FS Uhlenbruck, 315 (329).

14 *OLG Celle* NZI 2003, 201 (202); *LG Erfurt* NZI 2003, 40.

15 Ausführlich *K. Schmidt* FS Kruse, 671 (686/689 f.); *Wagenknecht-Hose* Neuverbindlichkeiten, S. 39 f.; vgl. auch *Smid* WM 2005, 625 (628); *Tetzlaff* NZI 2006, 87 (91).

1. *Stimmen der Literatur*

Die Literatur war heillos zerstritten. Im Folgenden seien einige dogmatische Ansätze dargestellt.[16]

Maus etwa befürwortete eine Haftung der Masse gemäß § 55 I Nr. 1 Alt. 2 InsO. Er führte aus, Neuerwerb sei gemäß § 35 InsO automatisch Insolvenzmasse und werde vom Verwalter gemäß § 80 I InsO verwaltet. Als Folge hiervon entstünden Neuverbindlichkeiten, die mit dem Neuerwerb zusammenhingen, durch die „Verwaltung der Masse".[17]

Lwowski regte an, Neugläubigern Ansprüche gemäß § 55 I Nr. 3 InsO zuzugestehen, sofern der Schuldner Neuverbindlichkeiten nicht aus seinem insolvenzfreien Vermögen begleiche und die Masse um den Neuerwerb bereichert sei.[18]

Runkel schlug demgegenüber vor, man solle sich den selbstständig tätigen Schuldner für die Dauer des Insolvenzverfahrens als „Angestellten" der Masse vorstellen, weswegen Vertragspartner der Neugläubiger stets der Verwalter werde.[19]

Schließlich klang auch die Frage an, ob allein das Dulden einer selbstständigen Tätigkeit durch den Verwalter zu Masseverbindlichkeiten führen könne – etwa unter dem Gesichtspunkt einer Anscheins- oder Duldungsvollmacht.[20]

2. *Die herrschende Meinung*

Die herrschende Meinung vertrat hingegen fest und unverrückbar den Standpunkt, der Schuldner könne nicht die Masse verpflichten; diese Befugnis stehe gemäß § 80 I InsO allein dem Verwalter zu.[21] Anderenfalls könnte der

16 Vertiefend die detaillierte Übersicht bei Nerlich/Römermann/*Andres* (Stand: April 2008) § 35 Rn. 126 ff.

17 *Maus* ZIP 2004, 389 (391 f.); siehe auch FK/*Schumacher* (4. Auflage 2006) § 55 Rn. 21.

18 MünchKomm/*Lwowski* (1. Auflage 2001) § 35 Rn. 65.

19 *Runkel* FS Uhlenbruck, 315 (329).

20 Vgl. *Henning* ZInsO 2004, 585 (586); *Smid* WM 2005, 625 (628); *Tetzlaff* ZInsO 2005, 393 (396); *ders.* NZI 2006, 87 (91 f.).

21 *FG Hannover* ZVI 2003, 479 (480); *LG Erfurt* ZInsO 2002, 1090 (1091 f.); *Ries* ZVI 2004, 221 (227); *Runkel* ZVI 2007, 45 (52 f.); *Schmerbach* ZVI 2003, 256 (266); *Smid* WM 2005, 625 (628); *K. Schmidt* FS Kruse, 671 (680); *Tetzlaff* ZVI 2004, 2 (5); *ders.* ZVI 2002, 309 (311); *Voigt/Gerke* ZInsO 2002, 1054 (1059 f.); in Bezug auf umsatzsteuerrechtliche Verbindlichkeiten *FG Thüringen* ZInsO 2004, 392 f.; *Alter* ZInsO 2004, 393; *Eckardt* EWiR 2003, 69 (70); *Gerke/Sietz* NZI 2005, 373 (379 f.); *Kling* DStR 1998, 1813 (1816); *Olbrich* ZInsO 2005, 860 (861); *ders.* ZInsO 2004, 1292 (1293 f.).

Schuldner die Masse kontinuierlich schmälern und dem Handeln des Verwalters entgegenwirken.[22]

3. *Die obergerichtliche Rechtsprechung*

Doch auch innerhalb der obergerichtlichen Rechtsprechung herrschte Uneinigkeit.

Der *Bundesfinanzhof* vertrat die Auffassung, dass der selbstständig tätige Schuldner die Insolvenzmasse mit Neuverbindlichkeiten, und zwar konkret mit Umsatzsteuerverbindlichkeiten belasten könne, dies aber nur, sofern er bei seiner Tätigkeit massezugehörige Gegenstände ertragsbringend nutze. Dann werde die Masse im Sinne des § 55 I Nr. 1 Alt. 2 InsO „verwertet".[23] Daraus ließ sich der Schluss ziehen, dass im Ergebnis nach Auffassung des Bundesfinanzhofs nicht nur der Verwalter, sondern auch der Schuldner die Masse verwerten könne, und zwar dadurch, dass er Massegegenstände beruflich nutzt. Zu vertraglichen Neuverbindlichkeiten äußerte sich der Bundesfinanzhof hingegen nicht. Seine Entscheidung blieb auf den Aspekt der Umsatzsteuer beschränkt.

Das *Bundesarbeitsgericht* bejahte die Haftung der Masse für Neuverbindlichkeiten aus einem Arbeitsvertrag, sofern der Verwalter erstens die selbstständige Tätigkeit billige und dabei um den Einsatz von Arbeitnehmern wisse und zweitens die pfändbaren betrieblichen Gewinne zur Masse ziehe.[24] Unter diesen Bedingungen nehme der Verwalter die vom Schuldner neu eingegangenen (oder verlängerten) Arbeitsverhältnisse für die Masse in Anspruch.[25] Dadurch entstünden Masseverbindlichkeiten gemäß § 55 I Nr. 1 InsO – wenn nicht durch eigene Handlung des Verwalters, so jedenfalls „in anderer Weise durch die Verwaltung der Insolvenzmasse".[26]

Und der *Bundesgerichtshof* schließlich vertrat in seiner „Psychologinnen-Entscheidung" im Ergebnis den Standpunkt der herrschenden Meinung: Der Schuldner könne keine Neuverbindlichkeiten zulasten der Masse begründen. Der IX. Senat hob hervor, Neuvermögen aus einer selbstständigen Tätigkeit gehöre

---

22 *FG Thüringen* ZInsO 2004, 392 (393).

23 *BFH* (*V. Senat*) ZInsO 2005, 774 (775); restriktiver *BFH* (*XI. Senat*) ZInsO 2010, 1390 (1392): Eine „Verwertung" im Sinne des § 55 I Nr. 1 InsO sei nur dann gegeben, wenn die vom Schuldner erbrachten umsatzsteuerpflichtigen Leistungen „im Wesentlichen" auf der Nutzung von Massegegenständen beruhten; so jetzt auch *BFH* (*V. Senat*) ZInsO 2012, 190 (192).

24 *BAG* ZInsO 2008, 866 (868).

25 *BAG* ZInsO 2008, 866 (868).

26 *BAG* ZInsO 2008, 866 (868).

in vollem Umfang zur Insolvenzmasse.[27] Zugleich fügte er hinzu, es gebe keinen unpfändbaren Anteil in Höhe berufsbedingter Ausgaben.[28] Der Schuldner könne jedoch einen Antrag gemäß § 36 I 2 InsO in Verbindung mit § 850i ZPO a. F. stellen, woraufhin das Insolvenzgericht bei der Bemessung des notwendigen Unterhalts auch „Werbungskosten" analog § 850a Nr. 3 ZPO zu berücksichtigen habe.[29]

4. Kritik an der Rechtsprechung

Die Auffassungen von Bundesfinanzhof, Bundesarbeitsgericht und Bundesgerichtshof blieben freilich nicht ohne Widerspruch.[30] Vor allem die Ansicht des Bundesgerichtshofs stieß dabei auf Kritik. Sein Konzept, das Problem der Neuverbindlichkeiten über die §§ 36 I 2 InsO, 850i, 850a Nr. 3 ZPO zu bewältigen, könne vielleicht angehen bei einem selbstständigen Schuldner, der persönliche Dienstleistungen erbringe[31] und sich – vergleichbar einem Arbeitnehmer – nur hin und wieder veranlasst sehe, für seine Tätigkeit Neuverbindlichkeiten zu begründen.[32] Es sei praktisch jedoch nicht möglich, von diesem Einzelfall aufs Ganze zu schließen.[33] Insbesondere für einen Gewerbetreibenden, der ständig auf neue Betriebsmittel oder Dienstleistungen angewiesen sei, passten die §§ 36 I 2 InsO, 850i, 850a Nr. 3 ZPO nicht: § 850a Nr. 3 ZPO sei auf zusätzliche Entgelte zugeschnitten, die klassischerweise bei Arbeitnehmern anfielen, nicht aber auf Kosten, die ein Selbstständiger für sein Geschäft aufbringen müsse.[34]

Treffend wies die Literatur auch darauf hin, dass der Lösungsweg des Bundesgerichtshofs nicht oder nur schwerlich umsetzbar sei.[35] So wurde unter

---

27 *BGH* NJW 2003, 2167 (2170).

28 *BGH* NJW 2003, 2167 (2170).

29 *BGH* NJW 2003, 2167 (2170) (eines Antragsverfahrens hätte es freilich nicht bedurft, wären Neuverbindlichkeiten aus der selbstständigen Tätigkeit nach Auffassung des Bundesgerichtshofs Masseverbindlichkeiten); siehe auch *AG Göttingen* ZVI 2002, 25 (26), das Betriebskosten gemäß §§ 36 I 2 InsO, 850i I, 850f I ZPO berücksichtigte.

30 Siehe zum Beispiel *Andres/Pape* NZI 2005, 141 (143); Nerlich/Römermann/*Andres* (Stand: April 2008) § 35 Rn. 136 f.; *Obermair* DStR 2005, 1561 ff.

31 Die Schuldnerin war in der „Psychologinnen-Entscheidung" unter ihrer Wohnanschrift als Diplom-Psychologin tätig und erzielte ihre Einkünfte daraus, dass sie Gutachten erstellte, Unterricht erteilte und Patienten betreute.

32 Nerlich/Römermann/*Andres* (Stand: April 2008) § 35 Rn. 136.

33 Vgl. *Andres/Pape* NZI 2005, 141 (143).

34 *Andres/Pape* NZI 2005, 141 (143).

35 *Andres/Pape* NZI 2005, 141 (143); Nerlich/Römermann/*Andres* (Stand: April 2008) § 35 Rn. 137; *Heinze* ZVI 2007, 349 (352); *Ries* ZVI 2004, 221 (226); *Tetzlaff* ZInsO 2005, 393 (394); *ders.* ZVI 2004, 2 (5).

anderem eingewendet, nach den Vorgaben des Bundesgerichtshofs müsse der Schuldner dem Insolvenzverwalter zunächst jede verdiente Forderung angeben, woraufhin dieser verpflichtet wäre, die Forderungen einzuziehen. Anschließend erst könne der Schuldner beim Insolvenzgericht einen Antrag gemäß §§ 36 I 2 InsO, 850i, 850a Nr. 3 ZPO stellen.[36] Das Gericht habe daraufhin zu befinden, in welcher Höhe Betriebskosten analog zu § 850a Nr. 3 ZPO aus dem pfändbaren Neuerwerb herauszurechnen seien. Dabei sei aber schon fraglich, woher das Gericht den dafür nötigen Sachverstand und die erforderliche Zeit nehmen solle;[37] jedenfalls sei mit einer schnellen Entscheidung nicht zu rechnen.[38] Dies wiederum habe möglicherweise zur Folge, dass der Schuldner lukrative Geschäfte mangels Liquidität nicht in Angriff nehmen könne.[39] Hinzu komme die Frage, wie sich der Schuldner verhalten solle, wenn er Aufträge kurzfristig bearbeiten müsse.[40]

Doch waren der fehlende Zuschnitt des § 850a Nr. 3 ZPO auf die selbstständige Tätigkeit und die mangelnde Praktikabilität des Antragsverfahrens nicht die einzigen Kritikpunkte. Dass mithilfe der §§ 36 I 2 InsO, 850i, 850a Nr. 3 ZPO eine selbstständige Tätigkeit im Insolvenzverfahren nicht verlässlich gehandhabt werden könne, folge schon daraus, dass § 850i ZPO bei Bargeschäften des Schuldners gar nicht anwendbar sei.[41]

III. Freigabe des Neuerwerbs

In seiner „Psychologinnen-Entscheidung" wies der Bundesgerichtshof aber auch auf eine Alternative zum aufwendigen Antragsverfahren gemäß §§ 36 I 2 InsO, 850i, 850a Nr. 3 ZPO hin: Es sei zulässig, wenn der Verwalter dem Schuldner Mittel aus der bereits vorhandenen Masse oder aus den zukünftigen, gleichfalls zur Masse gehörigen Einkünften überlasse.[42]

Auf welchem rechtlichen Wege dies geschehen könne, gab das Gericht jedoch nicht vor. Im zu beurteilenden Fall hatte die Schuldnerin ihre

36 *Heinze* ZVI 2007, 349 (352).

37 *Andres/Pape* NZI 2005, 141 (143); Nerlich/Römermann/*Andres* (Stand: April 2008) § 35 Rn. 137.

38 Vgl. *Andres/Pape* NZI 2005, 141 (143); *Tetzlaff* ZVI 2004, 2 (5); *Ries* sprach sich in ZVI 2004, 221 (226) für einen einstweiligen Rechtsschutz analog § 732 II ZPO aus.

39 *Andres/Pape* NZI 2005, 141 (143); Nerlich/Römermann/*Andres* (Stand: April 2008) § 35 Rn. 137.

40 *Andres/Pape* NZI 2005, 141 (143).

41 *Heinze* ZVI 2007, 349 (352).

42 *BGH* NJW 2003, 2167 (2170).

Vergütungsansprüche gegen Dritte selbst eingezogen und mit dem Verwalter vereinbart, vorbehaltlich einer endgültigen Abrechnung monatlich 250 DM als „Vorauszahlung auf pfändbares Einkommen“ auf das Treuhandkonto des Verwalters zu zahlen. Dieses Arrangement konnte man zum einen dahingehend verstehen, als habe der Verwalter die Schuldnerin gemäß §§ 362 II, 185 I BGB, 80 I InsO ermächtigt, neu erworbene Forderungen einzuziehen und über die eingezogenen Gelder zu verfügen.[43] Zum anderen zog man in Erwägung, ob es zulässig sei, den gesamten Neuerwerb aus der selbstständigen Tätigkeit antizipiert an den Schuldner „freizugeben“, das heißt vollständig aus der Masse herauszulösen.[44]

B. Bei Verfahrenseröffnung bestehende Alt-Verträge

Aber nicht nur hinsichtlich des Neuerwerbs aus der selbständigen Tätigkeit und der Neuverbindlichkeiten aus eben dieser Tätigkeit waren die offenen Fragen zahlreich, sondern auch gegenseitige Verträge, die der Schuldner vor dem Insolvenzverfahren abgeschlossen hatte (Alt-Verträge), gaben Anlass zur Diskussion. War zum Beispiel ein Arzt bereit und in der Lage, seine Tätigkeit während des Insolvenzverfahrens fortzusetzen, konnte er ein lebhaftes Interesse daran haben, seine Praxisräume und Arbeitnehmer (§ 108 I 1 InsO) sowie zum Beispiel Versorgungs- und Telekommunikationsverträge im Sinne des § 103 I InsO zu behalten.[45] Das Problem dabei war nur, ob und wie die Insolvenzordnung dieses Interesse würdigte.

I. Dauerschuldverhältnisse im Sinne des § 108 I 1 InsO

Mit Eröffnung des Insolvenzverfahrens haftete die Masse zunächst einmal gemäß §§ 108 I 1, 55 I Nr. 2 Alt. 2 InsO für fortlaufende Masseverbindlichkeiten aus Miet- und Pachtverträgen über unbewegliche Gegenstände und Räume sowie für Masseverbindlichkeiten aus Dienstverhältnissen. Der Verwalter konnte diese Verträge nur gemäß § 109 I 1 InsO und § 113 S. 1 InsO kündigen. Mit Eröffnung des Insolvenzverfahrens stellte sich für ihn

---

43 *Wagenknecht-Hose* Neuverbindlichkeiten, S. 51 f.

44 *Gerke/Sietz* NZI 2005, 373 (380); *Hess/Röpke* NZI 2003, 233 (236); *Hölzle* EWiR 2004, 987 (988); *Kothe* NZI 2003, 393 (394); *Maus* ZIP 2004, 389 (393); *K. Schmidt* FS Kruse, 671 (687); *Tetzlaff* ZVI 2004, 2 (7); *Voigt/Gerke* ZInsO 2002, 1054 (1061 f.); *Windel* KTS 1995, 367 (395 f.); skeptisch *Andres/Pape* NZI 2005, 141 (142 f.); *Alter* ZInsO 2004, 393 (394); *Pape* ZInsO 2004, 647 (655); *Schmerbach* ZVI 2003, 256 (267).

45 Siehe nur den Sachverhalt bei *BGH* ZVI 2007, 80.

folglich die delikate Frage, was er tun sollte: Sollte er dem Schuldner gestatten, das Unternehmen (auf Kosten der Masse) fortzuführen oder sollte er lieber den Mietvertrag über die Geschäftsräume kündigen und die Angestellten entlassen?

Auf der einen Seite war klar, dass es nicht immer im Interesse der Insolvenzgläubiger liegen würde, wenn der Verwalter Dauerschuldverhältnisse des Schuldners aus der Masse finanzieren müsste – insbesondere, wenn der Verwalter dem Unternehmen des Schuldners keine großen Erfolgsaussichten bescheinigte. Andererseits stand außer Frage, dass die Kündigung berufsnotwendiger Verträge das Ende für das Unternehmen bedeuten würde. Ging die Insolvenzordnung folglich mit Blick auf Art. 12 I, 14 I GG nicht zu weit? Bestand nicht vielleicht eine Möglichkeit, das Interesse der Insolvenzgläubiger an einer Masseschonung mit dem Interesse des Schuldners an einer Fortführung seines Unternehmens zu vereinbaren?

Eine Lösung lag unstrittig darin, mit dem Vertragspartner zu einer Übereinkunft zu kommen, wonach die Masse nicht mehr haftet.[46] Was aber gelten solle, wenn sich der Vertragspartner nicht darauf einließ, war wenig geklärt. *Tetzlaff* etwa sprach einer Kündigung durch den Verwalter nur eingeschränkte Wirkung zu: Der betroffene Vertrag werde durch die Kündigung nicht insgesamt, sondern nur im Verhältnis zur Insolvenzmasse beendet.[47] *Voigt/Gerke* befürworteten für Geschäftsräume eine analoge Anwendung des § 109 I 2 InsO.[48] Die Norm sei zwar auf Wohnraummietverträge beschränkt – für eine Ausweitung auch auf gewerblich genutzte Vertragsverhältnisse spreche aber, dass die Insolvenzordnung natürlichen Personen nicht ohne zwingenden Grund die sachlichen und organisatorischen Voraussetzungen der Berufsausübung entziehen dürfe.[49] Das *Bundesarbeitsgericht* schließlich suchte eine Lösung durch die analoge Anwendung des § 613a BGB herbeizuführen: Gebe der Verwalter Betriebsmittel aus der Masse frei und bildeten diese eine „Einheit" im Sinne des § 613a BGB, dann gingen auf den Schuldner alle dazugehörenden Arbeitsverträge über; dies aber nur,

---

46 Siehe nur *BAG* ZInsO 2008, 866 (868); *LG Dortmund* ZInsO 2005, 724; *LG Hannover* KTS 1955, 123 (124); *Eckert* NZM 2001, 260 (261); *Mohrbutter* KTS 1955, 10 (12); *Pape* NZM 2004, 401 (410); *Wischemeyer/Schur* ZInsO 2007, 1240 (1244); *Vallender/Dahl* NZI 2000, 246 (249).

47 *Tetzlaff* ZVI 2004, 2 (8).

48 *Voigt/Gerke* ZInsO 2002, 1054 (1064).

49 So ausdrücklich *Marotzke* KTS 2001, 67 (69), der die Begrenzung von § 109 I 2 InsO auf Wohnraum stark kritisierte; vgl. auch *Voigt/Gerke* ZInsO 2002, 1054 (1064).

sofern die betroffenen Arbeitnehmer nicht rechtzeitig analog § 613a VI BGB widersprächen.[50]

II. Verträge im Sinne des § 103 InsO

Ungeklärt war die Rechtslage aber nicht nur bei Alt-Verträgen im Sinne des § 108 I 1 InsO, sondern auch bei Verträgen, die bei Verfahrenseröffnung weder der Schuldner noch der andere Teil vollständig erfüllt hatten.

Der Verwalter konnte gemäß § 103 I InsO Erfüllung zur Masse verlangen oder aber darauf verzichten – das war der Ausgangspunkt. Entschied sich der Verwalter aber für Letzteres, so stand die große Frage im Raum, wie es mit dem Vertrag zwischen Schuldner und dem anderem Teil bestellt sei.

Von Bedeutung war die Antwort vor allem für den Schuldner, der nach einer Erfüllungsablehnung durch den Verwalter seinen Vertrag außerhalb des Verfahrens auf eigene Rechnung durchzuführen beabsichtigte. Noch zu Zeiten der Konkursordnung (§ 17) hieß es seitens des *Bundesgerichtshofs*, (schon) die Verfahrenseröffnung habe zur Folge, dass der Vertrag umgestaltet werde; die Erfüllungsansprüche würden erlöschen; an deren Stelle trete der einseitige Anspruch des anderen Teils auf Schadensersatz wegen Nichterfüllung, der gemäß § 26 S. 2 KO lediglich eine Konkursforderung darstelle; erst die Erfüllungswahl des Konkursverwalters lasse die untergegangenen Ansprüche wieder erstehen.[51] Diese sogenannte „Erlöschenstheorie" führte freilich dazu, dass für den Schuldner eine Vertragsabwicklung mit eigenen Mitteln nach Erfüllungsablehnung seitens des Verwalters nicht möglich war.

Der *Bundesgerichtshof* hat später jedoch seine Erlöschenstheorie fallengelassen und einen entgegengesetzten Standpunkt eingenommen: Die Verfahrenseröffnung gestalte den gegenseitigen Vertrag nicht materiell-rechtlich um, sie habe wegen der beiderseitigen Nichterfüllungseinreden der Vertragspartner (§ 320 BGB) nur zur Folge, dass Verwalter und anderer Teil ihre noch ausstehenden Erfüllungsansprüche nicht durchsetzen können.[52] Doch blieb trotz dieser Rechtsprechungsänderung weiterhin ungeklärt, ob der Schuldner nach einer

---

50 *BAG* ZInsO 2008, 866 (868); ZInsO 2009, 1116 (1119).

51 Siehe nur *BGH* NJW 1988, 1790 (1791); NJW 1995, 1966 f.; anders noch zum Beispiel *BGH* NJW 1977, 1345, wonach erst die Erfüllungsablehnung den Vertrag umgestalte und an die Stelle des gegenseitigen Schuldverhältnisses der einseitige Anspruch des Vertragspartners auf Schadensersatz wegen Nichterfüllung trete.

52 *BGH* NJW 2002, 2783 (2785); NJW 2006, 915 (916); NJW 2007, 1594.

Erfüllungsablehnung durch den Verwalter den Vertrag außerhalb des Verfahrens durchführen kann.[53]

C. Ruf nach dem Gesetzgeber

Obschon die oben aufgezeigten Fragen im Zusammenhang mit einer selbstständigen Tätigkeit des Schuldners nicht einstimmig beantwortet wurden, war man sich in einem Punkt allerdings einig, nämlich dass die bis 2007 geltenden Regelungen der Insolvenzordnung nicht hinreichten, die selbstständige Tätigkeit verlässlich in den Griff zu bekommen.[54]

Ausgehend von den Unklarheiten im Zusammenhang mit einer selbstständigen Tätigkeit hat der Gesetzgeber schließlich denn auch mit dem *Gesetz zur Vereinfachung des Insolvenzverfahrens* vom 13. April 2007 reagiert.[55] Gemäß § 35 II 1 InsO n. F. hat der Insolvenzverwalter für alle Insolvenzverfahren, die nach dem 1. Juli 2007 eröffnet werden, nunmehr zu erklären, ob das Vermögen des Schuldners aus der selbstständigen Tätigkeit zur Insolvenzmasse gehört und ob Ansprüche aus dieser Tätigkeit im Insolvenzverfahren geltend gemacht werden können. Doch welches Vermögen von der Erklärung des Verwalters betroffen ist und ob sich der Gesetzgeber mit § 35 II 1 InsO allein der Neuverbindlichkeiten hat annehmen wollen, die der Schuldner im Verfahren erst begründet, oder zudem auch der Verbindlichkeiten aus beruflich genutzten Alt-Verträgen, ist Gegenstand einer heftigen Debatte geworden, die im anschließenden *Zweiten Teil* näher erläutert wird.

---

53 Gegen eine Vertragsdurchführung *Marotzke* Gegenseitige Verträge Rn. 8.1 und Rn. 3.38 f.; grundsätzlich dafür *Gerland* KrVJSchr 46 (1905), 29 (36); Jaeger/*Henckel* KO § 17 Rn. 156 (sofern der andere Teil keine „Forderung wegen Nichterfüllung" erhebe); *Smid* InsO § 103 Rn. 56.

54 Siehe nur *Andres/Pape* NZI 2005, 141 (147): „Die derzeitige Situation ist … auf Grund der rechtlichen und tatsächlichen Probleme unhaltbar"; *Grote/Pape* ZInsO 2004, 993 (996): „kaum lösbar[e] Fragen"; Jaeger/*Henckel* InsO § 35 Rn. 126 f.; *Tetzlaff* ZInsO 2005, 393 (395).

55 BGBl. I 2007 Nr. 13, S. 509.

Zweiter Teil: Die Negativerklärung und ihre Reichweite

Die Gesetzesmaterialien sehen in der Negativerklärung eine Art „Freigabe"[56], eine „freigabeähnliche Erklärung"[57] oder eine „freigabeähnliche Handlung eigenen Typs"[58]. Auch in der Literatur tauchen ähnliche Umschreibungen auf: Die Negativerklärung sei eine „Freigabe sui generis"[59] oder eine „der ‚echten' Freigabe ähnliche Erklärung"[60]; sie stelle keine „echte Freigabe" dar, sondern sei daran nur angelehnt.[61]

Die Unsicherheit in der Terminologie resultiert aus folgendem Sachverhalt: Die echte Freigabe – schon das Wort spricht es aus – löst Vermögenswerte aus dem Insolvenzbeschlag heraus; der Schuldner erhält an den freigegebenen Sachen oder Forderungen die Verwaltungs- und Verfügungsmacht zurück. Da die Freigabe demnach Verfügungscharakter hat, ist freilich auch der Bestimmtheitsgrundsatz zu beachten,[62] sodass der Verwalter nur einzelne oder näher individualisierte Gegenstände freigeben kann.[63] Nun soll aber auch die Negativerklärung Vermögenswerte aus dem Insolvenzbeschlag entlassen, sie ist hierin der Freigabe verwandt. Doch besteht der Unterschied darin, dass der Negativerklärung die Bestimmtheit fehlt, weshalb der Begriff der Freigabe wenig geeignet ist, ihr Wesen auszudrücken.[64] Die *Bundesregierung* stellt die fehlende Bestimmtheit denn auch deutlich in ihrer Entwurfsbegründung heraus. Dort heißt es, die Negativerklärung sei nicht auf einzelne Gegenstände begrenzt, sie umfasse eine „Gesamtheit von Gegenständen und Werten".[65] Trotzdem hat es der Gesetzgeber

---

56 BT-Drs. 16/3227, 17.

57 BT-Drs. 16/3227, 26.

58 BT-Drs. 16/3227, 27.

59 *Haarmeyer* ZInsO 2007, 696 (697).

60 *Holzer* ZVI 2007, 289 (292).

61 Vgl. *Holzer* ZVI 2007, 289 (292); *Pannen/Riedemann* NZI 2006, 193 (195).

62 *Berger* ZInsO 2008, 1101 (1103); *Gerke/Sietz* NZI 2005, 373 (380); *Maus* ZIP 2004, 389 (393); *K. Schmidt* FS Kruse, 671 (687).

63 *M. Ahrens* NZI 2007, 622 (624); *Berger* ZInsO 2008, 1101 (1103); *Gerke/Sietz* NZI 2005, 373 (380); MünchKomm/*Peters* § 35 Rn. 100.

64 Vgl. *Berger* ZInsO 2008, 1101 (1103) unter III. 1. („Die Erklärung nach § 35 Abs. 2 InsO hat eine andere Qualität [als die Freigabe]: Sie ist nicht nur auf eine bestimmte Sache oder Sachgesamtheit bezogen …").

65 BT-Drs. 16/3227, 26 f.

aber unterlassen, im Wortlaut des § 35 II 1 InsO näher klarzustellen, welche „Gesamtheit" denn gemeint sei. Vielmehr ist dort pauschal die Rede von „Vermögen aus der selbstständigen Tätigkeit" und „Ansprüche[n] aus dieser Tätigkeit".

A. Meinungsstand

Wie weit die Negativerklärung reicht, ist strittig. Einigkeit besteht aber in drei Punkten: Insolvenzforderungen seien trotz einer Negativerklärung weiterhin aus der Insolvenzmasse zu befriedigen,[66] unter „Vermögen aus der selbstständigen Tätigkeit" sei zumindest der Neuerwerb aus der Tätigkeit zu subsumieren[67] und die Negativerklärung hindere jedenfalls Neugläubiger daran, Ansprüche gegen die Insolvenzmasse geltend zu machen.[68]

Umstritten ist jedoch, ob die Negativerklärung über die obigen drei Punkte hinaus noch weitere Wirkung entfaltet.

I. Weite Auslegung

Sehr großzügig wird § 35 II 1 InsO nach einer häufig vertretenen Ansicht verstanden: Die Negativerklärung umfasse neben dem Neuvermögen aus der Tätigkeit auch die unternehmensbezogenen Vermögenswerte, die bereits bei Verfahrenseröffnung vorhanden gewesen sind und deswegen eigentlich gemäß § 35 I Alt. 1 InsO zur Masse gehören.[69] Dem Verwalter sei es aber unbenommen,

---

66 Siehe nur *BGH* ZInsO 2012, 481 (484): Vermögen aus der selbstständigen Tätigkeit hafte nur „Neugläubiger[n], die nach der Freigabe Forderungen gegen den Schuldner erworben haben"; *OVG Münster* NVwZ-RR 2011, 813 f.; *LAG Schleswig-Holstein* ZInsO 2011, 445 (447); *AG Duisburg* NZI 2010, 905 (907) unter (2) (cc); *Kühne* Die Insolvenz des selbstständig tätigen Schuldners, S. 120 f.; *Peters* WM 2012, 1067 (1070).

67 *LG Göttingen* NZI 2011, 775 (776); *AG Duisburg* NZI 2010, 905 (907); *M. Ahrens* NJW-Spezial 2012, 725 (726); *ders.* NZI 2007, 622 (625); *Berger* ZInsO 2008, 1101 (1103); *Dahl* NJW-Spezial 2007, 485; *Holzer* ZVI 2007, 289 (292); Kölner Schrift/*Mai* Kapitel 19 Rn. 88.

68 *AG Duisburg* NZI 2010, 905 (907); *Berger* ZInsO 2008, 1101 (1103); *Dahl* NJW-Spezial 2007, 485; *Dahl/Schindler* VIA 2011, 1 (2).

69 *LG Göttingen* NZI 2011, 775 (776); *LG Krefeld* NZI 2010, 485; *AG Duisburg* NZI 2010, 905 (907); *M. Ahrens* NZI 2007, 622 (625); *ders.* KSzW 2012, 303 (306); *Bartels* KTS 2012, 381 (389); *Dahl* NJW-Spezial 2007, 485; *Gogger* Insolvenzgläubiger-Handbuch § 2 Rn. 365; *Gundlach/Frenzel/Schirrmeister* DStR 2007, 1352 (1354); *Heinze* ZInsO 2010, 1073 (1074); MünchKomm/*Peters* § 35 Rn. 47e; MünchKomm/*Hefermehl* § 55 Rn. 113; *Pape* WM 2013, 1145 (1149); *Peters* WM 2012, 1067 (1069); Uhlenbruck/

einzelne Vermögenswerte, obwohl zum Unternehmen gehörend, von der Negativerklärung auszunehmen. Dies gelte aber nur für den Fall, dass dem Schuldner seine selbstständige Tätigkeit mit den „freigegebenen" Gegenständen auch möglich sei.[70]

Vertreter dieser Auslegung ziehen zu deren Untermauerung die Entwurfsbegründung der Bundesregierung heran, in der es heißt, § 35 II 1 InsO ermögliche eine „Art ‚Freigabe' des Vermögens, das der selbstständigen Tätigkeit gewidmet ist, einschließlich der dazugehörenden Verträge".[71] Daraus könne man schließen, dass die Negativerklärung eine wirtschaftliche Einheit erhalten solle,[72] denn der Tätigkeit „gewidmet" könne doch nur das eingesetzte Vermögen sein, nicht aber das erzielte.[73]

Ein selbstständiger Schuldner sei aber neben Maschinen und sonstigen Betriebsmitteln auch auf Betriebsräume, Angestellte, Bankverbindungen, Strom und einen Telefonanschluss angewiesen. Um das Geschäft in seiner Gesamtheit zu erhalten, müsse die Negativerklärung demnach auch alle beruflich veranlassten Alt-Verträge „freigeben", Verträge also, die der Schuldner vor dem Insolvenzverfahren abgeschlossen hat und die eigentlich unter die §§ 103 ff. InsO fallen würden.[74] Aus diesem Grunde sei es dem Verwalter auch verwehrt, Miet-, Pacht- und Arbeitsverträge gemäß §§ 109 I 1, 113 S. 1 InsO zu kündigen.[75] Vor allem der Hinweis in der Entwurfsbegründung, § 35 II 1 InsO sei mit § 109 I 2 InsO

Hirte § 35 Rn. 268; *Wagenknecht-Hose* Neuverbindlichkeiten, S. 112 bei Fn. 522; wohl auch *FG Düsseldorf* EFG 2011, 570 (571); *Kexel* EWiR 2009, 545 (546); *Schmidt* ZInsO 2009, 353 (358); *Werth* DStZ 2009, 760 (764); *Windel* RdA 2012, 366 (368 f.); einschränkend *AG Göttingen* ZInsO 2011, 1659 (1660).

70 *M. Ahrens* NZI 2007, 622 (625); *ders.* KSzW 2012, 303 (307); *Dahl* NJW-Spezial 2007, 485.

71 BT-Drs. 16/3227, 17.

72 *M. Ahrens* NZI 2007, 622 (624).

73 *Heinze* ZVI 2007, 349 (354).

74 *LG Krefeld* NZI 2010, 485; *AG Duisburg* NZI 2010, 905 (906); *ArbG Berlin* ZIP 2010, 1914; *ArbG Herne* ZInsO 2010, 2199 (2200); *M. Ahrens* NZI 2007, 622 (625); *Bartels* KTS 2012, 381 (397 f.); *Dahl* Verbraucherinsolvenz aktuell, Heft 7, Juli 2010, 54; *ders.* NJW-Spezial 2007, 485; *Gogger* Insolvenzgläubiger-Handbuch § 2 Rn. 365; *Heinze* ZVI 2007, 349 (354); MünchKomm/*Peters* § 35 Rn. 47f; MünchKomm/*Hefermehl* § 55 Rn. 113; *Pape* WM 2013, 1145 (1149); *Peters* WM 2012, 1067 (1069); *Stiller* ZInsO 2010, 1374 (1375).

75 *ArbG Herne* ZInsO 2010, 2199 (2200); *M. Ahrens* NJW-Spezial 2012, 341 (342); *Heinze* ZVI 2007, 349 (354); *Pape* WM 2013, 1145 (1149); *Ries* ZInsO 2009, 2030 (2034).

vergleichbar,[76] spreche hierfür, denn gemäß § 109 I 2 InsO dürfe der Verwalter den Wohnraum-Mietvertrag des Schuldners nicht kündigen, sondern nur die darin bestimmte Enthaftungserklärung abgeben.[77]

II. Enge Auslegung

Der weiten Auslegung steht ein enges Verständnis gegenüber. Die Negativerklärung erfasse allein den geschäftlichen Neuerwerb des Schuldners, der bereits bei Verfahrenseröffnung vorhandene Massebestand bleibe unberührt.[78]

Eine allumfassende „Freigabe" auch des betriebsnotwendigen Vermögens sei zu unbestimmt; es sei unklar, welches Vermögen der Tätigkeit „gewidmet" sei und *wer* diese „Widmung" überhaupt vornehmen dürfe.[79] Ergänzend bringt man vor, eine weitreichende Vermögensfreigabe verstoße auch gegen § 159 InsO und das darin enthaltene Gebot an den Verwalter, die Masse zu verwerten.[80] Soweit der Schuldner Gegenstände für seine Tätigkeit benötige, dürfe er deswegen allein die Gerätschaften und Werkzeuge beanspruchen, die nach §§ 36 I 1 InsO, 811 I Nr. 5 und Nr. 7 ZPO Schutz genössen.[81] Alle anderen könne der Verwalter verwerten oder, wenn eine Verwertung wenig verspreche, durch eine Einzelfreigabe an den Schuldner überantworten.[82]

Soweit es um „Ansprüche aus der selbstständigen Tätigkeit" gehe, sei zu unterscheiden zwischen Verträgen, die der Schuldner vor Verfahrenseröffnung abgeschlossen hat und solchen, die er erst im Verfahren eingeht. Die

76 BT-Drs. 16/3227, 17.

77 Vgl. *LG Krefeld* NZI 2010, 485; *ArbG Berlin* ZIP 2010, 1914; *Ries* ZInsO 2009, 2030 (2034); *Stiller* ZInsO 2010, 1374 (1375).

78 *BFH* ZInsO 2011, 2339 (2340 f.); *LAG Schleswig-Holstein* ZInsO 2011, 445 (447); *Berger* ZInsO 2008, 1101 (1106); Kölner Schrift/*Mai* Kapitel 19 Rn. 89; *Kühne* Die Insolvenz des selbstständig tätigen Schuldners, S. 113 ff.; *Kupka/Schmittmann* InsbürO 2007, 386 (387); *von Gleichenstein* ZVI 2013, 409 (411); *Wischemeyer* ZInsO 2009, 2121 (2126); *Wischemeyer/Schur* ZInsO 2007, 1240 (1245 f.); *Zimmermann* ZInsO 2011, 2057 (2058).

79 *Berger* ZInsO 2008, 1101 (1104); siehe auch *Wischemeyer/Schur* ZInsO 2007, 1240 (1246).

80 *Wischemeyer* ZInsO 2009, 2121 (2126); vgl. auch *Kühne* Die Insolvenz des selbstständig tätigen Schuldners, S. 114.

81 *Berger* ZInsO 2008, 1101 (1104); *Kühne* Die Insolvenz des selbstständig tätigen Schuldners, S. 115 f.

82 *Berger* ZInsO 2008, 1101 (1104); *Kühne* Die Insolvenz des selbstständig tätigen Schuldners, S. 115; *von Gleichenstein* ZVI 2013, 409 (411); *Wischemeyer/Schur* ZInsO 2007, 1240 (1246).

Negativerklärung wirke nur auf Ansprüche aus Verträgen der letzten Gruppe.[83] Verträge der ersten Gruppe fielen hingegen allein unter §§ 103 ff. InsO, denn der Gesetzgeber habe diese Normen nicht im Zusammenhang mit § 35 II 1 InsO geändert.[84]

III. Vermittelnde Auslegung

Durchgesetzt im Streit der Meinungen hat sich schließlich eine dritte Ansicht; sie hält gleichsam die Mitte zwischen den beiden obengenannten. Nach einer Negativerklärung könne der Schuldner wieder frei über den geschäftlichen Neuerwerb disponieren, er hafte allerdings auch für sämtliche Verbindlichkeiten, die im Zusammenhang mit der selbstständigen Tätigkeit stehen, das heißt für Neuverbindlichkeiten und für Verbindlichkeiten aus Alt-Verträgen im Sinne der §§ 103 ff. InsO.[85]

Dieser vermittelnden Ansicht scheint sich auch der *Bundesgerichtshof* angeschlossen zu haben. Zwar spricht er in Wiederholung der Materialien davon, die Negativerklärung sei eine Art Freigabe des Vermögens, welches der gewerblichen Tätigkeit gewidmet sei, einschließlich der dazugehörenden Vertragsverhältnisse,[86] was auf den ersten Blick vermuten lässt, dass er § 35 II 1 InsO im Sinne der weiten Auslegung interpretiert. Doch hat er auch klargestellt, dass das gesetzliche Regelungsmodell dahin gehe, die aus der selbstständigen Tätigkeit erzielten „Einkünfte" des Schuldners den Neugläubigern als Haftungsmasse zur Verfügung zu stellen.[87] Dies wiederum spricht eher dafür, dass der Bundesgerichtshof bezüglich der Vermögensseite einer engen Auslegung den Vorzug gibt und

83 *LAG Schleswig-Holstein* ZInsO 2011, 445 (447); *Berger* ZInsO 2008, 1101 (1107); Kölner Schrift/*Mai* Kapitel 19 Rn. 96; *von Gleichenstein* ZVI 2013, 409 (413); *Wischemeyer/Schur* ZInsO 2007, 1240 (1243).

84 *Berger* ZInsO 2008, 1101 (1107); Kölner Schrift/*Mai* Kapitel 19 Rn. 96; *Kühne* Die Insolvenz des selbstständig tätigen Schuldners, S. 121 ff.; *von Gleichenstein* ZVI 2013, 409 (413); *Windel* AP 2009 § 35 InsO Nr. 1, Blatt 838 (842); *Wischemeyer* ZInsO 2009, 2121 (2124).

85 *BAG*, Urteil vom 21.11.2013 – 6 AZR 979/11 (Rn. 13 ff., zitiert nach juris); Braun/*Bäuerle* § 35 Rn. 72 f.; *Dahl/Schindler* VIA 2011, 1 (2 f.); FK/*Bornemann* § 35 Rn. 13b f.; *Haarmeyer* ZInsO 2007, 696 (697); HambKomm/*Lüdtke* § 35 Rn. 261 ff.; HambKomm/*Ahrendt* § 103 Rn. 54, § 108 Rn. 2; Kölner Schrift/*Pape* Kapitel 13 Rn. 26; *Menn* ZVI 2011, 197 (201 f.); Nerlich/Römermann/*Andres* (Stand: April 2008) § 35 Rn. 92, 110; *Zipperer* ZVI 2007, 541 f.; differenzierend zwischen Miet- und Arbeitsverträgen *Smid* DZWIR 2008, 133 (137/141).

86 *BGH* ZInsO 2012, 481 (483).

87 *BGH* ZInsO 2012, 481 (483).

nur den Neuerwerb als von der Negativerklärung erfasst sieht. Jedenfalls hat der Bundesgerichtshof klargestellt, dass die Negativerklärung auch die der selbstständigen Tätigkeit dienenden Alt-Verträge von der Masse auf den Schuldner überleite und dieser für Verbindlichkeiten aus diesen Verträgen hafte.[88]

IV. Sonderproblem Alt-Verträge

Die Streitigkeiten gehen aber noch eine Ebene tiefer. Zwar ist man sich grundsätzlich innerhalb der weiten und der vermittelnden Auslegung darüber einig, dass die Negativerklärung die Masse auch von Alt-Verträgen im Sinne der §§ 103 ff. InsO enthafte, über die Feinheiten aber wird heftig gestritten.

1. Alt-Verträge im Sinne des § 103 I InsO

In Bezug auf Alt-Verträge im Sinne des § 103 I InsO haben *Gutsche* und *Andres* die Meinung vertreten, man müsse beachten, dass Ansprüche aus nicht oder nicht vollständig erfüllten Verträgen nach der Rechtsprechung des Bundesgerichtshofs[89] bis zu einem Erfüllungsverlangen des Insolvenzverwalters nicht durchsetzbar seien. Dies wiederum müsse auf das Verständnis von § 35 II 1 InsO durchschlagen, denn die Negativerklärung könne Alt-Verträge auf den Schuldner nur in dem Zustand überleiten, den sie zu eben dieser Zeit führen.[90]

Der Schuldner dürfe folglich nach der Negativerklärung Ansprüche aus seinen unerfüllt gebliebenen Alt-Verträgen nur geltend machen, sofern der Verwalter vor der Negativerklärung eine Erfüllungswahl gemäß § 103 I InsO getroffen habe;[91] ansonsten bleibe es trotz Negativerklärung dabei, dass die Ansprüche im Insolvenzverfahren nicht durchsetzbar seien.[92]

Die Rechtsprechung des Bundesgerichtshofs zur fehlenden Durchsetzbarkeit stellt für *Heinze* indes kein Problem dar, denn er vertritt die Auffassung, dass auch das Wahlrecht des Verwalters im Sinne des § 103 I InsO zusammen mit den Alt-Verträgen auf den Schuldner übergehe, der Schuldner mithin durch Erfüllungswahl die Verträge wieder durchsetzbar machen könne.[93]

---

88 *BGH* ZInsO 2012, 481 (483 ff.).

89 *BGH* NJW 2002, 2783 (2785); NJW 2006, 915 (916); NJW 2007, 1594.

90 *Gutsche* ZVI 2008, 41 (43).

91 *Gutsche* ZVI 2008, 41 (44); Nerlich/Römermann/*Andres* (Stand: April 2008) § 35 Rn. 107.

92 *Gutsche* ZVI 2008, 41 (43); Nerlich/Römermann/*Andres* (Stand: April 2008) § 35 Rn. 107.

93 *Heinze* ZVI 2007, 349 (354 f.).

2. *Alt-Verträge im Sinne des § 108 I 1 InsO*

Was Verbindlichkeiten aus Miet-, Pacht- und Dienstverträgen im Sinne des § 108 I 1 InsO angeht, hat sich ferner die Meinung entwickelt, die Masse werde hiervon durch die Negativerklärung erst enthaftet, wenn die in § 109 I 2 InsO festgelegte Frist abgelaufen sei; bis dahin hafte die Masse gemäß § 55 I Nr. 2 Alt. 2 InsO weiter, da die Bundesregierung in ihrer Entwurfsbegründung darauf hingewiesen habe, dass § 35 II 1 InsO mit § 109 I 2 InsO vergleichbar sei.[94]

Die Mehrheit innerhalb der weiten und der vermittelnden Auslegung – einschließlich des Bundesgerichtshofs – lehnt eine Analogie zu § 109 I 2 InsO indes strikt ab; die Masse sei mit Zugang der Negativerklärung sofort von künftigen Verbindlichkeiten aus Alt-Verträgen im Sinne des § 108 I 1 InsO befreit.[95]

Bartels indes geht noch einen Schritt weiter: Das insolvenzfreie Vermögen aus der selbstständigen Tätigkeit hafte nach der Negativerklärung auch für diejenigen Verbindlichkeiten aus Dauerschuldverhältnissen, die in der Zeit zwischen Verfahrenseröffnung und Negativerklärung entstehen.[96]

Zudem haben Arbeitsverträge eine besondere Stellung im Diskurs erhalten. Nach Auffassung einiger soll nach einer Negativerklärung § 613a VI BGB eingreifen, die Negativerklärung das Arbeitsverhältnis also nur „freigeben", wenn der Arbeitnehmer zustimme, und zwar nachdem er gemäß § 613a V BGB ordnungsgemäß belehrt worden sei.[97]

B. Stellungnahme

Die soeben aufgezeigten Streitigkeiten belegen, dass die selbstständige Tätigkeit trotz § 35 II 1 InsO nach wie vor wenig geklärt ist. § 35 II 1 InsO scheint das Problem der selbstständigen Tätigkeit im Insolvenzverfahren eher zu verschärfen als es zu beseitigen.

Die Reichweite der Negativerklärung lässt sich jedoch mithilfe von drei Auslegungswerkzeugen bestimmen: Erstens enthält der Wortlaut wichtige Hinweise, zum zweiten sind die Materialien aufschlussreich und zuletzt wirkt auch

---

94 *Dahl* NJW-Spezial 2007, 485; Uhlenbruck/*Hirte* § 35 Rn. 101.

95 Siehe nur *BGH* ZInsO 2012, 481 (485); *LG Krefeld* NZI 2010, 485; *M. Ahrens* NJW-Spezial 2012, 341 (342); *Haarmeyer* ZInsO 2007, 696 (697); *Heinze* ZVI 2007, 349 (354); *Peters* WM 2012, 1067 (1069); *Zipperer* ZVI 2007, 541 f.

96 *Bartels* KTS 2012, 381 (398).

97 *M. Ahrens* NJW-Spezial 2012, 341 (342); *Priebe* EWiR 2010, 675 (676); *Windel* RdA 2012, 366 (370).

die Systematik der Insolvenzordnung, genauer: es wirken §§ 157 f. InsO und §§ 103 ff. InsO auf § 35 II 1 InsO mit ein.

I. Der Wortlaut des § 35 II 1 InsO

Nach dem gesetzlich vorgegebenen Inhalt der Negativerklärung gehört nach ihrer Abgabe zum einen das „Vermögen aus der selbstständigen Tätigkeit" nicht mehr zur Masse, zum anderen können „Ansprüche aus dieser Tätigkeit" nicht mehr gegen die Masse geltend gemacht werden.

1. *Die Präposition „aus"*

M. Ahrens vertritt die Auffassung, die Präposition „aus" ließe sich in zwei Richtungen ausdeuten. Zum einen könne sie ein Kausalverhältnis beschreiben[98] – die Negativerklärung würde dann freilich nur das Vermögen und die Ansprüche erfassen, die aus der selbstständigen Tätigkeit (zum Beispiel im Insolvenzverfahren) hervorgehen. Zum anderen könne die Präposition „aus" aber auch ein Modalverhältnis umschreiben und damit die Art und Weise festlegen, wie das Vermögen und die Ansprüche zu bestimmen sind, für welche die Negativerklärung wirkt.[99] Die Negativerklärung würde dann nach *M. Ahrens* alle Vermögenswerte und Ansprüche erfassen, die mit der selbstständigen Tätigkeit zusammenhängen.

Meines Erachtens beschreibt die Präposition „aus" – gestützt auf den allgemeinen Sprachgebrauch – in § 35 II 1 InsO allein eine kausale Beziehung zwischen Vermögen und Ansprüchen einerseits und der selbstständigen Tätigkeit andererseits. Es geht bei § 35 II 1 InsO nicht darum, ob das Vermögen oder die Ansprüche *aus* der selbstständigen Tätigkeit bestehen, wie ein Tisch etwa *aus* Holz bestehen kann; es geht darum, ob das Vermögen oder die Ansprüche aus der Tätigkeit stammen, also ob das Vermögen oder die Ansprüche durch die Tätigkeit erwirtschaftet beziehungsweise durch sie begründet wurden. Deswegen ist die Frage zu stellen, ob es den Vermögenswert oder den Anspruch gegen den Schuldner auch geben würde, wenn er nicht selbstständig tätig wäre. Wird dies bejaht, handelt es sich nicht um Vermögen aus der selbstständigen Tätigkeit oder um Ansprüche hieraus. In diesem Sinne dürfte es wohl auch *M. Ahrens* aufgefasst haben, wenn er die Präposition „aus" als Bestimmung eines „Modalverhältnisses" ausdeutet.

---

98 *M. Ahrens* NZI 2007, 622 (625).

99 *M. Ahrens* NZI 2007, 622 (625).

Der einzige Punkt, der jetzt aber noch abgeklärt werden muss, ist die Frage, für welchen Zeitraum die Kausalbeziehung zu prüfen ist. Denkbar sind zwei Alternativen: Es ist allein auf das Insolvenzverfahren abzustellen, wobei danach zu fragen ist, ob es ohne die Tätigkeit im Verfahren den Vermögenswert oder den Anspruch auch gebe (*enge Kausalität*).[100] Oder aber es ist bei der Kausalitätsprüfung auch die vorgehende Zeit einzubeziehen, also diejenige vor Verfahrenseröffnung (*weite Kausalität*).[101] An dieser Stelle ist der Wortlaut aber offen und in der einen wie anderen Richtung interpretierbar.

2. *Verträge als „Vermögen"?*

Dennoch lässt sich mithilfe des Wortlauts eine erste Eingrenzung der Negativerklärung vornehmen. Der Verwalter stellt durch sie Vermögen aus der selbstständigen Tätigkeit insolvenzfrei. Somit können auch nur Vermögenswerte von der Erklärung betroffen sein, die ohne die Negativerklärung zur Masse gehören würden, das heißt vom Insolvenzbeschlag gemäß § 35 I InsO belegt wären.[102] Zur Insolvenzmasse gehört aber nur pfändbares Vermögen.[103] Verträge sind jedoch nicht pfändbar, sondern pfändbar sind nur Ansprüche hieraus (vgl. §§ 828 ff. ZPO).[104] Nur Ansprüche unterliegen deshalb dem Insolvenzbeschlag.[105] Darum kann der Verwalter auch nur sie aus der Masse freigeben, eine Freigabe von Verträgen ist hingegen ausgeschlossen.[106] Daraus wiederum lässt sich für das Verständnis von § 35 II 1 InsO ein erster wichtiger Rückschluss ziehen: Die in der Entwurfsbegründung der Bundesregierung anklingende (und von einem großen Teil der Literatur und Rechtsprechung übernommene) Auffassung, die

---

100 Danach wären von der Negativerklärung freilich nur Vermögenswerte und Ansprüche erfasst, die der Schuldner im Verfahren im Rahmen seiner Tätigkeit neu erwirbt beziehungsweise neu begründet.

101 Dann müsste allerdings auch Vermögen von der Negativerklärung erfasst sein, das der Schuldner vor Verfahrenseröffnung im Rahmen seiner Tätigkeit erworben hat. Ebenso würde sich die Negativerklärung auf *alle* Ansprüche beziehen, die aus Verträgen entstammen, die der Schuldner durch seine Tätigkeit (irgendwann) begründet hat – also auch auf solche aus Alt-Verträgen.

102 Vgl. *W. Lüke* FS Laufs, 989 (1002).

103 Uhlenbruck/*Hirte* § 35 Rn. 13.

104 Vgl. *BGH* NJW 2005, 3353 f.

105 Vgl. *Mork/Heß* ZInsO 2005, 1206 (1207).

106 *BAG* ZInsO 2008, 866 (868); *LG Dortmund* ZInsO 2005, 724; HK/*Eickmann* § 35 Rn. 59; *Holzer* ZVI 2007, 289 (292); *Mork/Heß* ZInsO 2005, 1206 (1207); *Pape* NZM 2004, 401 (410); anderer Ansicht wohl *Tetzlaff* ZVI 2004, 2 (7/8); *Uhlenbruck* KTS 2004, 275 (279).

Negativerklärung gebe berufsbedingte Verträge frei,[107] ist mit dem insolvenzrechtlichen Vermögensbegriff nicht in Einklang zu bringen.[108]

II. Historisch-teleologische Auslegung

Infolge des zum Teil offenen Wortlauts ist verstärkt der Regelungswille des Gesetzgebers zu ermitteln. Umfangreiche Aufschlüsse darüber, was der Gesetzgeber mit § 35 II 1 InsO hat regeln wollen, gibt die Entwurfsbegründung der Bundesregierung. Ihr Inhalt ist in Bezug auf die Reichweite der Negativerklärung im Gesetzgebungsverfahren ohne Widerspruch geblieben, sie kann deswegen uneingeschränkt herangezogen werden.

Dass der Vorstellung von einer Gesamtfreigabe des Unternehmens und einer „Freigabe" von Alt-Verträgen jemals Raum gegeben wurde, hat seine Ursache in der Aussage der Entwurfsbegründung, die Negativerklärung sei eine „Art ‚Freigabe' des Vermögens, das der selbstständigen Tätigkeit gewidmet ist, einschließlich der dazu gehörenden Verträge".[109] Diese Aussage hinterlässt freilich den Eindruck, die Negativerklärung habe zum Ziel, eine wirtschaftliche Gesamtheit zu erhalten. Eine dahingehende Meinung würde jedoch den Gesamtkontext, wie er in der Entwurfsbegründung zutage getreten ist, aus den Augen verlieren.

Der Gesamtkontext ergibt sich aus Folgendem: Die Begründung der Bundesregierung stellt zunächst in Übereinklang mit der (im *Ersten Teil* dargestellten)

---

107 *BGH* ZInsO 2012, 481 (484): Es bestünden „keine Bedenken, die [...] Freigabe von ‚Vermögen aus einer selbstständigen Tätigkeit' auch auf bestehende Verträge zu erstrecken"; *LG Krefeld* NZI 2010, 485; *ArbG Herne* ZInsO 2010, 2199 (2200); *ArbG Berlin* ZIP 2010, 1914; *M. Ahrens* NZI 2007, 622 (625); Braun/*Bäuerle* § 35 Rn. 72; *Dahl* Verbraucherinsolvenz aktuell, Heft 7, Juli 2010, 54; *Heinze* ZVI 2007, 349 (354); Nerlich/Römermann/*Andres* (Stand: April 2008) § 35 Rn. 110; *Zipperer* ZVI 2007, 541 (542).

108 Dass nicht Verträge durch die Negativerklärung „freigegeben" werden können, wird auch zum Teil von Anhängern der weiten und der differenzierenden Auslegung eingeräumt: Durch die Negativerklärung werde der Vertrag nicht als Ganzes freigegeben, sondern nur die einzelnen *Ansprüche* des Schuldners gegen seinen Vertragspartner. Spiegelbildlich führe die Erklärung, Ansprüche aus der selbstständigen Tätigkeit könnten nicht im Verfahren geltend gemacht werden, dann aber dennoch auch dazu, dass die Masse von Gegenansprüchen des anderen Teils entlastet werde. In diesem Sinne ist etwa *Stiller* in ZInsO 2010, 1374 (1375) zu deuten. Ob der Gesetzgeber jedoch eine solche „kleine Lösung" gewollt hat, wird auf den nächsten Seiten näher beleuchtet.

109 BT-Drs. 16/3227, 17.

herrschenden Meinung fest, dass Einkünfte des selbstständigen Schuldners zur Insolvenzmasse gehören – vollumfänglich und zunächst ohne Abzug für beruflich bedingte Ausgaben. Deswegen, so die Bundesregierung, sei eine selbstständige Tätigkeit des Schuldners im Insolvenzverfahren „nahezu ausgeschlossen".[110] Weiter heißt es, eine selbstständige Betätigung werde vor allem durch das Interesse des Verwalters erschwert, den Neuerwerb zu vereinnahmen, ohne dass er bereit wäre, damit zusammenhängende Neuverbindlichkeiten aus der Masse zu begleichen.[111] Und um dieses zweigleisige Verhalten des Verwalters künftig zu unterbinden, halte § 35 II 1 InsO ihn nunmehr dazu an, abzuwägen, ob der „Behalt des Neuerwerbs" in der Masse vorteilhaft ist. Wolle der Verwalter das Neuvermögen für die Masse in Anspruch nehmen, habe er alle „mit dem Neuerwerb in Zusammenhang stehenden Verbindlichkeiten als Masseverbindlichkeiten zu erfüllen". Wenn der Verwalter hierzu nicht bereit sei, könne er den „Neuerwerb" aus der Masse an den Insolvenzschuldner freigeben. Entscheide sich der Verwalter hierfür, stünden „Neugläubigern", das heißt „Gläubigern, die nach Eröffnung des Verfahrens mit dem Schuldner kontrahiert haben", nur die Einkünfte aus der selbstständigen Tätigkeit zur Verfügung – die Masse würde nicht verpflichtet.[112]

Anhand der Ausführungen der Bundesregierung ist recht deutlich ablesbar, dass die Negativerklärung allein darauf ausgerichtet ist, den geschäftlichen Neuerwerb insolvenzfrei zu stellen und die Masse gegen Neuverbindlichkeiten zu schützen. Vor diesem Hintergrund ist denn auch die Bemerkung in der Entwurfsbegründung auszulegen, § 35 II 1 InsO sei mit § 109 I 2 InsO „vergleichbar". Damit verdeutlicht die Bundesregierung allein eine grobe teleologische Verwandtschaft zwischen den Normen[113] – immerhin können beide Regelungen Masseverbindlichkeiten verhindern, beide Normen ähneln sich in ihrem Wortlaut und beide Normen ermöglichen dem Schuldner einen wirtschaftlichen Neuanfang.[114] Damit stößt die Vergleichbarkeit aber auch an ihre Grenzen. Denn wäre es Absicht des Gesetzgebers gewesen, die Masse auch von Ansprüchen aus berufsrelevanten Alt-Verträgen zu entlasten, würde er dies in den Materialien (zumindest ansatzweise) angesprochen und auch zum Beispiel Vermieter und Arbeitnehmer auf die geschäftlichen Einkünfte des Schuldners

110 BT-Drs. 16/3227, 17.

111 BT-Drs. 16/3227, 17.

112 BT-Drs. 16/3227, 17.

113 Vgl. auch Nerlich/Römermann/*Andres* (Stand: April 2008) § 35 Rn. 113.

114 Vgl. zu § 109 I 2 InsO: BT-Drs. 14/5680, 16, 27; zu § 35 II InsO: BT-Drs. 16/3227, 17.

verwiesen haben.[115] In den gesamten Materialien findet sich jedoch kein einziges dahinlautendes Wort.[116] Es kann auch gar nicht gefunden werden, denn die Materialien stellen unzweideutig klar, wer auf Einkünfte aus der selbstständigen Tätigkeit zugreifen darf: allein Neugläubiger, die nach Eröffnung des Insolvenzverfahrens mit dem Schuldner kontrahiert haben.[117]

III. Systematische Auslegung

Die Auslegung, die Negativerklärung gemäß § 35 II 1 InsO gebe das Unternehmen mit seinen sämtlichen Grundlagen frei und enthafte die Masse von Alt-Verträgen, überzeugt aber nicht nur vor dem Hintergrund der Gesetzesmaterialien nicht, sondern sie widerspricht auch der Systematik der Insolvenzordnung. Denn § 35 II 1 InsO ist nicht die einzige Norm, die die selbstständige Tätigkeit des Schuldners im Insolvenzverfahren berührt. Es gibt noch andere – und mit ihnen muss die Auslegung von § 35 II 1 InsO harmonieren.

1. Die Negativerklärung als „Freigabe" des Unternehmens en bloc

Die Auffassung, die Negativerklärung gebe neben dem Neuerwerb auch sämtliches bei Verfahrenseröffnung vorhandene Betriebsvermögen frei, misst dem Regelungskomplex der §§ 157 f. InsO nicht genügend Gewicht bei. Allein die Existenz der §§ 157 f. InsO bezeugt, dass die Zukunft des Unternehmens und der betriebsnotwendigen Gegenstände keineswegs mit der Negativerklärung allein entschieden ist. Vielmehr ist § 35 II 1 InsO im Verhältnis mit §§ 157 f. InsO zu sehen und auszulegen.

a) Entscheidungsprärogative der Insolvenzgläubiger

§ 157 S. 1 InsO gewährt den Insolvenzgläubigern das Recht, über das Unternehmen des Schuldners im Insolvenzverfahren zu entscheiden; es fällt mit

---

115 Vgl. auch *Wischemeyer/Schur* ZInsO 2007, 1240 (1243), die darauf hinweisen, dass der „Rechtsverlust" der Vermieter und Arbeitnehmer in der Gesetzesbegründung nicht angesprochen wird.

116 Dass sich der Gesetzgeber im Zusammenhang mit seiner Verweisung auf die vergleichbare Regelung des § 109 I 2 InsO nicht zu den damit zusammenhängenden Rechtsfolgen äußert, konstatiert auch *Andres* in Nerlich/Römermann (Stand: April 2008) § 35 Rn. 113. Er leitet daraus aber nicht ab, dass damit eine „Freigabe" von berufsbezogenen Alt-Verträgen ausgeschlossen sei, sondern nur, dass es für diese Freigabe keine Enthaftungsfrist, wie sie in § 109 I 2 InsO vorgesehen ist, gebe.

117 BT-Drs. 16/3227, 17.

Eröffnung des Verfahrens in die Masse.[118] Gelangen die Insolvenzgläubiger im Berichtstermin (oder später) zu der Erkenntnis, es sei für die Masse lohnender, das Unternehmen zu zerschlagen, statt es zu erhalten, muss das der Schuldner akzeptieren.

Ein Blick in § 1 S. 1 InsO bestätigt dies. Er gibt den Zweck eines Insolvenzverfahrens vor und ist gleichsam als Richtschnur bei der insolvenzrechtlichen Auslegung von Belang.[119] Gemäß § 1 S. 1 InsO dient das Insolvenzverfahren dazu, die Insolvenzgläubiger gemeinschaftlich zu befriedigen, und nicht dazu, den Schuldner – von einer Restschuldbefreiung abgesehen – geschäftlich wieder zu stabilisieren.[120] Zwar wird auch das Unternehmen des Schuldners in § 1 S. 1 InsO erwähnt, sein Erhalt ist aber nicht Ziel der Insolvenzordnung, sondern allein ein Mittel zur Befriedigung der Insolvenzgläubiger.[121]

Bereits die Gesetzesmaterialien zur Insolvenzordnung betonen ausdrücklich, dass es dem Insolvenzrecht nicht darum gehe, selbstständige Unternehmenseinheiten zu bewahren und sie am Markt auf Kosten der Gläubiger zu

---

118 Unternehmen im Sinne der §§ 157 ff. InsO ist jede organisatorische Einheit, die sämtliche der wirtschaftlichen Tätigkeit des Schuldners dienende Vermögenswerte zusammenfasst (MünchKomm/*Görg* [2. Auflage 2008] § 158 Rn. 5). Auch die Praxis eines Freiberuflers wird vom Unternehmensbegriff erfasst; siehe nur *Kluth* NJW 2002, 186: Der sogenannte „Praxiswert“ oder „Goodwill“ könne im Verfahren verwertet werden. Zum immateriellen Geschäftswert eines Unternehmens *BFH* DB 2010, 367 (368).

119 Zu § 1 InsO und dessen Rolle als Auslegungshilfe siehe nur Jaeger/*Henckel* InsO § 1 Rn. 2; HK/*Kirchhof* § 1 Rn. 2; Nerlich/Römermann/*Becker* (Stand: April 2002) § 1 Rn. 2.

120 Ein Teil der Literatur hält den in § 1 S. 1 InsO verankerten Aspekt der Gläubigerbefriedigung sogar derart hoch, dass er eine (sehr zweifelhafte) teleologische Reduktion des § 811 I Nr. 5 ZPO im Insolvenzverfahren befürwortet: Der Verwalter dürfe Gegenstände, die bei einer Einzelzwangsvollstreckung gemäß § 811 I Nr. 5 ZPO unpfändbar wären, im Insolvenzverfahren zugunsten der Insolvenzgläubiger verwerten (siehe nur *Runkel* ZVI 2007, 45 [49 f.]; *Sinz/Hiebert* ZInsO 2012, 63 [66 ff.]; *Tetzlaff* ZInsO 2005, 393 [398 f.]; einschränkend MünchKomm/*Peters* § 36 Rn. 24 ff., und zwar für den Fall, dass der Schuldner auch ohne die geschützten Gegenstände einer gegebenenfalls auch adäquaten angestellten Erwerbstätigkeit nachgehen kann; gegen eine teleologische Reduktion *AG Köln* NJW-RR 2003, 987 [988]; *Ries* ZVI 2004, 221 [224]; *Voigt/Gerke* ZInsO 2002, 1054 [1057 f.]; zum Ganzen *Seidler* Selbstständige in der Insolvenz – der Insolvenzbeschlag von Arbeitsmitteln: die Anwendung des § 811 Abs. 1 Nr. 5 und Nr. 7 ZPO im Insolvenzverfahren, Hamburg 2008).

121 *Eidenmüller* ZIP 2010, 649 (650).

perpetuieren.[122] Vielmehr sollen die Insolvenzgläubiger den Marktaustritt von Unternehmen erzwingen und die darin gebundenen Produktionsmittel verwerten können.[123] Das ist auch konsequent, stellt ein Unternehmen mit all seinen materiellen Grundlagen und seinem immateriellen Geschäftswert[124] doch regelmäßig den größten Teil des Schuldnervermögens dar. Seine Verwertung muss den Insolvenzgläubigern aber auch noch nach einer Negativerklärung im Sinne des § 35 II 1 InsO möglich sein, da der Gesetzgeber die §§ 157 f. InsO unverändert gelassen und sie gerade nicht zusammen mit § 35 II 1 InsO geändert hat. Demzufolge fehlt es an Anhaltspunkten dafür, dass der Verwalter nunmehr nach § 35 II 1 InsO, der nicht unter dem Vorbehalt einer Gläubigerzustimmung steht[125], berechtigt sei, das Unternehmen an den Schuldner freizugeben und es dadurch am Markt auf Kosten der Insolvenzgläubiger zu perpetuieren. Der Verwalter hat vielmehr trotz § 35 II 1 InsO die Entscheidungshoheit der Insolvenzgläubiger zu respektieren, was soviel heißt wie: das Unternehmen hat trotz der Negativerklärung in der Masse zu verbleiben.[126]

Dass der Verwalter die Insolvenzgläubiger nicht durch eine eigenmächtige „Freigabe" des Unternehmens vor vollendete Tatsachen stellen darf, wird denn auch von § 158 I InsO bestätigt, der die Befugnisse des Verwalters vor dem Berichtstermin abschließend regelt. Er darf das Unternehmen fortführen, stilllegen oder veräußern; dass er es auch mit sämtlichen Vermögenswerten (ohne Zustimmung der Insolvenzgläubiger!) „freigeben" dürfe, davon ist nichts zu lesen.

b) Folgerung für § 35 II 1 InsO

Die §§ 157 f. InsO machen deutlich, dass sich die Negativerklärung neben historisch-teleologischen Gründen auch bei systematischer Auslegung allein auf den Neuerwerb erstreckt; die gegenständlichen Grundlagen indes, die zur

---

122 BT-Drs. 12/2443, 76.

123 BT-Drs. 12/2443, 76.

124 Zu geschäftswertbildenden Faktoren eines Unternehmens *BFH* DB 2010, 367 (368).

125 § 35 II 1 InsO stellt die Negativerklärung in das Ermessen des Verwalters. Der Vorschlag des Bundesrates (BT-Drs. 16/3227, 23 f.), zugunsten des Gläubigerausschusses oder der Gläubigerversammlung einen Zustimmungsvorbehalt einzufügen, hat sich im Gesetzgebungsverfahren nicht durchgesetzt (siehe hierzu die *Gegenäußerung der Bundesregierung* BT-Drs. 16/3227, 26 f.).

126 Ob es dem Verwalter jedoch möglich ist, das Unternehmen des Schuldners mit Zustimmung der Insolvenzgläubiger gemäß § 160 I 1 InsO nach den Grundsätzen einer gewöhnlichen Freigabe aus der Masse zu entlassen, wird ausgiebig im *Sechsten Teil* unter C. II., S. 118 ff. untersucht.

Erwirtschaftung von Neuerwerb notwendig sind, – das Unternehmen also – bleiben von der Erklärung unberührt.

Mithilfe der Negativerklärung legt der Verwalter demnach nur die operativen Geschäfte des Unternehmens wieder zurück in die Hände des Schuldners, das Unternehmen selbst verbleibt aber in der Masse. Der Schuldner führt das weiterhin massezugehörige Unternehmen anschließend (im eigenen Namen und auf eigene Rechnung) zugunsten der Masse, aber auch im eigenen Interesse fort.[127]

§ 35 II 1 InsO und §§ 157 f. InsO greifen also ineinander, sodass mithilfe von § 35 II 1 InsO eine neue Form der Unternehmensfortführung zugunsten der Masse möglich ist: Der Verwalter kann darauf verzichten, die geschäftliche Leitung des Unternehmens zu übernehmen und stattdessen dem übernahmebereiten und übernahmefähigen Schuldner in seinem Geschäft wieder die Hauptrolle zufallen lassen. Dieser kann es selbst weiterbetreiben, bis die Insolvenzgläubiger im Berichtstermin (oder später) wissen, was damit geschehen soll.[128] Vor allem dann, wenn es dem Verwalter an der für die Unternehmensfortführung erforderlichen berufsrechtlichen Zulassung fehlt oder wenn er sich auf die konkrete Unternehmenstätigkeit überhaupt nicht versteht, was bei einem Freiberufler-Unternehmen die Regel sein dürfte[129], stellt § 35 II 1 InsO eine große Bereicherung für das Insolvenzrecht dar: Statt das Unternehmen stilllegen zu müssen, kann der Verwalter die Negativerklärung abgeben und dem Schuldner die Geschäftsführung überlassen.

Diese „Arbeitsteilung" zwischen Verwalter und Schuldner ist auch sehr sinnvoll. Sowohl für den Schuldner als auch für die Insolvenzgläubiger lässt sich daraus allerlei Nutzen und Vorteil ziehen. Für die Insolvenzgläubiger

---

127 Nach der Negativerklärung muss der Verwalter das Unternehmen also nicht mehr selbst und auf Kosten der Masse am Leben erhalten, wozu er vor Einführung des § 35 II 1 InsO wegen der §§ 157 f. InsO noch grundsätzlich verpflichtet war (zur vorläufigen Fortführungspflicht siehe allgemein Gottwald/*Klopp*/*Kluth* Insolvenzrechts-Handbuch § 22 Rn. 45; MünchKomm/*Görg*/*Janssen* § 158 Rn. 2). Allein wegen § 35 II 1 InsO ist aber eine Unternehmensfortführung durch den Verwalter nicht ausgeschlossen (so auch HambKomm/*Lüdtke* § 35 Rn. 245; K. Schmidt/*Büteröwe* § 35 Rn. 50); denn die Erklärungspflicht besteht nur, wenn der Schuldner eine selbstständige Tätigkeit „ausübt". Führt der Verwalter das Unternehmen hingegen fort, übt der Schuldner gerade keine selbstständige Tätigkeit mehr aus.

128 Zur Fortführung einer freiberuflichen Tätigkeit (im Konkurs) siehe auch *Schick* NJW 1990, 2359 (2360 ff.).

129 Das tagtägliche Geschäft im Unternehmen eines Freiberuflers fordert regelmäßig den persönlichen Einsatz des Schuldners – man denke nur an einen Arzt (siehe hierzu auch *Vallender* NZI 2003, 530).

ergeben sich Vorteile einmal dadurch, dass sich die Verwaltergebühren verringern können, obwohl das Unternehmen trotz der Negativverklärung weiterhin zur Masse gehört. Denn einen Zuschlag gemäß § 3 I lit. b Alt. 1 InsVV erhält der Verwalter nur, wenn er das Unternehmen selbst fortführt. Des Weiteren haftet die Masse nicht für Neuverbindlichkeiten aus der Unternehmensfortführung. Ferner haben die Insolvenzgläubiger gemäß §§ 35 II 2, 295 II InsO ein Anrecht auf einen Teil der Erträge, und das, obwohl die Masse kein wirtschaftliches Risiko trägt. Und endlich, viertens, lässt sich die Wahrscheinlichkeit einer Unternehmensveräußerung erhöhen, wenn das Unternehmen durch den arbeitswilligen Schuldner (zumindest zeitweilig) fortgeführt wird; ein dank laufender Geschäfte noch lebendes Unternehmen verkörpert nämlich einen Fortsetzungswert, während sich für stillgelegte Unternehmen kaum noch ein Käufer finden mag.[130]

Und der Vorteil für den Schuldner liegt darin, das Unternehmen, obwohl es zur Masse gehört und seiner Verwaltungsbefugnis gemäß § 80 I InsO grundsätzlich entzogen ist, nutzen zu können, um Einnahmen zu erwirtschaften und seine Anstrengungen im besten Fall mit einem komfortablen Auskommen honoriert zu sehen, mit insolvenzfreien Einnahmen nämlich, die über das, was ihm ohnehin gemäß §§ 36 I 2 InsO, 850i ZPO zustünde, hinausgehen können. Denn von seinen Einnahmen muss er nur das abführen, wozu er gemäß §§ 35 II 2, 295 II InsO verpflichtet ist, alles Überzählige kann er für sich behalten.[131] Das wiederum wirkt sich auch positiv für die Insolvenzgläubiger aus, denn der Tatendrang des Schuldners dürfte sich an der Aussicht auf beschlagsfreie Erträge wieder aufrichten, woraus die Gläubiger die Hoffnung schöpfen können, die Masse werde gemäß §§ 35 II 2, 295 II InsO auch etwas erhalten.[132]

---

130 Vgl. hierzu den Sachverhalt, der dem Urteil des *Niedersächsischen Finanzgerichts* – 16 K 147/07 (Rn. 5, zitiert nach juris) – zugrunde lag. Siehe auch *Schick* NJW 1990, 2359 (2361): Die Verwertung einer Kanzlei etc. durch Veräußerung komme praktisch nur dann in Frage, „wenn die freiberufliche Tätigkeit nicht zum Erliegen kommt, sondern vorübergehend weitergeführt wird." Es entspreche deswegen „Grundgedanken des Konkursrechts, wenn man nach einer Möglichkeit sucht, die Tätigkeit im Konkursfall weiterzuführen."

131 Näheres im *Vierten Teil* unter B., S. 56 ff.

132 Siehe zur alten Rechtslage *Kluth* NJW 2002, 186 (188): „Ob der Freiberufler-Schuldner letztlich bereit ist, seine Praxis in der ungewissen Hoffnung auf eine künftige Sanierung mit ‚Hungerlohn' einstweilen fortzuführen, ist zweifelhaft." Mit „Hungerlohn" bezog sich *Kluth* auf eine von ihm vorgeschlagene Vergütung des Schuldners analog § 278 I InsO.

2. *Die Negativerklärung als „Freigabe“ der Alt-Verträge*

Wie bereits angesprochen, ist § 35 II 1 InsO nur eine Norm unter mehreren, was die selbstständige Tätigkeit im Insolvenzverfahren anbetrifft; auch die §§ 103 ff. InsO haben Bezug hierzu, und zwar dann, wenn es um unternehmensbezogene Alt-Verträge geht.

a) Der hinkende Vergleich mit § 109 I 2 InsO

Wenn die vorherrschende Meinung eine „Freigabe“ von Alt-Verträgen im Sinne der §§ 103 ff. InsO befürwortet, so darum, weil sie davon ausgeht, in den Materialien und der darin zu findenden Verweisung auf § 109 I 2 InsO eine Untermauerung für ihre Auffassung zu finden.[133]

Der Bezug auf § 109 I 2 InsO ist jedoch meines Erachtens nicht dahingehend zu verstehen, dass der Gesetzgeber damit habe klarstellen wollen, Forderungen aus bereits bei Verfahrenseröffnung bestehenden Alt-Verträgen seien nach der Negativerklärung aus dem insolvenzfreien Vermögen zu befriedigen. Mit dem Vergleich zwischen § 35 II 1 InsO und § 109 I 2 InsO verdeutlicht die Bundesregierung allein eine ferne Verwandtschaft der Normen. Das ist bereits bei der historisch-teleologischen Interpretation von § 35 II 1 InsO besprochen worden.[134]

Die Rechtsfolgen der Negativerklärung können mit denen des § 109 I 2 InsO schon deswegen nicht „vergleichbar“ sein, weil die Erklärung über den Wohnraum-Mietvertrag gegenüber dem Vermieter abzugeben ist,[135] während der Verwalter gemäß § 35 II 1 InsO die Negativerklärung gegenüber dem Schuldner abzugeben hat. Würde § 35 II 1 InsO auch Alt-Verträge im Sinne der §§ 103 ff. InsO tangieren, hätte der Gesetzgeber das im Adressatenkreis berücksichtigt.

Wer nun hiergegen einwendet, die Veröffentlichung der Negativerklärung gemäß § 35 III 1 InsO würde individuelle Erklärungen gegenüber Gläubigern aus Alt-Verträgen doch unnötig machen,[136] muss sich zwei Einwände gefallen lassen. Erstens: Eine solche Auffassung würde nicht mit dem Argument zusammenstimmen, die Negativerklärung sei mit der Erklärung gemäß § 109 I 2 InsO vergleichbar. Diese ersetzt eine Kündigung, ist aber – wie sie – empfangsbedürftig. Sie wird

---

133 Vgl. *LG Krefeld* NZI 2010, 485; *ArbG Berlin* ZIP 2010, 1914; *Ries* ZInsO 2009, 2030 (2034); *Stiller* ZInsO 2010, 1374 (1375).

134 Unter B. II., S. 25 f.

135 *Dahl* NZM 2008, 585 (587); MünchKomm/*Eckert* § 109 Rn. 50.

136 So wohl *BGH* ZInsO 2012, 481 (484).

gemäß § 130 I BGB nur wirksam, wenn sie zugeht.[137] Sie muss gezielt in Richtung auf den Empfänger in den Rechtsverkehr gegeben werden. Dem entspricht es nicht, wenn die gegenüber dem Schuldner abgegebene Negativerklärung durch das Insolvenzgericht allgemein und ohne bestimmten Adressaten im Internet (§ 9 I InsO) veröffentlicht wird. Und zweitens: Selbst wenn man vertreten wollte, § 35 II 1 InsO verzichte auf eine individuelle Erklärung gegenüber sämtlichen Gläubigern aus Alt-Verträgen, etwa aus Praktikabilitätsgründen[138], dann müsste die Veröffentlichung im Internet zumindest Wirksamkeitsvoraussetzung einer Negativerklärung sein. Denn würde die Negativerklärung auch Ansprüche etwa des Vermieters oder der Arbeitnehmer erfassen, wäre ihre Kundgabe allein gegenüber dem Schuldner als „Erklärung zulasten Dritter" unzureichend. Die Veröffentlichung der Negativerklärung hat aber nur deklaratorische Bedeutung – sie wirkt nicht konstitutiv; sie soll allein den Nachweis einer (bereits wirksamen) Negativerklärung erleichtern.[139]

Daraus folgt: Die Negativerklärung als Erklärung gegenüber dem Schuldner kann keine Rechtswirkungen für Gläubiger aus Alt-Verträgen im Sinne der §§ 103 ff. InsO zeitigen.

b) Perpetuierung versus Sanierung

Dass die Negativerklärung Alt-Verträge im Sinne der §§ 103 ff. InsO nicht erfassen kann, ergibt sich auch daraus, dass andernfalls dem Verwalter die wichtigen Instrumente der §§ 103 ff. InsO nicht mehr zur Verfügung stünden, welche Instrumente auch dazu dienen, das angeschlagene Unternehmen einer natürlichen Person zu sanieren. Könnte der Verwalter Alt-Verträge mit der Negativerklärung dem Schuldner wieder „zurückgeben", würde es im Ergebnis für den Schuldner eher schwieriger, sich eine neue wirtschaftliche Existenz mit seiner selbstständigen Tätigkeit aufzubauen, statt dass ihm dies (wie vom Gesetzgeber intendiert) durch die Negativerklärung erleichtert würde. Denn oftmals sind es auch die hohen Belastungen aus unrentablen Alt-Verträgen, welche für die Insolvenz mitverantwortlich sind.[140] Dieses Problem ist jedoch von Vertretern der herrschenden Meinung bislang noch nicht voll erkannt und gewürdigt worden.

---

137 Siehe nur K. Schmidt/*Ringstmeier* § 109 Rn. 22; MünchKomm/*Eckert* § 109 Rn. 50; Uhlenbruck/*Wegener* § 109 Rn. 18.

138 So *Andres* NZI 2012, 413 mit dem Hinweis, je nach Kooperationsbereitschaft des Schuldners könne der Verwalter alle die Masse belastenden Alt-Verträge gar nicht kennen.

139 BT-Drs. 16/3227, 17.

140 *Ehlers* ZInsO 2014, 53 (55) weist insoweit mit Blick auf die Praxis zu Recht darauf hin, dass durch die automatische Überleitung von Verbindlichkeiten aus

Im Einzelnen: Eine „Freigabe" der Alt-Verträge im Sinne der §§ 103 ff. InsO wird vor allem deswegen befürwortet, weil diese Verträge notwendig seien, damit der Schuldner einer selbstständigen Tätigkeit überhaupt nachgehen könne.[141] Das überzeugt insoweit, als in der Tat fraglich ist, wie der Schuldner weiterhin selbstständig tätig sein soll, nachdem der Verwalter etwa den Mietvertrag über die Geschäftsräume gekündigt hat. Schließlich fiele es dem Schuldner schwer, einen neuen Vermieter zu finden; immerhin läuft über sein Vermögen ein Insolvenzverfahren – sicherlich nicht der beste Liquiditätsnachweis.

Dennoch ist die Argumentation der herrschenden Meinung bedenklich. Ihre Vertreter reden nämlich nach Einführung des § 35 II 1 InsO zugunsten des Erhalts unternehmensrelevanter Alt-Verträge einem Kündigungsverbot das Wort.[142] Auch das Recht des Verwalters, gemäß § 103 InsO die Erfüllung von unternehmensbezogenen Alt-Verträgen abzulehnen, soll wegen der Möglichkeit einer Negativerklärung ausgeschlossen sein.[143] Ab wann dieser Ausschluss greifen soll, ist aber bislang noch nicht abschließend klargestellt worden. Zum Teil wird allerdings vertreten, § 103 InsO und die §§ 109 I 1, 113 S. 1 InsO seien erst *nach* der Negativerklärung nicht mehr für unternehmensbezogene Alt-Verträge anwendbar,[144] sodass der Verwalter vor Abgabe seiner Erklärung das Unternehmen mithilfe der §§ 103 ff. InsO sanieren könne. So wird es zum Beispiel für möglich gehalten, dass der Verwalter vor der Negativerklärung eine Erfüllungsverweigerung und/oder eine Kündigung ausspricht, sodass § 35 II 1 InsO

---

unternehmensbezogenen Alt-Verträgen und wegen der damit verbundenen Kosten für den Schuldner vielfach auch ein zweites Insolvenzverfahren droht („Drehtüreffekt"); siehe auch *von Gleichenstein* ZVI 2013, 409 (414), der ebenfalls klarstellt, dass der Schuldner in vielen Fällen gerade darauf angewiesen ist, nicht mehr an ungünstige Dauerschuldverhältnisse gebunden zu sein.

141 *BGH* ZInsO 2012, 481 (484); *BAG*, Urteil vom 21.11.2013 – 6 AZR 979/11 (Rn. 20, zitiert nach juris); *ArbG Herne* ZInsO 2010, 2199 (2200); *ArbG Berlin* ZIP 2010, 1914; *Andres* NZI 2012, 413; HambKomm/*Lüdtke* § 35 Rn. 263; *Menn* ZVI 2011, 197 (201); *Peters* WM 2012, 1067 (1069 f.); *Ries* ZInsO 2009, 2030 (2034); *Stiller* ZInsO 2010, 1374 (1375).

142 Vgl. *BGH* ZInsO 2012, 481 (485); *ArbG Herne* ZInsO 2010, 2199 (2200); *M. Ahrens* KSzW 2012, 303 (307); *Pape* WM 2013, 1145 (1149); *Ries* ZInsO 2009, 2030 (2034); *Stiller* ZInsO 2010, 1374 (1375).

143 *Andres* NZI 2012, 413; *Bartels* KTS 2012, 381 (389); *Pape* WM 2013, 1145 (1149).

144 So jedenfalls *M. Ahrens* KSzW 2012, 303 (307); *Ehlers* FS Haarmeyer, 15 (24); *ders.* ZInsO 2014, 53 (57); HambKomm/*Ahrendt* § 103 Rn. 54; *Pape* WM 2013, 1145 (1149).

Alt-Verträge im Sinne des § 103 I InsO gar nicht[145] und Alt-Verträge im Sinne des § 108 I 1 InsO im sich auflösenden Zustand auf den Schuldner überleite.[146]

Diesem Verständnis stehen aber drei Einwände entgegen:

Zum einen wird der Verwalter, wenn er nach der herrschenden Meinung mittels einer Negativerklärung in der Lage sein soll, für die Masse unnütze Verträge einfach dem Schuldner gemäß § 35 II 1 InsO „zurückzugeben", vielfach diesen Weg wählen, statt die Verträge zu kündigen oder ihre Erfüllung abzulehnen, allein schon wegen einer andernfalls möglicherweise eintretenden Haftung gemäß § 60 I InsO. Es wäre nämlich eine Pflichtverletzung den Insolvenzgläubigern gegenüber, wenn er statt der „Freigabe" gemäß § 35 II 1 InsO eine Kündigung oder Erfüllungsablehnung vorzöge, die dann aber eine Haftung der Masse gemäß § 109 I 3 InsO beziehungsweise § 103 II 1 InsO zur Folge hätte.

Zum zweiten führt es zu Widersprüchen, wenn man das Argument in den Vordergrund stellt, eine „Freigabe" von Alt-Verträgen sei nötig, um dem Schuldner die Betätigungsgrundlage zu erhalten, dann aber bis zur Negativerklärung doch die Möglichkeit zur Kündigung oder Erfüllungsverweigerung in Reserve gehalten wird. In Übereinstimmung bringen ließe sich das nur, wenn der Verwalter von seinen Vertrags-Lösungsrechten allein mit Zustimmung des Schuldners Gebrauch machen dürfte. Eine Regelung hierfür fehlt allerdings.

Weitere Widersprüche in der Argumentation ergeben sich schließlich, drittens, auch daraus, dass die Anwendung des § 35 II 1 InsO auf Alt-Verträge vielfach mit dem Verweis in den Materialien auf die vergleichbare Regelung in § 109 I 2 InsO begründet wird.[147] Wäre § 35 II 1 InsO jedoch wirklich (wie von der herrschenden Meinung vertreten) § 109 I 2 InsO vergleichbar, dann würde den §§ 103 ff. InsO aber von vornherein die Anwendbarkeit genommen. Denn die Erklärung gemäß § 109 I 2 InsO verdrängt unstrittig (schon mit Verfahrenseröffnung) das Recht des Verwalters, das Wohnraummietverhältnis des Schuldners gemäß § 109 I 1 InsO zu kündigen.[148] Dies soll selbst dann gelten, wenn der Schuldner – etwa bei einem Zeitmietvertrag oder einem Vertrag mit mehrjährigem Kündigungsausschluss – einer vorzeitigen Beendigung zustimmen

---

145 Vgl. *Gutsche* ZVI 2008, 41 (44).

146 HambKomm/*Ahrendt* § 103 Rn. 54.

147 So etwa *LG Krefeld* NZI 2010, 485; *ArbG Berlin* ZIP 2010, 1914; *Ries* ZInsO 2009, 2030 (2034); *Stiller* ZInsO 2010, 1374 (1375).

148 BT-Drs. 14/5680, 27; *BGH* ZInsO 2009, 826 (828); Andres/Leithaus/*Andres* § 109 Rn. 14; *Eckert* ZVI 2006, 133 (136); MünchKomm/*Eckert* § 109 Rn. 52; Uhlenbruck/*Wegener* § 109 Rn. 17.

würde.[149] Das schon anfängliche Kündigungsverbot müsste konsequenterweise dann aber auch bei § 35 II 1 InsO gelten, wäre er tatsächlich mit § 109 I 2 InsO „vergleichbar". Denn worin sonst die vielfach betonte Vergleichbarkeit der Normen bestehen sollte, ist wegen der unterschiedlichen Enthaftungssubstrate[150] nicht erklärlich.

Im Ergebnis würde die Anwendbarkeit des § 35 II 1 InsO auch für Alt-Verträge wegen des (anfänglichen) Kündigungsverbots aber die wirtschaftliche Schieflage des Schuldners in manchen Fällen perpetuieren. Denn mit welchen mirakulösen Erträgen der Schuldner neben den Neuverbindlichkeiten auch noch (überteuerte oder gar nicht mehr benötigte) Alt-Verträge soll bedienen können, ist im Diskurs abseits der oben verworfenen Mischlösung, die eine Kündigung beziehungsweise Erfüllungsablehnung und eine „Freigabe" der Alt-Verträge parallel für zulässig erachtet, offen geblieben.

An dieser Stelle darf sich jedoch kein Missverständnis einschleichen: Es ist vollkommen nachvollziehbar, warum die herrschende Meinung Gewicht auf Alt-Verträge im Sinne der §§ 103 ff. InsO legt, weswegen auch keineswegs die Bedeutung bestritten werden soll, die sie für den Schuldner im Einzelfall haben können – zum Beispiel dann, wenn er trotz der Sanierungswerkzeuge der Insolvenzordnung seine Tätigkeit unverändert fortsetzen möchte. Schon mit Blick auf Art. 12 I und Art. 14 I GG muss der Wille des Schuldners unter bestimmten Voraussetzungen berücksichtigt werden. Aber darauf wird im entsprechenden Zusammenhang im *Sechsten Teil* eingegangen.

IV. Ergebnis

Die irreführende Formulierung in den Materialien, die Negativerklärung sei eine „Art ‚Freigabe' des Vermögens, das der selbstständigen Tätigkeit gewidmet ist, einschließlich der dazu gehörenden Verträge", darf nicht zu übereilten Schlüssen verleiten. Entsprechendes gilt bezüglich des in den Materialien enthaltenen Hinweises auf die „vergleichbare Regelung" in § 109 I 2 InsO. Die Negativerklärung bezieht sich lediglich auf Neuerwerb und Neuverbindlichkeiten aus der selbstständigen Tätigkeit. Man geht zu weit darin, den Schuldner über die Negativerklärung mit sämtlichen Betriebsgrundlagen und sämtlichen beruflich veranlassten Alt-Verträgen für seine Tätigkeit gleichsam adjustieren zu wollen.

149 *Eckert* ZVI 2006, 133 (136); MünchKomm/*Eckert* § 109 Rn. 52; anderer Ansicht K. Schmidt/*Ringstmeier* § 109 Rn. 27.

150 § 109 I 2 InsO enthaftet die Masse von Wohnraum-Mietverträgen, § 35 II 1 InsO enthaftet die Masse gleichsam von der selbstständigen Tätigkeit des Schuldners.

Ein solches Verständnis kann weder vor dem historisch-teleologischen Hintergrund des § 35 II 1 InsO bestehen noch vor einer systematischen Betrachtung.

C. Vertiefung: Neuerwerb aus der selbstständigen Tätigkeit

Die soeben entwickelte Lösung hat aber nur einen Teil der Probleme behandelt, die sich im Zusammenhang mit § 35 II 1 InsO und seiner Reichweite ergeben. Es bleibt noch die bislang kaum beachtete Frage, was unter Neuerwerb aus der selbstständigen Tätigkeit, der Neugläubigern als Haftungsmasse dient, konkret zu verstehen ist.

I. Vermögen, das der selbstständigen Tätigkeit „gewidmet" ist

Um Neuerwerb aus der Tätigkeit handelt es sich zunächst einmal bei Neuerwerb in Form neu erlangter Ansprüche[151] und neu erzielter Erträge. Doch geht die Negativerklärung weiter: Auch die Vermögensgegenstände, die der Schuldner mit den Erträgen seiner Tätigkeit erwirbt, gehören gleichsam als Surrogate ebenfalls zum insolvenzfreien Vermögen. Entsprechendes gilt für solche Vermögenswerte, die der Schuldner erlangt, indem er seine insolvenzfreien Ansprüche aus der selbstständigen Tätigkeit geltend macht. Denn nach dem Willen des Gesetzgebers erfasst die Negativerklärung das gesamte Neu-Vermögen, das der selbstständigen Tätigkeit *gewidmet* ist,[152] das der Schuldner also für die selbstständige Tätigkeit nutzt. „Genutzt" werden können aber nicht nur die erlangten Erträge und Ansprüche[153], genutzt werden können primär auch die mit diesen Erträgen oder Ansprüchen neu erworbenen Sachen (zum Beispiel Werkzeuge oder Kopierpapier) – Surrogate eben.[154]

1. Widmungsbefugnis

Problematisch ist nur, wer die „Widmung" vornehmen darf – der Schuldner oder der Verwalter?

Der Verwalter gibt die Negativerklärung ab, damit der Schuldner im Verfahren einer selbstständigen Tätigkeit eigenständig nachgehen kann. Darin liegt

151 Das dürfte gemeint gewesen sein, als der Gesetzgeber in den Materialien davon gesprochen hat, die Negativerklärung erfasse auch die zur selbstständigen Tätigkeit „dazu gehörenden Verträge" (BT-Drs. 16/3227, 17).

152 BT-Drs. 16/3227, 17.

153 Zum Beispiel zur Sicherungszession oder Leistung an Erfüllungs statt.

154 Zur Insolvenzfreiheit der Surrogate siehe auch *von Gleichenstein* ZVI 2013, 409 (411 f.).

ein sachlicher Grund, dem Schuldner die Prärogative einzuräumen, selbst zu entscheiden, auf welchem Wege und mit welchen Mitteln er dies tut. *Er* darf deswegen Vermögenswerte seiner Tätigkeit widmen, was sich objektiv manifestiert, indem er sie beruflich nutzt.[155]

Ersteht der Schuldner beispielsweise im Insolvenzverfahren einen Computer, muss der Verwalter feststellen, ob der Schuldner jenen für die selbstständige Tätigkeit einsetzt.[156] Ist dies der Fall, stellt der Computer keinen verwertbaren Neuerwerb dar. Nutzt der Schuldner den Computer hingegen privat, fällt er, sofern §§ 36 I 1 InsO, 811 I ZPO ihn nicht beschirmen, gemäß § 35 I Alt. 2 InsO in die Masse.

2. *Mischnutzung*

Aus vorstehender Abgrenzung zwischen privat und beruflich genutztem Neuerwerb erwächst freilich die Folgefrage, wie Fälle einer teils beruflichen, teils privaten Nutzung zu behandeln sind.

Im Grundsatz lässt eine berufliche Teilnutzung keinen Zweifel daran, dass zumindest auch eine „Widmung" für die selbstständige Tätigkeit gegeben ist. Dann liegt es nahe, den Computer – um das obige Beispiel noch einmal aufzugreifen – trotz des privaten Mitgebrauchs als insolvenzfreies Vermögen anzusehen.[157] Um Missbrauch aufseiten des Schuldners zu verhindern, wäre es aber auch denkbar, eine „Widmung" nur anzunehmen, wenn der Schuldner den Computer ausschließlich beruflich nutzen würde – oder doch zumindest die berufliche Nutzung stark überwöge.[158]

Meines Erachtens ist es bei einer Mischnutzung geboten, zusätzlich zu einer subjektiven Widmung durch den Schuldner ein objektives Korrektiv einzuschieben und darauf abzustellen, inwieweit der gemischt genutzte Gegenstand für die selbstständige Tätigkeit überhaupt erforderlich ist.[159] Wollte man dies anders sehen, könnte sich der Schuldner nach der Negativerklärung allerlei Vermögenswerte zum privaten Gebrauch anschaffen, die er dann gelegentlich „mal mit zur Arbeit nimmt", um sie seiner Tätigkeit zu „widmen". Würde der Schuldner damit

---

155 Siehe auch *M. Ahrens* KSzW 2012, 303 (307).

156 Dabei ist der Schuldner gemäß § 97 I 1 InsO auskunftspflichtig. Erfüllt er diese Pflicht nicht, kann ihn das gemäß § 290 I Nr. 5 InsO die Restschuldbefreiung kosten.

157 So *M. Ahrens* NZI 2007, 622 (625).

158 *M. Ahrens* KSzW 2012, 303 (307).

159 Die Darlegungs- und Beweislast hierfür liegt beim Schuldner.

Erfolg haben, wäre es geradezu eine Einladung für ihn, seinen privaten Besitz auf Kosten seiner Gläubiger zu häufen. Das objektive Korrektiv der „Erforderlichkeit“ vermag einem solchen Missbrauch Grenzen zu setzen.

II. Neuerwerb aus unerfüllten insolvenzfreien Alt-Verträgen

Ein weiteres Problem stellt sich, wenn der Schuldner Neuerwerb aus einem sog. insolvenzfreien Alt-Vertrag zieht, den weder er noch der andere Teil bei Verfahrenseröffnung vollständig erfüllt haben.

Grundsätzlich werden zwar bei Verfahrenseröffnung beiderseits nicht oder nicht vollständig erfüllte Alt-Verträge gemäß § 103 InsO behandelt, sodass der Verwalter und nicht der Schuldner den Vertrag für und gegen die Masse durchführen kann. § 103 InsO gilt aber nicht für Verträge, die auf Verschaffung und Herausgabe unpfändbarer Sachen gerichtet sind.[160] So sind beispielsweise Kaufverträge über Betriebsmittel im Sinne der §§ 36 I 1 InsO, 811 I Nr. 5 und Nr. 7 ZPO insolvenzfrei, ebenso sonstige Verträge mit Bezug auf insolvenzfreie Gegenstände – beispielsweise Versicherungen.[161]

Darüber hinaus findet § 103 InsO keine Anwendung, sofern der Verwalter die vertragsgemäße Leistung nicht anstelle des Schuldners oder aus der Masse erbringen kann.[162] Das ist vor allem bei höchstpersönlichen Verpflichtungen des Schuldners der Fall.[163] Solche Verträge kann der Schuldner deswegen auf eigene Rechnung abwickeln.[164] Und da er nach der Negativerklärung über insolvenzfreie

---

160 *Marotzke* Gegenseitige Verträge Rn. 4.15; MünchKomm/*Huber* § 103 Rn. 87; Uhlenbruck/*Wegener* § 103 Rn. 92; *Voigt/Gerke* ZInsO 2002, 1054 (1062).

161 *Voigt/Gerke* ZInsO 2002, 1054 (1063).

162 Siehe hierzu bereits die Materialien zur Konkursordnung in *Hahn/Mugdan* Band IV, S. 84.

163 *Marotzke* Gegenseitige Verträge Rn. 2.96; MünchKomm/*Huber* § 103 Rn. 88; zu nennen sind etwa Verträge, in denen sich der Schuldner verpflichtet, ein Kunstwerk, ein Schriftwerk oder ein wissenschaftliches Gutachten zu verfertigen; höchstpersönliche Pflichten können auch vorliegen, wenn es um medizinische Leistungen oder darum geht, Unterricht zu erteilen (siehe hierzu schon *Hahn/Mugdan* Band IV, S. 84; Jaeger/*Henckel* KO § 17 Rn. 108).

164 Bereits die Materialien zur Konkursordnung stellten heraus, dass allein die Vorschriften des bürgerlichen Rechts das Schicksal eines Vertrags bestimmen, der eine unpfändbare Sache oder eine höchstpersönliche Verpflichtung des Schuldners zum Inhalt hat, *Hahn/Mugdan* Band IV, S. 84. Diese Wertung gilt auch im Insolvenzrecht, denn § 103 InsO entspricht seinem Vorgänger, dem § 17 KO; siehe auch *Marotzke* Gegenseitige Verträge Rn. 2.96: Dem Verwalter sei es verwehrt, den Schuldner an der Erfüllung seiner Vertragspflicht zu hindern.

Vermögenswerte verfügt und seine Arbeitskraft ohnehin nicht zur Masse gehört, sind zumindest die Grundlagen für eine Abwicklung außerhalb des Verfahrens geschaffen.

Dass nun auch der Neuerwerb aus dieser Vertragsdurchführung insolvenzfrei ist, hat zwei Gründe:

Erhält der Schuldner aus einem insolvenzfreien Vertrag einen Gegenstand und wird dieser Gegenstand von § 811 I Nr. 5 oder Nr. 7 ZPO geschützt, so ist er – unabhängig von einer Negativerklärung – schon wegen § 36 I 1 InsO insolvenzfrei.

Doch selbst dann, wenn der andere Teil als Gegenleistung für eine persönliche Leistung des Schuldners ein Entgelt zahlt, fließt dieses nicht zur Masse. Zwar führt die Insolvenzfreiheit des Vertrags nicht automatisch dazu, dass auch der aus einer Vertragsdurchführung erlangte Neuerwerb insolvenzfrei wäre;[165] gemäß § 35 I Alt. 2 InsO fließt nämlich alles, was der Schuldner im Verfahren neu erlangt, als Neuerwerb zur Masse – und zwar selbst dann, wenn der Schuldner Neuerwerb aus insolvenzfreiem Vermögen zieht.[166] Da aber die Negativerklärung Neuerwerb, den der Schuldner durch seine Arbeitskraft im Verfahren erzielt, aus dem Insolvenzverfahren herausnimmt, ist es nur konsequent, wenn auch das aus einem insolvenzfreien Alt-Vertrag erlangte Entgelt für eine persönliche Leistung des Schuldners nach einer Negativerklärung nicht in die Masse fällt.

III. Neuerwerb aus der Verwertung von Alt-Umlaufvermögen

Zu klären bleibt schließlich noch, wie nach einer Negativerklärung Einnahmen zu behandeln sind, die der Schuldner erwirtschaftet, indem er als Teil seiner selbstständigen Tätigkeit Umlaufvermögen veräußert, das schon zur Zeit der Verfahrenseröffnung vorhanden gewesen ist und deswegen entgegen der vielfach vertretenen „Weiten Auslegung“ von § 35 II 1 InsO nicht von der Negativerklärung „freigegeben“ wird.

Hier ist zu unterscheiden zwischen unpfändbarem und pfändbarem Umlaufvermögen:

Sofern der Schuldner seinen Erwerb aus einer „persönlichen Leistung“ zieht, etwa als Tischler, sind seine zur Weiterverarbeitung bestimmten Materialvorräte, zum Beispiel Rohmaterialien oder Halbfertigprodukte, gemäß § 811 I Nr. 5 ZPO regelmäßig (für eine bestimmte Zeit) unpfändbar und damit gemäß

165 Vgl. *Marotzke* Gegenseitige Verträge Rn. 2.99.

166 *Runkel* FS Uhlenbruck, 315 (318 ff.); *Wagenknecht-Hose* Neuverbindlichkeiten, S. 16 ff.; *Windel* KTS 1995, 367 (395/407).

§ 36 I 1 InsO insolvenzfrei.[167] Gibt der Verwalter nun die Negativerklärung ab und verarbeitet der Schuldner aufgrund neuer Verträge im Verfahren seine Materialien, so ist der hieraus erzielte Erwerb infolge der Negativerklärung (ebenso wie die Materialien) insolvenzfrei.[168]

Anders sieht es hingegen aus, wenn die persönliche Arbeit in den Hintergrund tritt und der Schuldner deswegen nicht in den Genuss des § 811 I Nr. 5 ZPO kommt; dann fällt sämtliches Umlaufvermögen mit Verfahrenseröffnung gemäß § 35 I Alt. 1 InsO in die Masse. Nun ist freilich keine Frage: Lässt es sich der Schuldner nach der Negativerklärung einfallen, eigenmächtig und ohne Zustimmung des Verwalters massezugehöriges Umlaufvermögen im Rahmen seiner Tätigkeit zu veräußern, ist der hierdurch erhaltene Neuerwerb trotz der Negativerklärung kein insolvenzfreies Vermögen aus der selbstständigen Tätigkeit. Ein anderes Ergebnis würde den Schuldner geradezu ermutigen, § 80 I InsO zu umgehen und die Masse zu schädigen. Zu diesem Zweck aber hat der Gesetzgeber § 35 II 1 InsO sicher nicht geschaffen. Allein der Verwalter darf trotz Negativerklärung bestimmen, was mit massezugehörigem Umlaufvermögen geschieht. Er kann zum Beispiel das Umlaufvermögen selbst freihändig verwerten, was jedoch wenig sinnvoll sein wird, sofern er es nur unvorteilhaft und damit zum Schaden der Masse zu Geld machen kann. In solch einem Fall mag es für den Verwalter dann angebracht sein, den Schuldner zu ermächtigen, das Umlaufvermögen im eigenen Namen als Teil seiner selbstständigen Tätigkeit zu veräußern und dadurch erlangte Forderungen gemäß §§ 362 II, 185 BGB eigenständig einzuziehen. Zugleich könnte der Verwalter den Schuldner anweisen, das aus dem Verkauf oder der Verarbeitung Erlöste an die Masse abzuführen (*modifizierte Freigabe*).[169]

---

167 Vgl. allgemein Kindl/Meller-Hannich/Wolf/*Kindl* Zwangsvollstreckung § 811 ZPO Rn. 23; MünchKomm/*Gruber* ZPO § 811 Rn. 41; Musielak/*Becker* § 811 ZPO Rn. 20a; tiefergehend *Ising* Pfändungsschutz, S. 158, 181: Der Umfang der unpfändbaren Vorräte müsse sich danach ausrichten, dass es dem Schuldner prinzipiell möglich ist, seine Tätigkeit fortzusetzen, bis er über finanzielle Mittel verfügt, um sich neue Vorräte zu beschaffen (insoweit hat sich *Ising* a.a.O. in Anlehnung an § 811 I Nrn. 2, 3 ZPO im Grundsatz und als Anhaltspunkt für eine Schutzdauer von vier Wochen ausgesprochen).

168 Insoweit durchbricht die Negativerklärung den Grundsatz, dass es an insolvenzfreiem Vermögen keine Surrogation geben kann; zu diesem Grundsatz *Runkel* FS Uhlenbruck, 315 (318 ff.); *Wagenknecht-Hose* Neuverbindlichkeiten, S. 16 ff.; *Windel* KTS 1995, 367 (395/407).

169 Dass der Schuldner die Einnahmen, die er erzielt, wenn er Umlaufvermögen zugunsten der Masse verwertet, trotz Negativerklärung an den Verwalter abgeben

Um dem Schuldner aber auch einen Anreiz zu bieten, die massezugehörigen Gegenstände nicht nur zu verwerten, sondern auch profitablen Umsatz zu erzielen, sollte der Verwalter ihm einen angemessenen „Lohn“ zukommen lassen und ihn an den Erlösen beteiligen. Die konkrete Höhe können Verwalter und Schuldner freilich frei vereinbaren, wobei der Anteil des Schuldners an den Erlösen zum Beispiel darin liegen kann, dass er den Mehrwert aus seiner Tätigkeit erhält, das heißt den Anteil des Erlöses, der über den eigentlichen, den rohen Marktwert des veräußerten oder verarbeiteten Gegenstands hinausgeht, zuzüglich der Kosten, die der Verwalter bei einer Verwertung durch den Schuldner spart.[170] Bei der Bestimmung des Marktwerts können zum Beispiel die Anschaffungskosten als Rohindikator in Anschlag gebracht werden. Diese wiederum kann der Verwalter den Geschäftsbüchern/Bilanzen des Schuldners entnehmen. Insoweit ist ihm eine einfache Berechnungsmethode an die Hand gegeben: Er addiert zunächst die Einkaufspreise aller Lagervorräte zusammen und subtrahiert dann die damit erzielte Summe von den Erlösen des Schuldners aus der Veräußerung oder Verarbeitung.[171]

---

muss, hat seinen Grund darin, dass sie nicht von der Negativerklärung umfasst sind; es liegt *kein Neuerwerb* des Schuldners aus der selbstständigen Tätigkeit vor. Von Neuerwerb kann nämlich nur gesprochen werden, wenn der Schuldner Einnahmen durch eine Rechtshandlung auf eigene Rechnung erzielt. Bei einer modifizierten Freigabe handelt der Schuldner jedoch für den Verwalter, wenn er mit dessen Einverständnis Massegegenstände umsetzt. Dann fallen sämtliche Erlöse gleichsam als Surrogate in die Masse (*Massesurrogation*; siehe hierzu allgemein Uhlenbruck/*Hirte* § 35 Rn. 123).

170 Der Marktwert kann immer dann als Orientierungslinie dienen, wenn der Verwalter diesen maximal erzielen könnte. Das dürfte trotz der in § 56 I 1 InsO geforderten „Geschäftskundigkeit“ des Verwalters die Regel sein. Denn es ist schwer vorstellbar, dass ein Verwalter selbstverpflichtende Werkverträge mit Bestellern abschließt und daraufhin eigenhändig Werkleistungen vornimmt. Will er Lagervorräte zu Geld machen, bleibt ihm deswegen grundsätzlich ohne den Schuldner nur übrig, sie unverbaut und roh (zum Marktwert) zu verkaufen oder einen Fremdunternehmer mit den Werkleistungen zu betrauen.

171 Beispiel: Ergeben die Geschäftsbücher des Schuldners, dass er für die im Vorratslager liegenden Baumaterialien 2.000 € bezahlt hat und kann er alle Materialien bei Kunden einbauen, darf er – eine entsprechende Einigung mit dem Verwalter vorausgesetzt – von einer Entlohnung in Höhe von 5.000 € nur 3.000 € für sich beanspruchen.

D. Zusammenfassung

Die wichtigsten Ergebnisse des *Zweiten Teils* lassen sich wie folgt zusammenfassen:

Die Erklärung, Vermögen aus der selbstständigen Tätigkeit gehöre nicht zur Insolvenzmasse, bezieht sich allein auf den Neuerwerb, den der Schuldner durch seine selbstständige Tätigkeit im Verfahren erzielt. Unter Neuerwerb aus der selbstständigen Tätigkeit fallen neue Ansprüche und Erträge, die der Schuldner im Verfahren im Zusammenhang mit seiner Tätigkeit erlangt, sowie Gegenstände, die er mit diesen Ansprüchen und Erträgen erwirbt und für seine Tätigkeit nutzt. Nutzt er sie teils beruflich, teils privat, ist danach zu fragen, ob die Sache für die selbstständige Tätigkeit erforderlich ist.

In Bezug auf das schuldnerische Unternehmen sind trotz Negativerklärung weiterhin die §§ 157 f. InsO zu beachten. § 35 II 1 InsO ist dabei als eine neue Stellschraube zu werten: Statt das (trotz Negativerklärung weiterhin massezugehörige) Unternehmen selbst fortzuführen, kann der Verwalter den Schuldner hierzu ermächtigen und ihm über § 35 II 1 InsO die notwendigen Gelder überlassen.

Die Erklärung, Ansprüche aus der selbstständigen Tätigkeit könnten nicht im Insolvenzverfahren geltend gemacht werden, hat allein zur Folge, dass die Masse nicht für Neuverbindlichkeiten haftet, die der Schuldner im Verfahren erst begründet. Die Negativerklärung wirkt nicht für Alt-Verträge; für sie gelten die §§ 103 ff. InsO.

Dritter Teil: Die zeitliche Dimension der Negativerklärung

Im *Zweiten Teil* wurde die Frage, welches Vermögen und welche Ansprüche die Negativerklärung erfasst, zugunsten des Neuerwerbs und der Neuverbindlichkeiten entschieden. Jetzt ist zu analysieren, ob die Erklärung, Vermögen aus der selbstständigen Tätigkeit gehöre nicht zur Masse, den gesamten Neuerwerb ab Verfahrenseröffnung insolvenzfrei stellt oder nur denjenigen, welchen der Schuldner im Anschluss an die Erklärung erwirbt.

Zudem ist die Frage zu beantworten, ob die Erklärung, Ansprüche aus der selbstständigen Tätigkeit könnten nicht im Verfahren geltend gemacht werden, dazu führt, dass der Schuldner nur für künftige Neuverbindlichkeiten mit seinem insolvenzfreien Vermögen haftet oder ob er für alle Neuverbindlichkeiten einstehen muss.

A. Meinungsstand

Folgte man der im *Zweiten Teil* dargestellten, aber abgelehnten „Weiten Auslegung" von § 35 II 1 InsO, so ließe sich die Frage danach, ob nur der künftige oder auch der schon erzielte Neuerwerb mit der Negativerklärung aus der Masse freigegeben werde, einfach beantworten. Denn wenn man vertritt, der Verwalter gebe mit seiner Negativerklärung das gesamte der selbstständigen Tätigkeit gewidmete Vermögen frei, so muss man konsequent bleiben und auch den bereits vor der Negativerklärung erwirtschafteten Neuerwerb als der Tätigkeit „gewidmet" betrachten.[172]

Nach ganz vorherrschender Meinung erfasst die Negativerklärung hingegen nur den *zukünftigen* Neuerwerb.[173] Bis zur Erklärung des Verwalters bleibe es dabei, dass gemäß § 35 I Alt. 2 InsO der Neuerwerb aus der selbstständigen

---

172 So im Ergebnis folgerichtig *M. Ahrens* NZI 2007, 622 (625); *Bartels* KTS 2012, 381 (402); *Dahl* NJW-Spezial 2007, 485; *LG Göttingen* NZI 2011, 775 (776).

173 *LAG Schleswig-Holstein* ZInsO 2011, 445 (447); *Arens* DStR 2010, 446 (450); *Berger* ZInsO 2008, 1101 (1106); FK/*Bornemann* § 35 Rn. 17; HambKomm/*Lüdtke* § 35 Rn. 257 f.; *Kühne* Die Insolvenz des selbstständig tätigen Schuldners, S. 118; *Onusseit* ZInsO 2010, 1482 (1483); Uhlenbruck/*Hirte* § 35 Rn. 99; *von Gleichenstein* ZVI 2013, 409 (411); anderer Ansicht ist nur *Häsemeyer* Insolvenzrecht Rn. 9.02 (und Rn. 9.27a), der sich in Anlehnung an die KO für eine Insolvenzfreiheit des Neuerwerbs ab Verfahrenseröffnung ausspricht.

Tätigkeit vollumfänglich zur Masse gehöre, denn Willenserklärungen könnten grundsätzlich nur für die Zukunft wirken.[174]

Im Gegenzug hierzu vertritt die vorherrschende Auffassung aber auch, dass der Schuldner nur für Neuverbindlichkeiten haftet, die er im Anschluss an die Negativerklärung begründet, denn alle im Vorfeld der Negativerklärung entstandenen Neuverbindlichkeiten seien Masseverbindlichkeiten.[175] Diese würden auch durch die Negativerklärung nicht mehr nachträglich wegfallen.[176] Die Begründungsansätze diesbezüglich differieren allerdings:

Die Mehrheit ist der Ansicht, das schiere Dulden der selbstständigen Tätigkeit sei infolge von § 35 II 1 InsO als eine „Verwaltung" der Masse im Sinne des § 55 I Nr. 1 Alt. 1 InsO zu werten.[177] Es wird vorgebracht, auch ein Unterlassen (hier: das Unterlassen einer Negativerklärung) könne Masseverbindlichkeiten begründen, sofern eine Rechtspflicht zum Tätigwerden bestehe. Und da aus § 35 II 1 InsO für den Verwalter eine Pflicht folge, sich zu „Ansprüchen aus der selbstständigen Tätigkeit" zu erklären, müsse die Masse infolge einer unterlassenen Erklärung eben für diese Ansprüche haften.[178]

Dies solle aber nur unter zwei Voraussetzungen gelten. Der Verwalter müsse einmal die Tätigkeit des Schuldners kennen oder sein Nichtwissen zu vertreten haben.[179] Zudem hafte die Masse erst, nachdem für den Verwalter eine angemessene Prüffrist abgelaufen sei. Denn eine solche Frist sei dem Verwalter zu

174 *Arens* DStR 2010, 446 (450).

175 *Berger* ZInsO 2008, 1101 (1105); *Dahl* NJW-Spezial 2007, 485; HambKomm/*Lüdtke* § 35 Rn. 249; *Holzer* ZVI 2007, 289 (292); K. Schmidt/*Büteröwe* § 35 Rn. 51; MünchKomm/*Peters* § 35 Rn. 47k; MünchKomm/*Hefermehl* § 55 Rn. 115; Nerlich/Römermann/*Andres* (Stand: April 2008) § 35 Rn. 102 f.; *Pape* NZI 2007, 481 (482); *Peters* WM 2012, 1067 (1071); *Smid* DZWIR 2008, 133 (137); Uhlenbruck/*Sinz* § 55 Rn. 43; *Windel* AP 2009 § 35 InsO Nr. 1, Blatt 838 (839); *Wischemeyer* ZInsO 2009, 2121 (2122); anderer Ansicht *Heinze* ZVI 2007, 349 (353); *Onusseit* ZInsO 2010, 1482 (1483 f.); *Wagenknecht-Hose* Neuverbindlichkeiten, S. 60.

176 *Berger* ZInsO 2008, 1101 (1106).

177 *Berger* ZInsO 2008, 1101 (1103); HambKomm/*Lüdtke* § 35 Rn. 249; *Windel* AP 2009 § 35 InsO Nr. 1, Blatt 838 (839) unter II. 2. b); *Wischemeyer* ZInsO 2009, 2121 (2122); offengelassen von *BFH* NZI 2010, 37 (38).

178 *Berger* ZInsO 2008, 1101 (1105); HambKomm/*Lüdtke* § 35 Rn. 249; K. Schmidt/*Büteröwe* § 35 Rn. 51; *Wischemeyer* ZInsO 2009, 2121 (2122).

179 *Berger* ZInsO 2008, 1101 (1105); HambKomm/*Lüdtke* § 35 Rn. 250; K. Schmidt/*Büteröwe* § 35 Rn. 51; MünchKomm/*Hefermehl* § 55 Rn. 112; *Pape* NZI 2007, 481 (482); *Windel* AP 2009 § 35 InsO Nr. 1, Blatt 838 (839), unter II. 2. b); *Wischemeyer* ZInsO 2009, 2121 (2122); anderer Ansicht *Peters* WM 2012, 1067 (1071 f.).

gewähren, damit er in Ruhe in die wirtschaftlichen Verhältnisse des Schuldners Einblick gewinnen und gewissenhaft eine betriebswirtschaftliche Rentabilitätsprüfung vornehmen könne. Erst nach Abschluss einer Zukunftsprognose könne der Verwalter fundiert entscheiden, ob er den Neuerwerb unter Berücksichtigung der Neuverbindlichkeiten behalten wolle oder ob er lieber auf ihn verzichte.[180] Solange die Prüffrist laufe,[181] könnten deswegen keine Masseverbindlichkeiten entstehen.[182] Nehme der Verwalter indes eine abwartende Haltung ein oder säume er mit seiner Erklärung über das zeitlich Angemessene hinaus, könnten Neugläubiger ihre Forderungen gegen die Masse geltend machen.[183]

Andere stützen das Entstehen von Masseverbindlichkeiten zwar auch auf eine unterlassene Negativerklärung, verlangen aber, es müssten die Voraussetzungen der Duldungs- oder Anscheinsvollmacht vorliegen.[184] Sofern der Verwalter von der selbstständigen Tätigkeit wisse, habe er die Pflicht, über die geschäftlichen Handlungen des Schuldners auf dem Laufenden zu sein. Mit der Negativerklärung könne der Verwalter das geschäftliche Treiben des Schuldners zulasten der Insolvenzmasse auch verhindern. Schweige der Verwalter, könne der Vertragspartner davon ausgehen, dass die Geschäfte des Schuldners mit dessen Wissen und Einverständnis geschähen.[185]

Smid endlich meint sogar, Schweigen des Verwalters müsse nach Kenntnis von der selbstständigen Tätigkeit als konkludente Positiverklärung gewertet werden.[186]

---

180 Vgl. *Wischemeyer* ZInsO 2009, 2121 (2122); *Ehlers* ZInsO 2014, 53 (58) weist ergänzend darauf hin, dass der Verwalter eine Negativerklärung erst abgeben könne, wenn er auch sorgfältig die wirtschaftlichen Auswirkungen einer möglichen Sanierung des schuldnerischen Unternehmens für die Insolvenzmasse geprüft habe.

181 *Dahl* NJW-Spezial 2007, 485 hält eine Analogie zu §§ 107 II, 103 II 2 InsO für angebracht; dagegen *Windel* AP 2009 § 35 InsO Nr. 1, Blatt 838 (840); *Lüdtke* hält in HambKomm § 35 Rn. 252 eine Prüffrist von vier Wochen grundsätzlich für ausreichend.

182 *Dahl* NJW-Spezial 2007, 485; anderer Ansicht MünchKomm/*Hefermehl* § 55 Rn. 115.

183 Vgl. *Berger* ZInsO 2008, 1101 (1105); *Dahl* NJW-Spezial 2007, 485; *Windel* AP 2009 § 35 InsO Nr. 1, Blatt 838 (840).

184 *Bai* Freigabe, S. 157 f.; Nerlich/Römermann/*Andres* (Stand: April 2008) § 35 Rn. 102 f.; *Onusseit* ZVI 2009, 353 (357); Pape/Graeber/*Spliedt* Teil 3 Rn. 446; siehe auch *Tetzlaff* ZInsO 2005, 393 (396).

185 Zum Ganzen Nerlich/Römermann/*Andres* (Stand: April 2008) § 35 Rn. 102 f.

186 DZWIR 2008, 133 (137); ihm folgend *Klomfaß* KKZ 2009, 241 (242): § 35 II 1 InsO regele ein „beredtes Schweigen"; *Kühne* Die Insolvenz des selbstständig tätigen Schuldners, S. 88.

Festzuhalten bleibt nach alledem, dass nach vorherrschendem Verständnis dem Schuldner nach der Negativerklärung nur der künftige Neuerwerb zusteht, er aber, gleichsam als Ausgleich dafür, auch nur für seine künftigen Neuverbindlichkeiten haftet.

B. Stellungnahme

§ 35 II 1 InsO – das lässt schon sein Wortlaut erkennen – zielt darauf ab, Neuerwerb und Neuverbindlichkeiten in einer Vermögenssphäre zu verschmelzen. Schuldverhältnisse sollen nicht länger in einen die Masse berechtigenden und einen den Schuldner verpflichtenden Tatbestand auseinanderfallen. Denn genau in diesem Auseinanderfallen hatten viele Streitigkeiten und Probleme rund um die selbstständige Tätigkeit, wie im *Ersten Teil* beschrieben, in der Vergangenheit ihre Ursache. Die Begünstigung durch den Neuerwerb und die Haftung für Neuverbindlichkeiten betrachtet § 35 II 1 InsO nunmehr als zusammenhängend. Der Verwalter muss, will er den Neuerwerb aus der selbstständigen Tätigkeit zur Masse beanspruchen, zum einen erklären, dass „Vermögen" aus dieser Tätigkeit zur Masse gehört. Zum anderen hat er dann aber auch kundzutun, dass „Ansprüche" daraus gegen die Masse geltend gemacht werden können. Will er hingegen die Masse nicht mit Neuverbindlichkeiten aus der selbstständigen Tätigkeit belastet sehen, muss er erklären, dass „Ansprüche" aus der selbstständigen Tätigkeit im Verfahren nicht geltend gemacht werden können, was wiederum die Pflicht für ihn zur Folge hat, kundzutun, dass „Vermögen" aus der selbstständigen Tätigkeit nicht zur Masse gehört.

Für Neuverbindlichkeiten soll nach neuem Recht also die Vermögenssphäre haften, der der Neuerwerb zusteht. Dies ist die Konzeption des Gesetzgebers, die im Folgenden als *Konnexitätsgrundsatz* bezeichnet werden soll.[187] Und auf der Grundlage dieses Konnexitätsgrundsatzes, der Gesetzesmaterialien und der bestehenden Regelungen der Insolvenzordnung soll im Weiteren die herrschende Auffassung bewertet werden.

I. Die Materialien

Der herrschenden Meinung ist zwar zuzugestehen, dass sie im Ergebnis eine (zweispurige[188]) Konnexität herstellt. Doch sprechen schon die Materialien

---

187 Zum Ganzen BT-Drs. 16/3227, 17.

188 Von einer zweispurigen Konnexität wird hier gesprochen, weil die herrschende Meinung im Ergebnis den Neuerwerb und die Neuverbindlichkeiten bis zur

gegen sie. Diese lassen erkennen, dass entweder nur der Masse der Neuerwerb zukommen soll und auch nur sie für Neuverbindlichkeiten haftet oder dass nur dem Schuldner der Neuerwerb zusteht, er aber auch für seine Neuverbindlichkeiten allein aufkommen muss. So heißt es in der Entwurfsbegründung in Bezug auf den Neuerwerb, im Falle einer Negativerklärung stünden den Neugläubigern als Haftungsmasse „die durch die selbstständige Tätigkeit erzielten Einkünfte zur Verfügung".[189] Dass damit nur die künftigen Einnahmen gemeint sind, die der Schuldner nach der Negativerklärung erzielt, lässt sich daraus nicht entnehmen.

Weiter heißt es, der Verwalter habe gemäß § 35 II 1 InsO abzuwägen, ob „der Behalt des Neuerwerbs in der Masse für diese vorteilhaft ist"[190] – erneut keine Eingrenzung auf künftiges Vermögen. Vielmehr spricht die Verwendung des Wortes „Behalt" dafür, dass auch der bereits erwirtschaftete Neuerwerb nach einer Negativerklärung nicht mehr zur Masse gehören soll. „Behalten" kann der Verwalter nämlich nur etwas, was schon vorhanden ist.

Schließlich findet sich in der Entwurfsbegründung mit Bezug auf Neuverbindlichkeiten die folgende Aussage: Mache der Verwalter von der Negativerklärung „keinen Gebrauch", habe er „alle mit dem Neuerwerb in Zusammenhang stehenden Verbindlichkeiten als Masseverbindlichkeiten zu erfüllen";[191] das stillschweigende Dulden der selbstständigen Tätigkeit sei eine „Verwaltungshandlung".[192] Wenn der Verwalter also nach der Vorstellung des Gesetzgebers ohne Negativerklärung Neuverbindlichkeiten aus der Masse erfüllen muss, dann bedeutet das im Umkehrschluss aber auch, dass die Masse eben nicht für Neuverbindlichkeiten haftet, wenn der Verwalter von der Negativerklärung (irgendwann im Verfahren) „Gebrauch macht". Dass diese Enthaftungswirkung nur für Neuverbindlichkeiten eintreten soll, die nach der Negativerklärung begründet werden, kann den Materialien indes nicht entnommen werden.

II. Keine Masseverbindlichkeiten aus der selbstständigen Tätigkeit

Überdies kann das Konzept der herrschenden Meinung von einer zweispurigen Konnexität auch schon deswegen nicht überzeugen, weil aus der selbstständigen

---

Negativerklärung der Masse zuspricht beziehungsweise aufbürdet, nach einer Negativerklärung hingegen dem Schuldner.

189 BT-Drs. 16/3227, 17.

190 BT-Drs. 16/3227, 17.

191 BT-Drs. 16/3227, 17.

192 BT-Drs. 16/3227, 17; 16/4194, 14.

Tätigkeit (ohne Positiverklärung) keine Masseverbindlichkeiten entstehen können.

1. § 55 I Nr. 1 Alt. 1 InsO: Duldung der selbstständigen Tätigkeit

Eine Haftung der Masse für Neuverbindlichkeiten gemäß § 55 I Nr. 1 InsO ist nicht gerechtfertigt.

Zutreffend ist zwar der Ansatz der herrschenden Meinung: Gibt der Verwalter keine Erklärung gemäß § 35 II 1 InsO ab, bricht er mit einer insolvenzrechtlichen Pflicht. Doch widerspricht die daraus hergeleitete Aufwertung der Neuverbindlichkeiten zu Masseverbindlichkeiten § 55 I Nr. 1 InsO. Die Norm setzt nämlich eine bereits bestehende Verpflichtung voraus, sie kann diese aber nicht begründen.[193]

Dass sie das nicht kann, folgt daraus, dass § 55 I Nr. 1 InsO keine eigenständige Anspruchsgrundlage ist, sondern allein dem Zweck dient, eine durch „Handlung" des Verwalters oder „in anderer Weise ..." bereits begründete Verbindlichkeit (basierend auf einer Anspruchsgrundlage außerhalb des § 55 I Nr. 1 InsO) der Masse zuzuweisen. Somit ist es nicht möglich, dass allein durch das Dulden der selbstständigen Tätigkeit Masseverbindlichkeiten entstehen, wenn nicht dargelegt wird, worin die Rechtsgrundlage für eine Haftung der Masse im Ursprung überhaupt liegen soll.

Neue Verträge des Schuldners lassen sich diesbezüglich nicht als Rechtsgrundlage heranziehen, denn sie weisen keinen Zusammenhang mit dem Handeln des Verwalters auf. Und der Einwurf der herrschenden Meinung, Verbindlichkeiten könnten nicht nur durch Handlungen des Verwalters, sondern auch durch ein pflichtwidriges Unterlassen der Negativerklärung entstehen, verfängt auch nicht. Er hätte nämlich nur Durchschlagskraft, sofern eine Anspruchsgrundlage vorgewiesen werden könnte, die überhaupt Rechtsfolgen an eine unterlassene Negativerklärung knüpft. Erst wenn die tatbestandlichen Voraussetzungen dieser Anspruchsgrundlage erfüllt wären, könnte § 55 I Nr. 1 InsO greifen und die durch Unterlassen des Verwalters (schon) entstandene Neuverbindlichkeit zu einer der Masse aufwerten.[194]

---

193 Zutreffend *Olbrich* ZInsO 2005, 860 (861); *ders.* ZInsO 2004, 1292 (1296).

194 So können beispielsweise Ansprüche wegen Verletzung einer aus § 823 I BGB gewonnenen Verkehrspflicht gegen die Masse geltend gemacht werden, sofern ein Massegegenstand einen Schaden angerichtet hat. Auch eine Haftung gemäß § 69 AO in Verbindung mit § 34 III AO ist hier einzuordnen, wenn der Verwalter steuerrechtliche Pflichten mit Bezug auf Massegegenstände verletzt.

Den Nachweis einer solchen Rechtsgrundlage ist die herrschende Meinung indessen schuldig geblieben. Die einzige Rechtsgrundlage, die als Sanktion gegen den untätigen Verwalter in Frage käme, wäre § 60 I 1 InsO. Hierin werden Pflichtverletzungen des Verwalters mit Schadensersatz sanktioniert.[195] Gemäß § 60 I 1 InsO kann der Verwalter aber allein gegenüber denjenigen Personen Pflichten verletzen, die zu den „Beteiligten“ des Insolvenzverfahrens zählen. Anspruchsberechtigt können demnach nur Insolvenzgläubiger, Massegläubiger, Aus- oder Absonderungsberechtigte und der Schuldner sein.[196] Massegläubiger müssen allerdings bereits im Zeitpunkt des pflichtwidrigen Verhaltens diesen Status führen; nicht aber kann § 60 I 1 InsO den Status „Massegläubiger“ selbst begründen. Ist es dem Insolvenzverwalter demnach gegenüber Neugläubigern überhaupt nicht möglich, insolvenzspezifische Pflichten zu verletzen, taugt § 60 I 1 InsO für eben diese Gläubiger nicht als Anspruchsgrundlage, die sie nutzen können, um mit ihr gegen die Masse vorzugehen.

2. *Duldungs- und Anscheinsvollmacht*

Aber auch die Auffassung, ein Schweigen des Verwalters könne Masseverbindlichkeiten unter dem Gesichtspunkt einer Duldungs- oder Anscheinsvollmacht begründen, überzeugt nicht.

Eine Rechtsscheinsvollmacht liegt nur in Ausnahmefällen vor. Grundvoraussetzung ist das Auftreten eines Unbefugten als Vertreter; er muss folglich in fremdem Namen handeln. Bereits hieran dürfte es wohl regelmäßig in einem Insolvenzverfahren fehlen, ein Schuldner agiert nämlich selten „im Namen der Masse“ oder „im Namen des Verwalters“.[197]

Doch selbst wenn der Schuldner in fremdem Namen aufträte, müssten für eine Rechtsscheinsvollmacht weitere Voraussetzungen erfüllt sein. Sie setzt voraus, dass (a) jemand während eines gewissen Zeitraums wiederholt für den

---

195 Allein damit ließe sich aber eine Einstandspflicht der Masse noch nicht begründen. Gemäß § 60 I 1 haftet der Verwalter nämlich erst einmal nur persönlich. Verletzt der Verwalter eine Pflicht, haftet die Masse nur, sofern das Fehlverhalten des Verwalters – hier die unterlassene Erklärung gemäß § 35 II 1 InsO – der Masse auch zuzurechnen ist. In diesem Zusammenhang ist nun aber die Auffassung entstanden, eine Zurechnung könne gemäß § 31 BGB geschehen. Siehe zum Beispiel *W. Lüke* Persönliche Haftung, S. 107 ff.; *ders.* ZIP 2005, 1113 (1116); Uhlenbruck/*Uhlenbruck* (12. Auflage) § 60 Rn. 2; wohl auch *BGH* NZI 2006, 169 (170); *BAG* NZI 2007, 535 (537).

196 Uhlenbruck/*Sinz* § 60 Rn. 10.

197 Siehe auch *Wagenknecht-Hose* Neuverbindlichkeiten, S. 48 f.

Geschäftsherrn als Vertreter auftritt, ohne hierzu befugt zu sein, (b) der Geschäftsherr dieses Verhalten kennt (Duldungsvollmacht) oder hätte erkennen können (Anscheinsvollmacht), jedoch nicht dagegen einschreitet, obwohl ihm das möglich wäre, und (c) der Geschäftsgegner *gutgläubig* daraus den Schluss zieht, der vermeintlich Vertretene habe den Handelnden tatsächlich bevollmächtigt.[198]

Der Vertragspartner darf die fehlende Bevollmächtigung also weder gekannt noch infolge Fahrlässigkeit nicht gekannt haben, wobei insbesondere bei ungewöhnlichen Geschäften eine Rückfrage beim Vertretenen notwendig sein kann.[199] Und als ein solches ungewöhnliches Geschäft wird man seiner Seltenheit wegen ein Geschäft des selbstständig tätigen Schuldners im Namen des Verwalters oder der Masse anzusehen haben, sodass ein Neugläubiger, der keine Rücksprache mit dem Verwalter nimmt, als nicht schutzbedürftig angesehen werden muss.

3. *Schweigen als Positiverklärung*

Schließlich sprechen auch gute Gründe dafür, der Auffassung nicht zu folgen, dass Schweigen des Verwalters ohne Weiteres als Positiverklärung zu werten sei. Sie vernachlässigt die Grundsätze, die für ein Schweigen im Rechtsverkehr gelten. Wer schweigt, löst grundsätzlich keine Rechtsfolgen aus.[200]

Erklärungswert hat Schweigen nur in enggezogenen Grenzen, so etwa, wenn die Parteien es als Erklärungszeichen verabredet haben oder wenn auf sonstige Weise im Wege der Auslegung gemäß §§ 133, 157 BGB auf einen bestimmten rechtsgeschäftlichen Willen zu schließen ist.[201] Diese Umstände liegen jedoch bei reiner Untätigkeit des Verwalters nicht vor, es sei denn, der Verwalter hätte mit dem Schuldner vereinbart, Schweigen könne als Positiverklärung aufgefasst werden.

Aber auch die sonstigen Voraussetzungen, unter denen Schweigen rechtliche Bedeutung hat, sind im Falle einer unterlassenen Negativerklärung ohne hinzutretende Umstände nicht erfüllt. So kann das Gesetz selbst dem Schweigen Erklärungswirkung beilegen.[202] Eine Regelung, wonach Schweigen – zum Beispiel

---

198 Vgl. *BGH* NJW 2005, 2985 (2987); ausführlich zu Rechtsscheinsvollmachten Staudinger/*Schilken* BGB § 167 Rn. 34 ff.

199 Staudinger/*Schilken* BGB § 167 Rn. 43.

200 *Hanau* AcP 165 (1965), 220 (241 f.).

201 Staudinger/*Singer* BGB Vor § 116 Rn. 60.

202 So zum Beispiel geschehen in § 108 II 2 Hs. 2, § 177 II 2 Hs. 2 BGB oder in § 362 I 1 Hs. 2 HGB.

nach Aufforderung zur Erklärung durch einen Neugläubiger – wie eine Positiverklärung wirkt, ist aber in § 35 II InsO nicht enthalten.

Und auch die letzte Fallgruppe, die Schweigen in dem Fall Erklärungswirkung zukommen lässt, wenn der Erklärungsempfänger eine abweichende Äußerung des Schweigenden nach Treu und Glauben unter Berücksichtigung der Verkehrssitte erwarten darf,[203] auch diese ist gleichfalls im Zusammenhang mit § 35 II 1 InsO nicht einschlägig. Denn wollte man, wie *Smid* es vorschlägt, im Schweigen eine Positiverklärung sehen, so müssten Umstände vorliegen, aus denen der Schuldner Vertrauen auf einen dahin gerichteten Rechtswillen des Verwalters entwickeln kann – auf einen Rechtswillen hin zur Positiverklärung. Nur dann könnte man darüber nachdenken, ob es dem Verwalter vielleicht obläge, seinen Willen, die Folgen der Positiverklärung nicht zu wollen, zu äußern. Einen Rechtswillen des Verwalters hin zu einer Positiverklärung wird der Schuldner aber nur unterstellen können, wenn der Verwalter den Neuerwerb aus der selbstständigen Tätigkeit zur Masse herausverlangt und gleichzeitig alle Neuverbindlichkeiten aus dieser Tätigkeit vorbehaltlos aus der Masse begleicht. Aber was soll gelten, wenn der Verwalter nur den Neuerwerb herausverlangt, nicht aber bereit ist, Neuverbindlichkeiten zu erfüllen? In diesen Fällen dürfte ein schutzwürdiges Vertrauen des Schuldners dahingehend, der Verwalter wolle die Rechtsfolgen der Positiverklärung, schwerlich zu rechtfertigen sein.

III. Ergebnis

Nach alledem bleibt festzuhalten, dass die herrschende Meinung nicht überzeugend ist. Zum einen kann sie sich bezüglich der von ihr vertretenen Freigabe nur des künftigen Neuerwerbs nicht auf die Materialien stützen. Vielmehr sind diese so zu verstehen, dass im Falle der Negativerklärung der gesamte Neuerwerb aus der selbstständigen Tätigkeit insolvenzfrei ist. Zum anderen können aus der selbstständigen Tätigkeit ohne eine Positiverklärung entgegen der herrschenden Meinung keine Masseverbindlichkeiten entstehen, sodass der Schuldner nach der Negativerklärung als Gegenstück dazu, über den gesamten Neuerwerb verfügen zu dürfen, auch für sämtliche Neuverbindlichkeiten haftet.

---

203 Siehe nur *BGH* NJW 2002, 3629 (3630): „unmissverständliche Konkludenz“; näher *Hanau* AcP 165 (1965), 220 (236 ff.).

Vierter Teil: Die „entsprechende“ Anwendung des § 295 II InsO

Die Negativerklärung zerreißt nicht jede Bindung zwischen Insolvenzmasse und selbstständiger Tätigkeit. Gemäß § 35 II 2 InsO gilt § 295 II InsO nach einer Negativerklärung „entsprechend“. Der Schuldner hat folglich die Masse aufgrund dessen, was ihr an Neuerwerb entgeht, durch Ausgleichszahlungen gemäß § 295 II InsO zu entschädigen. Das ist auch gerechtfertigt, denn es gibt keinen hinlänglichen Grund dafür, einen selbstständig tätigen Schuldner im Insolvenzverfahren gegenüber einem abhängig Beschäftigten besser zu stellen, indem man ihm den beruflich vereinnahmten Neuerwerb vollständig belässt.[204]

Darüber aber, welche rechtlichen Konsequenzen aus der Verweisung in § 35 II 2 InsO auf § 295 II InsO zu ziehen sind, ist noch keine Klarheit geschaffen; die Verweisung ist vielmehr Quelle verschiedener Meinungsstreitigkeiten.

Die Unklarheiten beziehen sich vor allem auf die Fragen, wie lang, in welcher Höhe und natürlich auch wann der Schuldner zu leisten hat. Ferner ist offen, was gilt, wenn der Schuldner nicht zahlt, zum Beispiel, weil er nicht genügend Einnahmen für die Masse und die Neugläubiger erzielt. Wer hat in diesem Fall den Vorrang und was geschieht mit der beantragten Restschuldbefreiung des Schuldners? Diesen Fragen wird im Weiteren nachgegangen.

A. Pflicht oder Obliegenheit

Zuerst sei die Frage geklärt, ob die §§ 35 II 2, 295 II InsO für den Schuldner nur eine Obliegenheit zur Zahlung regeln oder ob sich aus ihnen gar eine Pflicht ableiten lässt.

---

204 Näher *Andres/Pape* NZI 2005, 141 (146 f.).

I. Meinungsstand

Die vorherrschende Meinung vertritt, dass aus den §§ 35 II 2, 295 II InsO eine Abführpflicht resultiere.[205] Führe der Schuldner der Masse nichts zu, stehe es dem Verwalter deswegen offen, Leistungsklage zu erheben.[206]

Die Gegenauffassung jedoch meint, der Gesetzgeber habe mit den §§ 35 II 2, 295 II InsO nur eine Zahlungsobliegenheit des Schuldners regeln wollen.[207] Wenn der Schuldner nichts oder zu wenig an die Masse leiste, liege die einzige Sanktion deswegen auch nur darin, ihm gemäß § 296 InsO die Restschuldbefreiung zu versagen.[208] Begründet wird dies damit, dass die Negativerklärung für den Schuldner die Treuhandperiode einleite; die hierfür entwickelten Regelungen und Grundsätze müssten demnach bereits im Insolvenzverfahren gelten.[209] Es könne somit keinen (einklagbaren) Anspruch gegen den Schuldner geben. Ergänzend wird vorgebracht, dass sich der Verwalter mit einer Negativerklärung der Möglichkeit begebe, auf Vermögen aus der selbstständigen Tätigkeit zuzugreifen; eine Zahlungspflicht würde jedoch dieses Vermögen trotz Negativerklärung weiterhin dem Zugriff des Verwalters aussetzen, was den Schuldner auch dazu zwingen könnte, seine Tätigkeit aufzugeben, ein Sachverhalt, der wiederum Art. 12 I GG zuwiderliefe.[210]

Gegen diese „nachsichtige" Meinung führt die herrschende Meinung wiederum ins Feld, das Insolvenzgericht könne – vorausgesetzt, aus den §§ 35 II 2,

---

205 *BGH* WM 2013, 1612 (1614); *M. Ahrens* NJW-Spezial 2013, 85 (86); *Berger* ZInsO 2008, 1101 (1107); *Dahl* NJW-Spezial 2007, 485 (486); *Ehlers* FS Haarmeyer, 15 (16); *ders.* ZInsO 2014, 53; FK/*Bornemann* § 35 Rn. 24a; HambKomm/*Lüdtke* § 35 Rn. 264; *Menn* ZVI 2011, 197 (199); *Kühne* Die Insolvenz des selbstständig tätigen Schuldners, S. 133; *Schmerbach* ZInsO 2009, 2078 (2088); Uhlenbruck/*Hirte* § 35 Rn. 105; *Wiesmeier* ZVI 2010, 376 (379); *von Gleichenstein* ZVI 2013, 409 (415); *Wischemeyer* ZInsO 2009, 2121 (2127).

206 *M. Ahrens* NJW-Spezial 2013, 85 (86); *Andres* NZI 2006, 198 (200); *Berger* ZInsO 2008, 1101 (1107); *Dahl* NJW-Spezial 2007, 485 (486); *Ehlers* FS Haarmeyer, 15 (16); FK/*Bornemann* § 35 Rn. 24a; HambKomm/*Lüdtke* § 35 Rn. 264; *Kühne* Die Insolvenz des selbstständig tätigen Schuldners, S. 133; *von Gleichenstein* ZVI 2013, 409 (416); *Wischemeyer* ZInsO 2009, 2121 (2127); zurückhaltender *Heinze* ZVI 2007, 349 (356); *Küpper/Heinze* ZInsO 2009, 1785 (1787); gegen einen klagbaren Anspruch *Pape* WM 2013, 1145 (1151).

207 *OLG Brandenburg* NZI 2013, 650 (651); *LG Düsseldorf* ZInsO 2012, 2257 (2258); *Grote* ZInsO 2011, 1489 (1493); *Grund* NZI 2012, 971 (972).

208 *OLG Brandenburg* NZI 2013, 650 (651); *LG Düsseldorf* ZInsO 2012, 2257 (2258); *Grote* ZInsO 2011, 1489 (1493 f.); *Grund* NZI 2012, 971 (972).

209 *Grote* ZInsO 2011, 1489 (1494).

210 *LG Düsseldorf* ZInsO 2012, 2257 (2258); *Grund* NZI 2012, 971 (972).

295 II InsO würde nur eine Zahlungsobliegenheit resultieren – fehlende Zahlungen allein dann gemäß § 296 InsO sanktionieren, wenn der Schuldner auch Restschuldbefreiung beantragt habe. In allen anderen Fällen blieben fehlende Zahlungen sanktionslos, was aber nicht hinzunehmen sei.[211]

II. Stellungnahme

Ausweislich seiner amtlichen Überschrift regelt § 295 InsO nur Obliegenheiten des Schuldners – wenn auch erst in der Wohlverhaltensphase. Er bestimmt gerade nicht, dass gegen den Schuldner ein einklagbarer Rechtsanspruch besteht.[212]

Andererseits ordnet § 35 II 2 InsO an, § 295 II InsO gelte im laufenden Insolvenzverfahren nur „entsprechend", was grammatikalisch so viel heißt wie, dass § 295 II InsO so anzuwenden ist, wie es den Zwecken des Insolvenzverfahrens am besten entspricht. Ein Abweichen von den Grundsätzen der Norm ist also möglich, sofern die Unterschiede zwischen Wohlverhaltensphase – der Heimat des § 295 II InsO – und Insolvenzverfahren es erfordern.

Entscheidend ist meines Erachtens in diesem Zusammenhang, *warum* der Gesetzgeber § 295 II InsO in das Insolvenzverfahren vorverlegt hat. Über die „Abführpflicht entsprechend § 295 Abs. 2 InsO" will er erreichen, dass abhängig beschäftigte und selbstständig tätige Schuldner im Insolvenzverfahren gleichgestellt werden.[213] Der selbstständige Schuldner soll nicht seinen gesamten beruflich erzielten Neuerwerb nach der Negativerklärung behalten dürfen, während der abhängig beschäftigte Schuldner seinen pfändbaren Lohn gemäß § 35 I Alt. 2 InsO Monat für Monat an die Masse verliert. Im Ergebnis sollen die Insolvenzgläubiger eines selbstständigen Schuldners deshalb so stehen, als habe sich dieser (statt selbstständig tätig zu sein) eine Position in einem angemessenen Dienstverhältnis verschafft. Und *das* ist ausschlaggebend dafür, ihn gemäß §§ 35 II 2, 295 II InsO als zur Zahlung verpflichtet zu betrachten. Denn wenn über die §§ 35 II 2, 295 II InsO nach der Vorstellung des Gesetzgebers eine Gleichbehandlung von selbstständigen und abhängig beschäftigten Schuldnern erreicht werden soll, muss es für den Verwalter eine Handhabe geben, den selbstständig tätigen Schuldner notfalls auch mit Zwang zur Zahlung anzuhalten. Anderenfalls könnte die angestrebte Gleichstellung nicht erreicht

211 *M. Ahrens* NJW-Spezial 2013, 85 (86); *Berger* ZInsO 2008, 1101 (1107); *Kühne* Die Insolvenz des selbstständig tätigen Schuldners, S. 133; *Wischemeyer* ZInsO 2009, 2121 (2127).

212 Vgl. Uhlenbruck/*Vallender* § 295 Rn. 3.

213 BT-Drs. 16/3227, 17.

werden. Der abhängig Beschäftigte würde über § 35 I Alt. 2 InsO seinen gesamten pfändbaren Neuerwerb (kraft Gesetzes) an die Masse verlieren, wohingegen der selbstständig tätige Schuldner trotz der §§ 35 II 2, 295 II InsO seine Einnahmen behalten könnte. Darum bedarf es eines Druckmittels gegen Letzteren – der Klage. Vorbedingung hierfür ist allerdings ein Zahlungsanspruch gegen den Schuldner.[214]

B. Die abstrakte Höhe der Zahlungen

Das zweite Problem im Zusammenhang mit der Verweisung des § 35 II 2 InsO auf § 295 II InsO besteht darin, dass weder die eine noch die andere Norm Anhaltspunkte dafür gibt, wie die Beträge zu bemessen sind, die der Schuldner an die Masse abzuführen hat. § 295 II InsO bestimmt einzig, der Schuldner habe die Insolvenzgläubiger durch Zahlungen so zu stellen, „wie wenn er ein angemessenes Dienstverhältnis eingegangen wäre". Das ist freilich wenig konkret und hat bereits bei einer direkten Anwendung des § 295 II InsO für Unklarheit gesorgt.

Dennoch hat sich für die Zeit der Wohlverhaltensphase die Auffassung durchgesetzt, dass sich die abzuführenden Beträge allein danach bemessen, was der Schuldner in einem fiktiven angemessenen Dienstverhältnis erwirtschaften könnte; die Höhe der tatsächlich erzielten Einkünfte sei irrelevant.[215]

Ob diese Auslegung von § 295 II InsO aber auch im Insolvenzverfahren geboten ist, ist umstritten.

I. Meinungsstand

Die herrschende Ansicht macht keinen Unterschied, ob sich der Schuldner schon in der Wohlverhaltensphase befindet oder noch im Insolvenzverfahren. Sie stellt allein auf die pfändbaren Einkünfte ab, die der Schuldner erwirtschaften könnte, wenn er in einem angemessenen Dienstverhältnis beschäftigt wäre; erziele der Schuldner mehr Einnahmen, als dies bei einer abhängigen Beschäftigung der Fall wäre, hätten diese Übererlöse bei ihm zu verbleiben.[216]

---

214 Zum Zahlungsanspruch siehe auch *BGH* WM 2013, 1612 (1614).

215 *BGH* NZI 2013, 189 (190); NZI 2006, 413 (414); MünchKomm/*Ehricke* § 295 Rn. 107; Uhlenbruck/*Vallender* § 295 Rn. 68; anderer Ansicht *AG München* ZVI 2005, 384 (385) mit dem Hinweis, § 295 II InsO sei so auszulegen, dass der Selbstständige die Insolvenzgläubiger „mindestens" so zu stellen habe wie bei angemessener unselbstständiger Tätigkeit.

216 *BGH* WM 2013, 1612 (1613 f.); *LG Göttingen* NZI 2011, 775; *M. Ahrens* NZI 2007, 622 (626); Kölner Schrift/*Mai* Kapitel 19 Rn. 97; K. Schmidt/*Büteröwe* § 35 Rn. 57;

Wischemeyer hält dem jedoch entgegen, dass eine Parallelität von Wohlverhaltensphase und Insolvenzverfahren verfehlt sei. § 295 II InsO müsse während der Wohlverhaltensphase als Ausfluss des § 295 I Nr. 1 InsO verstanden werden und damit als Ausfluss der Obliegenheit, einer angemessenen Erwerbstätigkeit nachzugehen. Da den Schuldner aber während des Insolvenzverfahrens keine solche Obliegenheit treffe, beruhe die Zahlungspflicht gemäß §§ 35 II 2, 295 II InsO auf einem anderen Prinzip als die Obliegenheit gemäß § 295 II InsO.[217] Infolgedessen sei nicht auf fiktive Einkünfte aus einem angemessenen Dienstverhältnis abzustellen. Die Verweisung des § 35 II 2 InsO auf § 295 II InsO müsse vielmehr anders ausgedeutet werden: Von den Einnahmen des Schuldners aus der selbstständigen Tätigkeit seien allein die beruflich veranlassten Kosten und die pfändungsfreien Beträge in Abzug zu bringen, den überzähligen Teil müsse der Schuldner vollständig an die Masse abführen.[218]

Zwischen den beiden oben dargelegten Ansichten gibt es noch eine weitere. Sie reiht sich in die herrschende Meinung ein und will grundsätzlich die fiktiven Einnahmen aus einem angemessenen Dienstverhältnis zum Maßstab nehmen. Erwirtschafte der Schuldner aber Beträge, die über sein fiktives Einkommen hinausgehen, könnten die gemäß §§ 35 II 2, 295 II InsO geschuldeten Beträge angehoben werden.[219] Im Ergebnis hat der Schuldner nach dieser Auffassung die Insolvenzgläubiger also mindestens so zu stellen, wie wenn er ein angemessenes Dienstverhältnis eingegangen wäre.

II. Stellungnahme

Die beiden letztgenannten Auffassungen haben Schwachstellen.

Der Wortlaut des § 295 II InsO ist eindeutig. Danach hat der Schuldner allein Zahlungen vorzunehmen, die er abzuführen hätte, wäre er in einem

---

Küpper/Heinze ZInsO 2009, 1785 (1786); *Mühlmann* ZInsO 2010, 2080 (2081); MünchKomm/*Peters* § 35 Rn. 471; Nerlich/Römermann/*Andres* (Stand: April 2008) § 35 Rn. 118; *Pape* WM 2013, 1145 (1150); *Wiesmeier* ZVI 2010, 376 (378).

217 *Wischemeyer* ZInsO 2010, 2068 (2070); ihm folgend *Kühne* Die Insolvenz des selbstständig tätigen Schuldners, S. 135.

218 *Wischemeyer* ZInsO 2010, 2068 (2071); ihm folgend *AG Wuppertal* NZI 2011, 695 (696) und *Kühne* Die Insolvenz des selbstständig tätigen Schuldners, S. 135; anders noch *Wischemeyer* ZInsO 2009, 2121 (2127).

219 *Berger* ZInsO 2008, 1101 (1107 f.); FK/*Bornemann* § 35 Rn. 24; *Haarmeyer* ZInsO 2007, 696 (697); Kölner Schrift/*Mai* Kapitel 19 Rn. 98; *Wagenknecht-Hose* Neuverbindlichkeiten, S. 116 ff.

angemessenen Dienstverhältnis beschäftigt. Von einem „mindestens" ist nichts zu lesen. Dafür, den erzielten Mehrerlös abzuschöpfen, bietet § 295 II InsO demnach keine Handhabe.

Gegen die Auffassung, der Verwalter könne einen Einnahmen-Überschuss abschöpfen, ist aber noch ein weiterer Einwand anzuführen: Sie vernachlässigt die Systematik des § 35 II InsO, denn sie stimmt nicht mit § 35 II 3 InsO überein. Verläuft die selbstständige Tätigkeit des Schuldners wider Erwarten des Verwalters erfolgreich und wirft sie hohe Erträge ab, können die Insolvenzgläubiger gemäß § 35 II 3 InsO beim Insolvenzgericht beantragen, es möge die Negativerklärung aufheben. Nun stellt sich aber die Frage, warum die Insolvenzgläubiger auf einen Unwirksamkeitsbeschluss des Insolvenzgerichts hinwirken sollten, wenn sie sämtliche pfändbaren Einkünfte schon über die §§ 35 II 2, 295 II InsO erlangen könnten. Ein Antrag gemäß § 35 II 3 InsO würde sich nicht lohnen – er wäre sogar überflüssig.[220]

Und dass es bezüglich der Höhe der Zahlungspflicht im Sinne der §§ 35 II 2, 295 II InsO – entgegen *Wischemeyer* – nicht auf die tatsächlich erzielten Einnahmen ankommt, wird durch eine historisch-teleologische Betrachtung bestätigt. Zum einen wird mit Recht darauf hingewiesen, dass die mit § 35 II InsO verfolgten gesetzgeberischen Ziele nicht erreicht werden könnten, müsste der Schuldner seinen sämtlichen Gewinn abführen. Der Gesetzgeber hat mit der Freigaberegelung nämlich bezweckt, den selbstständigen Schuldner zu einer Erwerbstätigkeit zu motivieren, was bei einer umfassenden Abführpflicht nicht verwirklicht werden könnte.[221]

Zum anderen war die Frage, ob der selbstständige Schuldner gemäß § 295 II InsO allein diejenigen pfändbaren Beträge abzuführen hat, die er in einem abhängigen Beschäftigungsverhältnis erzielen würde, oder diejenigen, die er tatsächlich vereinnahmt, Gegenstand einer heftigen Debatte zwischen Bundesregierung und Bundesrat, aus der letztlich die Bundesregierung als Siegerin hervorging. Der *Bundesrat* wandte gegen § 295 II InsO in seiner später Gesetz gewordenen Fassung ein, es sei den Insolvenzgläubigern gegenüber ungerecht, wenn der Schuldner Einnahmen behalten dürfe, die über denen liegen, die er in

---

220 *Haarmeyer* sieht hierin allerdings kein Problem. Nach seiner Auffassung steht die Möglichkeit, von § 35 II 3 InsO Gebrauch zu machen, alternativ neben der Anpassung der Abführpflicht im Sinne der §§ 35 II 2, 295 II InsO (ZInsO 2007, 696 [697]). Zurückhaltend hat sich dagegen *Zipperer* in ZVI 2007, 541 (542) geäußert: Ob Mehreinnahmen des Schuldners über eine Anpassung des Abführbetrags oder über § 35 II 3 abgeschöpft werden können, sei „ungewiss".

221 *BGH* WM 2013, 1612 (1614); *von Gleichenstein* ZVI 2013, 409 (416).

einem angemessenen Dienstverhältnis erzielen würde.[222] Hiergegen wandte die *Bundesregierung* ein, das Restschuldbefreiungsverfahren solle das Gericht, den Treuhänder und die Gläubiger so wenig wie möglich belasten. Die real erzielten Einnahmen des Schuldners festzustellen würde jedoch „erhebliche Schwierigkeiten" bereiten. Deswegen müsse der Schuldner nur die Beträge abführen, die er in einem angemessenen Dienstverhältnis erzielen könnte. Ob er dem nachkomme, sei anhand „klarer Kriterien" leicht feststellbar.[223]

Diesem Ansatz, der Schuldner müsse nur das abführen, was er abführen müsste, wäre er in einem Dienstverhältnis beschäftigt, ist der Gesetzgeber auch bei § 35 II 2 InsO treu geblieben. So heißt es in den Materialien: „Hierdurch lassen sich ... der [sic!] mit der Ermittlung des Gewinns aus der wirtschaftlichen Tätigkeit verbundenen Probleme ohne besonderen Verwaltungs- und Kontrollaufwand lösen."[224] Durch die §§ 35 II 2, 295 II InsO soll der Verwalter also auch im Insolvenzverfahren der Mühen enthoben werden, die wirklich erzielten Einnahmen des Schuldners zu ermitteln.[225] Er müsste sie jedoch ermitteln, wären sie für die §§ 35 II 2, 295 II InsO relevant.

Für das Verständnis der §§ 35 II 2, 295 II InsO bedeutet dies alles insgesamt, dass nach der Negativerklärung der Schuldner der Masse allein mit dem Betrag pflichtig ist, der ihr zustünde, wäre er abhängig beschäftigt. Überzählige Einnahmen verbleiben beim Schuldner. Wollen die Insolvenzgläubiger diese zur Masse ziehen, müssen sie von § 35 II 3 InsO Gebrauch machen.

C. Die konkrete Höhe der Zahlungen

Nachdem festgestellt worden ist, dass der Schuldner nur das an die Masse leisten muss, was ihr zuflösse, wäre er abhängig beschäftigt, muss geklärt werden, wer festlegt, welche Einkünfte der Schuldner aus einem angemessenen Dienstverhältnis hervorbringen könnte. Weder § 35 II 2 InsO noch § 295 II InsO enthalten hierzu Aufschlussreiches. Infolgedessen ist die Rechtslage unklar.

I. Meinungsstand

Für die Wohlverhaltensphase vertritt die herrschende Meinung, dass weder der Treuhänder ausdrücklich verpflichtet oder ermächtigt ist, die gemäß § 295 II

222 *Stellungnahme des Bundesrates* zum RegE-InsO in BT-Drs. 12/2443, 257 (Nummer 33).

223 Vgl. die *Gegenäußerung der Bundesregierung* in BT-Drs. 12/2443, 267 (zu Nummer 33).

224 BT-Drs. 16/3227, 17.

225 Siehe auch *BGH* WM 2013, 1612 (1614).

InsO abzuführende Summe festzusetzen,[226] noch das Insolvenzgericht.[227] Es sei allein Aufgabe des Schuldners, die konkrete Höhe seiner fiktiv zu erzielenden Einnahmen zu bestimmen.[228] Die Frage, welche pfändbaren Beträge der Schuldner aus einer angemessenen abhängigen Beschäftigung hätte erzielen können, dürfe das Insolvenzgericht erst im Verfahren auf Versagung der Restschuldbefreiung beantworten.[229] Der Schuldner könne sich aber mit den Insolvenzgläubigern über die Höhe der abzuführenden Beträge einigen.[230]

Nach Ansicht einiger sollen diese Grundsätze wegen § 35 II 2 InsO nun auch schon im Insolvenzverfahren gelten.[231] Andere wiederum sehen für die Abführpflicht gemäß §§ 35 II 2, 295 II InsO die Lösung in einer „Verständigung" zwischen Verwalter und Schuldner.[232] Wieder andere meinen, die Höhe dessen, was der Schuldner in einem Dienstverhältnis erwirtschaften könnte, könne der Verwalter mit einer Leistungsklage gegen den Schuldner klären, wobei ihm die Erleichterung des § 287 ZPO zugutekomme. Der Verwalter müsse folglich in seiner Klageschrift nur eine Größenordnung angeben – etwa einen Mindestbetrag; die genaue Höhe der Abführpflicht würde anschließend durch das Gericht bestimmt.[233] Auch die Möglichkeit für den Verwalter, eine Feststellungsklage zu erheben, wird andiskutiert.[234]

---

226 *BGH* NZI 2013, 189 (191); FK/*M. Ahrens* § 295 Rn. 81; *Grote* ZInsO 2004, 1105 (1108); HambKomm/*Streck* § 295 Rn. 25; MünchKomm/*Ehricke* § 295 Rn. 110.

227 *BGH* NZI 2013, 189 (191); *AG Charlottenburg* ZInsO 2009, 1219 (1220); *AG München* ZVI 2005, 384 (385); HambKomm/*Streck* § 295 Rn. 25; *Grote* ZInsO 2004, 1105 (1108); Uhlenbruck/*Vallender* § 295 Rn. 70; anderer Ansicht FK/*M. Ahrens* § 295 Rn. 82 (Entscheidung des Insolvenzgerichts gemäß §§ 4 InsO, 256 II ZPO); MünchKomm/*Ehricke* § 295 Rn. 110; *Küpper/Heinze* ZInsO 2009, 1785 (1789).

228 Vgl. *BGH* NZI 2013, 189 (191); *AG Charlottenburg* ZInsO 2009, 1219 (1220); *Grote* ZInsO 2004, 1105 (1108); Uhlenbruck/*Vallender* § 295 Rn. 70; *Wiesmeier* ZVI 2010, 376 (378).

229 Vgl. *BGH* NZI 2013, 189 (191); HambKomm/*Streck* § 295 Rn. 25; Uhlenbruck/*Vallender* § 295 Rn. 70.

230 HambKomm/*Streck* § 295 Rn. 25; Uhlenbruck/*Vallender* § 295 Rn. 71; *Wiesmeier* ZVI 2010, 376 (378).

231 FK/*Bornemann* § 35 Rn. 24; *Pape* WM 2013, 1145 (1151); *Wiesmeier* ZVI 2010, 376 (378).

232 *Küpper/Heinze* ZInsO 2009, 1785 (1786 f.).

233 *Berger* ZInsO 2008, 1101 (1107); *Wischemeyer* ZInsO 2009, 2121 (2128).

234 *Wiesmeier* ZVI 2010, 376 (379).

II. Stellungnahme

Um die konkrete Höhe der zu leistenden Zahlungen festlegen zu können, ist sicherlich eine Einigung zwischen Verwalter und Schuldner das beste Mittel. Doch gerade wenn es um die Höhe von Zahlungen an die Masse geht, dürften erbitterte Auseinandersetzungen zwischen Verwalter und Schuldner an der Tagesordnung sein.[235]

Somit kann eine Einigung nicht als Regel angesehen werden. Folglich ist im Weiteren zu klären, was ohne sie gilt (**1.**). Zudem hat der Diskurs den Fokus bisher nur auf die zivilprozessualen Möglichkeiten des Verwalters gerichtet, um den vom Schuldner zu leistenden Betrag gerichtlich festsetzen zu lassen (hierzu unter **2.**). Offen geblieben ist dabei, ob sich der Schuldner gegen die Höhe der von ihm seitens des Verwalters verlangten Beträge gerichtlich wehren kann. Auch insoweit ist noch eine Klärung erforderlich (**3.**).

1. Bestimmungspflicht des Verwalters

Die für § 295 II InsO und die Wohlverhaltensphase von der herrschenden Meinung entwickelten Grundsätze sind nicht auf die Abführpflicht des Schuldners gemäß §§ 35 II 2, 295 II InsO übertragbar. Die Zahlungsobliegenheit gemäß § 295 II InsO unterscheidet sich strukturell zu stark von der Zahlungspflicht gemäß §§ 35 II 2, 295 II InsO. Auch die Stellung des Treuhänders ist eine andere als die des Insolvenzverwalters.

Der in § 292 InsO niedergelegte und für die Wohlverhaltensphase geltende Aufgabenkatalog verdeutlicht, dass sich die Tätigkeit des Treuhänders in der Wohlverhaltensphase darauf beschränkt, die vom Schuldner gemäß § 295 II InsO abgeführten Beträge entgegenzunehmen und an die Insolvenzgläubiger auszuschütten. Den Treuhänder trifft dagegen keine Pflicht, dem Schuldner nachzulaufen und ihn zur Zahlung anzuhalten.[236] Ob Letzterer abführt, ist in dessen Ermessen gestellt, denn, um es zu wiederholen: § 295 II InsO regelt in der Wohlverhaltensphase allein eine Obliegenheit, keine Pflicht.

---

235 Siehe nur den Sachverhalt bei *LG Düsseldorf* ZInsO 2012, 2257: Der Schuldner war Kfz-Meister. Das veranlasste den Verwalter, den tarifvertraglichen Lohn eines Kfz-Meisters mit Leitungsfunktion als Maßstab für die Abführpflicht zu nehmen. Der Schuldner hingegen war der Meinung, es könne aufgrund seiner Fähigkeiten und Kenntnisse nur die Vergütung eines einfachen Kfz-Mechanikers für die §§ 35 II 2, 295 II InsO Richtschnur sein.

236 Das gilt selbst dann, wenn die Gläubigerversammlung dem Treuhänder gemäß § 292 II 1 InsO die Aufgabe übertragen hat, zu überwachen, ob der Schuldner seine Obliegenheiten erfüllt, MünchKomm/*Ehricke* § 292 Rn. 49.

Anders liegt es indes im Insolvenzverfahren. Wie bereits zuvor dargelegt, trifft gemäß §§ 35 II 2, 295 II InsO den Schuldner eine einklagbare Abführ*pflicht*. Eine Folge dieser Zahlungspflicht ist es denn auch, dass der Insolvenzverwalter den Schuldner zur Erfüllung dieser Pflicht anzuhalten hat. Damit eng verbunden ist es nicht nur die Aufgabe des Verwalters, den Schuldner eindringlich zu ermahnen, seiner Pflicht nachzukommen, es liegt auch im Ressort des Verwalters, den aus §§ 35 II 2, 295 II InsO abgeleiteten Anspruch inhaltlich zu konturieren. Denn im Allgemeinen gilt: Wer die Pflicht eines anderen geltend macht und einen Anspruch stellt, hat auch dessen Höhe darzulegen.

Dies ist für den Verwalter auch ohne Weiteres möglich, denn der Schuldner unterliegt gemäß § 97 I, II InsO einer Auskunfts- und Mitwirkungspflicht; er hat dem Verwalter sämtliche Informationen zu geben, deren dieser bedarf, um ein fiktives angemessenes Dienstverhältnis und damit zu erzielende Einnahmen zu bestimmen – zum Beispiel Ausbildung, Vortätigkeiten sowie relevante gesundheitliche oder berufsrechtliche Aspekte.[237]

2. *Prozessuale Möglichkeiten für den Verwalter*

Ist der Verwalter, wie eben festgestellt, verpflichtet, die Höhe des gemäß §§ 35 II 2, 295 II InsO abzuführenden Betrags zu bestimmen, fragt sich aber, ob ihm dabei, wie schon von der Literatur vorgeschlagen, prozessuale Hilfsmittel zur Verfügung stehen. In Betracht kommen die Beweiserleichterung gemäß § 287 II ZPO und eine Feststellungsklage. In Ergänzung zu den bisherigen Vorschlägen soll auch die Möglichkeit einer Stufenklage untersucht werden.

a) Beweiserleichterung gemäß § 287 II ZPO

Im Grundsatz hat der Anspruchsteller seine Klage gemäß § 253 II Nr. 2 ZPO zu beziffern. Erleichterung schafft § 287 II ZPO nur, wenn „die vollständige Aufklärung aller [für die Höhe der Forderung] maßgebenden Umstände mit Schwierigkeiten verbunden ist". Die Rechtsprechung verlangt hierfür, es müsse für den Kläger unmöglich oder unzumutbar sein, den Anspruch betragsmäßig genau anzugeben.[238]

Diese Voraussetzung liegt in der Person des Insolvenzverwalters allerdings regelmäßig nicht vor, weil er die gemäß §§ 35 II 2, 295 II InsO abzuführenden Beträge eigenständig festlegen kann. Was der Schuldner mit einer angemessenen nichtselbstständigen Tätigkeit erzielen könnte, kann der Verwalter zum Beispiel

---

237 Zur Auskunftspflicht des Schuldners siehe auch *BGH* WM 2013, 1612 (1614).

238 Vgl. RGZ 140, 211 (213); *BGH* NJW 1967, 1420 (1421) unter 4.

Tarifverträgen oder Auskünften der IHK entnehmen[239] – dies zumindest dann, wenn er vom Schuldner alle Informationen erhalten hat, um das Dienstverhältnis den Fähigkeiten des Schuldners gemäß einzugrenzen. Von einer Unsicherheit, wie sie den bisher anerkannten Einzelfällen im Rahmen des § 287 II ZPO zugrunde lag,[240] kann dann nicht gesprochen werden.

§ 287 II ZPO wäre aber auch dann nicht einschlägig, wenn der Schuldner Informationen für sich behielte, deren der Verwalter bedarf, um ein fiktives angemessenes Dienstverhältnis bestimmen zu können. Denn mit Blick auf § 98 II Nr. 1 InsO und die Möglichkeit, einen renitenten Schuldner gerichtlich in Beugehaft zu nehmen, dürfte es dem Verwalter schwerfallen darzulegen, es sei „mit Schwierigkeiten verbunden", die Umstände aufzuklären, die notwendig sind, um die Höhe der Forderung gemäß §§ 35 II 2, 295 II InsO zu errechnen.

Hinzu kommt noch, dass die Schätzung des Gerichts – trotz der Erleichterung, die § 287 II ZPO gewährt – nicht völlig aus der Luft gegriffen sein darf.[241] Der Kläger (hier: der Verwalter) ist für ihre tatsächlichen Grundlagen beibringungs- und beweispflichtig.[242] Sind dem Verwalter jedoch die Tatsachen unbekannt, die er benötigt, um ein fiktives Dienstverhältnis des Schuldners festlegen zu können, nützt ihm auch § 287 II ZPO nichts.

b) Stufenklage

Sind dem Verwalter die Tatsachen unbekannt, die er benötigt, um ein fiktives Dienstverhältnis des Schuldners festlegen zu können, hilft ihm eine Stufenklage im Sinne des § 254 ZPO ebenso wenig wie die Beweiserleichterung gemäß § 287 II ZPO. Er kann nicht auf der ersten Stufe den Schuldner, der sich weigert, Auskunft über seine Ausbildung etc. zu geben, dazu verurteilen lassen, um dann auf der zweiten Stufe seinen Zahlungsantrag zu stellen. Zwar steht dem Verwalter gegen den Schuldner ein Auskunftsanspruch gemäß § 97 I, II InsO zu. Zu seiner Durchsetzung bedarf es aber keines Urteils; dem Verwalter fehlt insoweit das Rechtsschutzbedürfnis. Er hat es nämlich selbst in der Hand, die Erfüllung der

---

239 Vgl. hierzu auch die Rechtsprechung einiger Oberlandesgerichte in Unterhaltssachen. Sie haben die Zulässigkeit eines unbezifferten Klageantrags verneint mit der Begründung, es bestehe kein Bedürfnis, von § 253 II Nr. 2 ZPO abzuweichen, die Unterhaltshöhe ergebe sich aus den jeweiligen Tabellen zweifelsfrei; so *OLG Köln* FamRZ 1986, 577 (578); *OLG Frankfurt* FamRZ 1982, 1223; *OLG Düsseldorf* FamRZ 1978, 134 (135).

240 Beispiele bei Musielak/*Foerste* ZPO § 253 Rn. 35.

241 *BGH* ZInsO 2009, 1532 (1533) zu § 75 InsO; NJW-RR 2004, 1023.

242 *Heß/Burmann* NJW-Spezial 2006, 63.

Auskunftspflicht durch den Schuldner mithilfe des Insolvenzgerichts über § 98 II Nr. 1 InsO durchzusetzen. Zudem ist zu berücksichtigen, dass selbst dann, wenn der Schuldner zur Auskunft verurteilt würde und er immer noch keine Auskunft erteilte, das Gericht gemäß § 888 I 1 ZPO keine andere Handhabe hätte als das Insolvenzgericht nach § 98 II Nr. 1 InsO, nämlich den Schuldner in Beugehaft zu nehmen. Zwar ließe § 888 I 1 ZPO neben einer Beugehaft auch ein Zwangsgeld zu, das den Schuldner vielleicht empfindlicher träfe, doch dürfte Zwangsgeld bei einem insolventen Schuldner trotz einer Negativerklärung mangels ausreichender Liquidität kaum in Betracht kommen.[243] Für den Verwalter bietet sich nach alledem ein einfacherer Weg an, um an Informationen zu gelangen, als eine Stufenklage zu erheben: nämlich der „kurze" Gang zum Insolvenzgericht.

c) Feststellungsklage des Verwalters

Dem Verwalter, der sich scheut, die vom Schuldner einzuziehenden Beträge selbst festzusetzen, kann auch nicht mit einer Feststellungsklage geholfen werden. Der Antrag, das Gericht möge feststellen, welche Beträge der Schuldner gemäß §§ 35 II 2, 295 II InsO schuldet, wäre mangels eines Feststellungsinteresses unzulässig.

Nach herrschender Meinung mangelt es dem Kläger nämlich an einem Feststellungsinteresse, wenn er auf Leistung klagen kann.[244] Eine Leistungsklage des Verwalters gegen den Schuldner ist – Fälligkeit vorausgesetzt – aber möglich, sobald der Schuldner alle Auskünfte erteilt hat, die der Verwalter benötigt, um die Zahlungshöhe selbst festzusetzen.

Doch selbst wenn man ausnahmsweise eine Feststellungsklage an Stelle der Leistungsklage für den Fall als möglich erachtete, dass die Anspruchshöhe nur aufwendig geklärt werden könne,[245] läge diese Fallgruppe zugunsten des Verwalters nicht vor. Denn dass es der Anrufung des Gerichts bedarf, um die Anspruchshöhe zu klären, ist mit Blick auf die insolvenzrechtlichen Möglichkeiten des Verwalters schwer vorstellbar. Wie bereits ausgeführt wurde, als § 287 II ZPO im Fokus stand, kann der Verwalter infolge der Auskunftspflicht des Schuldners gemäß § 97 I 1 InsO sämtliche Informationen erlangen, die er benötigt, um die Anspruchshöhe selbst festzusetzen. Gegebenenfalls kann er diese Auskunftspflicht auch mit Hilfe des § 98 II Nr. 1 InsO durch das Insolvenzgericht zwangsweise durchsetzen.

---

243 Insbesondere ist aus § 888 I 1 ZPO zu folgern, dass Zwangshaft immer dann das statthafte Mittel ist, wenn Zwangsgeld nicht beigetrieben werden kann.

244 Siehe nur *BGH* NJW-RR 2002, 1377 (1378); *OLG Düsseldorf* NJW 2012, 85 (87).

245 So Musielak/*Foerste* ZPO § 256 Rn. 12 mit weiteren Nachweisen.

3. *Feststellungsklage des Schuldners*

Nachdem bereits geklärt wurde, dass der Verwalter die Höhe der Zahlungen festzusetzen hat, die der Schuldner gemäß §§ 35 II 2, 295 II InsO leisten muss, ist abschließend noch zu untersuchen, ob für den Schuldner die Möglichkeit gerichtlichen Rechtsschutzes besteht, sollte er mit den von ihm verlangten Beträgen nicht einverstanden sein.

Allein mithilfe der Insolvenzordnung steht der Schuldner freilich auf verlorenem Posten, denn ein allgemeines Beschwerderecht bezüglich Handlungen des Verwalters ist ihr fremd. Möglich wäre es nach der Insolvenzordnung allein, die Höhe der zu leistenden Beträge im Verfahren auf Versagung der Restschuldbefreiung (§§ 289, 290 I Nr. 5 InsO) kontrollieren zu lassen. Denn da §§ 35 II 2, 295 II InsO zur Zahlung verpflichten, verletzt der Schuldner, der nicht oder zu wenig zahlt, eine Mitwirkungspflicht im Sinne des § 290 I Nr. 5 InsO.[246] Würde ein Insolvenzgläubiger mit Blick hierauf einen Versagungsantrag stellen, hätte das Insolvenzgericht freilich auch die vom Verwalter festgelegte Höhe der zu leistenden Zahlungen einer Kontrolle zu unterwerfen.

Doch kann der Schuldner meines Erachtens schon während des laufenden Insolvenzverfahrens Feststellungsklage gemäß §§ 4 InsO, 256 I ZPO erheben und die vom Verwalter festgesetzte Höhe der abzuführenden Beträge durch ein Gericht überprüfen lassen. Ein Feststellungsinteresse läge unzweifelhaft vor. Die Rechtsprechung verlangt hierfür nur zweierlei: zum einen eine „gegenwärtige Gefahr der Unsicherheit"; und dann muss das erstrebte Urteil im Übrigen auch geeignet sein, diese Gefahr zu beseitigen.[247] Beide Anforderungen wären in der Person des Schuldners erfüllt. Denn berühmt sich der Verwalter eines Anspruchs im Sinne der §§ 35 II 2, 295 II InsO, dessen Höhe dem Schuldner als zu hoch erscheint, so besteht eine gegenwärtige Gefahr der Unsicherheit, die durch ein Urteil auch beseitigt werden könnte.

Überdies ist zu berücksichtigen, dass dem Schuldner ohne die Möglichkeit zur Feststellungsklage nur die Option bliebe, die Zahlung der als unangemessen hoch empfundenen Beträge zu verweigern. Dann müsste er freilich darauf hoffen, der Verwalter werde ihn während des Insolvenzverfahrens auf Leistung verklagen, denn in dem Falle könnte er die Höhe der Beträge durch das Gericht

---

246 *BGH* WM 2013, 1612 (1614); *M. Ahrens* NZI 2007, 622 (626); *Berger* ZInsO 2008, 1101 (1107); FK/*Bornemann* § 35 Rn. 24a; HambKomm/*Lüdtke* § 35 Rn. 264; *Schmerbach* InsbürO 2007, 202 (211); *Wischemeyer* ZInsO 2009, 2121 (2127); zurückhaltender *Küpper/Heinze* ZInsO 2009, 1785 (1787).

247 *BGH* NJW 2010, 1877 (1878); NJW 2009, 751 (752); NJW 1986, 2507.

inzident prüfen lassen. Bliebe eine Klage des Verwalters hingegen aus, könnte er nur noch versuchen, das Insolvenzgericht im oben angesprochenen Verfahren auf Versagung der Restschuldbefreiung von der Unangemessenheit der ihm auferlegten Beträge zu überzeugen. Sollte der Schuldner aber mit seiner Annahme, die Beträge seien zu hoch veranschlagt, falsch liegen, würde er seine gesamte wirtschaftliche Zukunft aufs Spiel setzen – denn er käme nicht mehr in den Genuss der Restschuldbefreiung.

Folglich muss dem Schuldner schon wegen Art. 19 IV GG Rechtsschutz gewährt werden. Hierbei ist noch anzufügen, dass der Umfang einer Leistungspflicht durchaus Gegenstand eines Feststellungsurteils sein kann, wenn es um mehr als bloße Berechnungsgrundlagen (als Vorfragen) geht.[248] Sofern sich also ein Streit zwischen Verwalter und Schuldner allein auf diese bezöge, schiede die Feststellungsklage aus.[249] In allen anderen Fällen aber sind keine Gründe ersichtlich, die gegen die Feststellungsklage sprechen.

D. Fälligkeit der Zahlungen

Da die §§ 35 II 2, 295 II dem Schuldner eine Zahlungspflicht auferlegen, muss sich freilich auch der Frage zugewandt werden, wann die geschuldeten Zahlungen fällig sind. Die Fälligkeit ist in zweierlei Hinsicht bedeutsam. Einmal ist sie ausschlaggebend dafür, ob eine Leistungsklage des Verwalters begründet wäre. Dann aber hat die Fälligkeit auch Relevanz für die Restschuldbefreiung: Da die §§ 35 II 2, 295 II InsO zur Zahlung verpflichten, verletzt der Schuldner, der nicht zahlt, wie bereits auf Seite 65 erwähnt, eine Mitwirkungspflicht im Sinne des § 290 I Nr. 5 InsO – dies aber nur, wenn er trotz Fälligkeit nicht zahlt.

I. Meinungsstand

Obwohl die herrschende Meinung im Zusammenhang mit den §§ 35 II 2, 295 II InsO einem einklagbaren Anspruch gegen den Schuldner das Wort redet, ist bislang noch vollkommen unklar, wann der Schuldner überhaupt zu leisten hat.

1. „Quasi-Fälligkeit" in der Wohlverhaltensphase

Im Folgenden soll deshalb zunächst einmal die „Quasi-Fälligkeit" der Zahlungen im Sinne des § 295 II InsO in der Wohlverhaltensphase untersucht werden. Der

248 *BGH* NJW 1995, 1097; NJW 1957, 21 (22).

249 Unzulässig wäre zum Beispiel eine Klage des Schuldners mit dem Antrag, das Gericht solle feststellen, dass er aus gesundheitlichen Gründen gehindert sei, einen bestimmten Posten in einer abhängigen Beschäftigung zu versehen.

Begriff der Quasi-Fälligkeit wurde hier gewählt, weil wegen der allein bestehenden Zahlungs*obliegenheit* gemäß § 295 II InsO nicht von einer Fälligkeit im engeren Sinne gesprochen werden kann. Denn da der Schuldner nicht verpflichtet ist, an den Treuhänder zu zahlen, kann es auch keinen bestimmten Zeitpunkt geben, zu dem er zu zahlen hat. Dennoch steht es dem Schuldner – will er seine Restschuldbefreiung nicht riskieren – in der Wohlverhaltensphase nicht frei zu zahlen, wann er will; er hat gewisse zeitliche Vorgaben einzuhalten.

Die Materialien zu § 295 II InsO heben für die Frage nach der Quasi-Fälligkeit hervor, der Schuldner dürfe selbst beurteilen, „welche Mittel er jeweils an den Treuhänder abführen kann, ohne den Fortbestand des Gewerbebetriebes zu gefährden".[250] Er könne „zeitweilig geringere oder gar keine Leistungen erbringen, wenn seine wirtschaftliche Lage dazu zwingt"; er müsse sein Defizit dann aber durch „spätere höhere Leistungen ausgleichen".[251] Der Schuldner erfülle seine Obliegenheit im Sinne des § 295 II InsO, „wenn er bei Ablauf der ‚Wohlverhaltensperiode' insgesamt den gleichen wirtschaftlichen Wert an den Treuhänder abgeführt hat, den dieser im Falle eines angemessenen Dienstverhältnisses des Schuldners erhalten hätte".[252] Dabei sei auch der eingetretene Zinsverlust zu berücksichtigen.[253]

Aus diesen Erwägungen wird mehrheitlich abgeleitet, der Schuldner müsse nicht in gleichmäßigen Intervallen leisten; vielmehr könne er selbst entscheiden, ob und in welcher Höhe die wirtschaftliche Lage seines Unternehmens eine Zahlung gestatte.[254] Der Schuldner müsse lediglich am Ende der Wohlverhaltensphase die gesamten ihm obliegenden Zahlungen erbracht haben.[255] Dabei soll es nach stark vertretener Ansicht gar ausreichen, wenn der Treuhänder am Ende der Wohlverhaltensphase eine einmalige Leistung vom Schuldner erhalte.[256] Als Folge hiervon könnten die Insolvenzgläubiger auch erst am Ende

250 BT-Drs. 12/2443, 192 (zu § 244 RegE-InsO).

251 BT-Drs. 12/2443, 193 (zu § 244 RegE-InsO).

252 BT-Drs. 12/2443, 193 (zu § 244 RegE-InsO).

253 BT-Drs. 12/2443, 193 (zu § 244 RegE-InsO).

254 Braun/*Lang* § 295 Rn. 18; HambKomm/*Streck* § 295 Rn. 27; MünchKomm/*Ehricke* § 295 Rn. 112; Nerlich/Römermann/*Römermann* (Stand: Januar 2011) § 295 Rn. 45; Uhlenbruck/*Vallender* § 295 Rn. 67.

255 *LG Bayreuth* NZI 2009, 735; *AG Göttingen* NZI 2009, 334 (335); MünchKomm/*Ehricke* § 295 Rn. 112; Uhlenbruck/*Vallender* § 295 Rn. 67.

256 *LG Bayreuth* NZI 2009, 735; *AG Göttingen* ZInsO 2011, 1855; ZInsO 2009, 934 (935); MünchKomm/*Ehricke* § 295 Rn. 112; *Schmerbach* ZVI 2003, 256, 262 f.

der Wohlverhaltensphase beim Insolvenzgericht beantragen, es möge gelegentlich der Entscheidung gemäß § 300 InsO die Restschuldbefreiung versagen.[257]

Andere gestehen dem Schuldner zwar zu, zeitweilig geringere Leistungen vorzunehmen, rückständige Beträge müsse er gleichwohl innerhalb eines Jahres ausgleichen.[258] Der Schuldner habe nach Ablauf etwa eines Jahres zu prüfen, ob er genügend Einnahmen erwirtschafte, um die Insolvenzgläubiger so zu stellen, als wäre er ein angemessenes Dienstverhältnis eingegangen;[259] komme er zu einer negativen Erkenntnis, müsse er sich gemäß § 295 I Nr. 1 InsO um ein solches bemühen.[260] Schon aus diesem Grunde sei es unzulässig, wenn der Schuldner den Gesamtbetrag erst am Ende der Wohlverhaltensphase entrichte; dann lasse sich kaum feststellen, ob für ihn die Obliegenheit bestehe, eine abhängige Beschäftigung zu finden.[261]

Im Jahre 2012 hat sich zuletzt auch der *Bundesgerichtshof* der Frage nach der Quasi-Fälligkeit angenommen. Im Ergebnis folgt er der letztgenannten Auffassung darin, dass der selbstständig tätige Schuldner, dem die Restschuldbefreiung angekündigt worden sei, in regelmäßigen Abständen, zumindest jährlich, Zahlungen an den Treuhänder zu erbringen habe.[262] Gemäß § 295 II InsO obliege es dem Schuldner, die Insolvenzgläubiger so zu stellen, wie wenn er in einem abhängigen Beschäftigungsverhältnis stünde. Dann erhielten die Insolvenzgläubiger gemäß § 292 I 2 InsO aber auch jährliche Ausschüttungen.[263] Missachte der Schuldner den Jahres-Turnus, könnten Insolvenzgläubiger schon vor Ablauf der Wohlverhaltensphase die Versagung der Restschuldbefreiung beantragen.[264]

2. *Fälligkeit im Insolvenzverfahren*

Nachdem die umstrittene Rechtslage für die Wohlverhaltensphase vorangestellt wurde, soll nunmehr geklärt werden, was für das Insolvenzverfahren zu gelten hat.

---

257 *LG Bayreuth* NZI 2009, 735; *AG Göttingen* ZInsO 2011, 1855; ZInsO 2009, 934 (935).

258 *Grote* ZInsO 2004, 1105 (1107); Mohrbutter/Ringstmeier/*Pape* § 17 Rn. 152; ähnlich auch Uhlenbruck/*Vallender* § 295 Rn. 67.

259 Nerlich/Römermann/*Römermann* (Stand: Januar 2011) § 295 Rn. 44.

260 Mohrbutter/Ringstmeier/*Pape* § 17 Rn. 152; mittlerweile bestätigt von *BGH* NZI 2009, 482 (483) mit weiteren Nachweisen.

261 Mohrbutter/Ringstmeier/*Pape* § 17 Rn. 152.

262 *BGH* ZInsO 2012, 1488 (1490).

263 *BGH* ZInsO 2012, 1488 (1490).

264 Vgl. *BGH* ZInsO 2012, 1488 (1489 f.).

Zum Teil heißt es, der Schuldner habe (in Anlehnung an die Zahlungsobliegenheit in der Wohlverhaltensphase) nach seiner Leistungsfähigkeit zu zahlen – spätestens im Schlusstermin;[265] vor diesem trete keine Fälligkeit ein.[266] Deshalb dürfe auch vor dem Schlusstermin kein Zahlungsurteil gegen den Schuldner ergehen.[267]

Andere vertreten ohne Bezug zur Wohlverhaltensphase, der Verwalter oder die Gläubigerversammlung könne einseitig bestimmen, wann die zu zahlenden Beträge fällig werden.[268] Noch andere sind der Ansicht, der Schuldner müsse (wenn möglich) nach fixen Terminen zahlen – wenn nicht monatlich, so doch wenigstens quartalsweise. Das würde dem Zufluss beim abhängig Beschäftigten entsprechen.[269] Wiederum andere plädieren für eine jährliche Zahlung.[270] Diese sei zum einen wegen § 292 I 2 InsO naheliegend, zum anderen deswegen, weil der selbstständige Schuldner seinen Gewinn erst mit Hilfe der jährlichen Einnahmen-Überschuss-Rechnung ermitteln könne.[271]

Empfohlen wird schließlich auch, der Verwalter könne mit dem Schuldner eine Abrede treffen, wann Zahlungen zu erbringen sind.[272] Diese Übereinkunft sei dann, losgelöst von den §§ 35 II 2, 295 II InsO, Grundlage für die Zahlungsmodalitäten.[273]

II. Stellungnahme

Überzeugend ist es zunächst, wenn vertreten wird, Verwalter und Schuldner möchten sich über die Fälligkeit einigen. Soweit eine solche Einigung nicht besteht, ist es ferner überzeugend, wenn auch für die Zahlungspflicht gemäß §§ 35 II 2, 295 II InsO vertreten wird, dass dem Schuldner (wie in der Wohlverhaltensphase) die Möglichkeit gegeben sein muss, bei finanziellen Engpässen gar keine oder nur Teilleistungen zu erbringen. Denn die Ungewissheit der Einnahmen bei einer

265 *Wiesmeier* ZVI 2010, 376 (379); wohl auch *Wagenknecht-Hose* Neuverbindlichkeiten, S. 115 in Fn. 536.
266 *Wiesmeier* ZVI 2010, 376 (379).
267 *Wiesmeier* ZVI 2010, 376 (379).
268 Braun/*Bäuerle* § 35 Rn. 76; *Menn* ZVI 2011, 197 (201); *Schmerbach/Wegener* ZInsO 2006, 400 (406).
269 *Küpper/Heinze* ZInsO 2009, 1785 (1787); *Wischemeyer* ZInsO 2009, 2121 (2128).
270 *BGH* WM 2013, 1612 (1614); MünchKomm/*Peters* § 35 Rn. 47l; *von Gleichenstein* ZVI 2013, 409 (416).
271 *von Gleichenstein* ZVI 2013, 409 (416).
272 *Wiesmeier* ZVI 2010, 376 (379); wohl auch *Küpper/Heinze* ZInsO 2009, 1785 (1787).
273 *Wiesmeier* ZVI 2010, 376 (379).

selbstständigen Tätigkeit ist in der Wohlverhaltensphase die gleiche wie im Insolvenzverfahren. Deswegen sollten finanzielle Engpässe im Insolvenzverfahren wie in der Wohlverhaltensphase zu Zahlungsaufschüben führen dürfen.[274]

Es überzeugt jedoch nicht, wenn vertreten wird, es genüge, wenn der Schuldner seine Zahlungen jährlich oder insgesamt kurz vor oder im Schlusstermin erbringe (beziehungsweise bei § 295 II InsO am Ende der Wohlverhaltensphase) (**1.**). Ferner überzeugt es nicht, wenn es heißt, der Schuldner müsse Rückstände binnen Jahresfrist ausgleichen (**2.**).

1. Monatliche Zahlungen

Meines Erachtens hat der Schuldner gemäß §§ 35 II 2, 295 II InsO allmonatlich zu leisten, sofern er Einnahmen erwirtschaftet, die in ihrer Höhe denjenigen entsprechen, die er in einem angemessenen Dienstverhältnis verdienen könnte. Denn da der selbstständige Schuldner die Insolvenzgläubiger so zu stellen hat, wie sie stünden, wäre er in einem solchen beschäftigt, und da der Arbeitgeber in der Regel monatlich den Lohn beziehungsweise das Gehalt an die Masse zahlt, hat der selbstständige Schuldner im Sinne bestmöglicher Gleichstellung von abhängig beschäftigten und selbstständig tätigen Schuldnern Gleiches zu tun.

Auch die Materialien zu § 295 II InsO sprechen nicht gegen eine allmonatliche Zahlungspflicht. Darin ist die Rede allein davon, der Schuldner sei „zeitweilig" berechtigt, geringere oder gar keine Leistungen zu erbringen.[275] Auch der Gesetzgeber ist also davon ausgegangen, dass der Schuldner regelmäßig zahlen müsse und nur ausnahmsweise und während einer kurzen Zeitspanne von seiner Zahlungsobliegenheit dispensiert sei. Dazu passt auch die Aussage, der Schuldner habe einen Zinsverlust auszugleichen, welchen die Masse durch ausgebliebene Zahlungen erleide.[276] Denn diese Ausgleichspflicht verlangt als Grundbedingung, dass der Verwalter überhaupt Zinsen hätte erzielen können, was wiederum voraussetzt, dass der ausgebliebene Betrag der Masse terminlich auch schon zustand.

Will der Schuldner demnach – auf eine kürzere Zeit beschränkt (!) – im Insolvenzverfahren keine Beträge abführen, so muss er, da monatliche Zahlungen die Regel bilden, Einblick in seine Geschäftsbücher gewähren, seine Zahlen darlegen

274 Vgl. auch *BGH* WM 2013, 1612 (1613): Der Schuldner müsse nur dann an die Masse leisten, wenn er tatsächlich Gewinn aus seiner selbstständigen Tätigkeit erzielt habe.

275 BT-Drs. 12/2443, 193 (zu § 244 RegE-InsO).

276 BT-Drs. 12/2443, 193 (zu § 244 RegE-InsO).

und gegenüber dem Verwalter ausführen und beweisen, warum eine Zahlung momentan über seine Kräfte geht, warum etwa (a) seine aktuellen Einnahmen oder (b) dringende betriebliche Gründe eine Zahlungsverzögerung rechtfertigen.[277] Kann der Schuldner den Nachweis erbringen, ist er ausnahmsweise von seiner Zahlungspflicht im konkreten Monat freigestellt, sie wird dann nicht fällig.

2. *Fälligkeit bei entschuldigten Rückständen*

Zu klären bleibt, bis wann der Schuldner berechtigte Zahlungsrückstände aufzuholen hat. Halten den Schuldner finanzielle Engpässe oder betriebliche Gründe ab, an die Masse zu leisten, hat er, sobald der offene Betrag verfügbar wird, bei erster Gelegenheit, zum Beispiel im Folgemonat, sein Leistungsdefizit wieder in Ordnung zu bringen und hierfür stets sämtliches pfändbare Vermögen aufzuwenden.[278] Sollte sich sein finanzieller Engpass indes nur langsam lösen, muss er jeden Monat aufs Neue an den Verwalter herantreten und Rechenschaft ablegen, warum er seinen Rückstand aus dem letzten Monat noch nicht vollständig wird einholen können.[279] Spätestens bis zum Schlusstermin muss er aber sämtliche (entschuldigte) Außenstände bereinigt haben.[280]

Wenn nun für die Wohlverhaltensphase die dem entgegenstehende Auffassung vorzufinden ist, und zwar der Schuldner müsse binnen Jahresfrist einen Ausgleich herbeiführen, so überzeugt das wenig – noch weniger im Insolvenzverfahren. Das Verständnis, aus § 292 I 2 InsO folge die Obliegenheit, (zumindest) jährlich zu zahlen, weckt schon deswegen Bedenken, weil die Norm nur anordnet, der Treuhänder müsse (geflossene) Leistungen des Schuldners einmal jährlich verteilen. Sie enthält keine Aussage darüber, dass der Schuldner auch

277 Betriebliche Gründe können beispielsweise dann Aufschub gebieten, wenn der Schuldner neue Betriebsmittel anschaffen muss – etwa eine neue Maschine.

278 *Wiesmeier* ZVI 2010, 376 f. sieht den Schuldner gar als verpflichtet an, pfändungsfreies Vermögen einzusetzen. Das geht allerdings zu weit. Denn müsste der Schuldner dieses Vermögen einsetzen, würde im Insolvenzverfahren auch ein Anspruch des Verwalters darauf bestehen, den er mit einer Leistungsklage durchsetzen könnte; die §§ 36 I 2 InsO, 850i I 1 ZPO wären ausgehebelt.

279 Vgl. auch *BGH* WM 2013, 1612 (1614 f.).

280 Unklar *BGH* WM 2013, 1612 (1614): Liege der Gewinn des Schuldners unterhalb des pfändbaren Betrags bei fiktiver abhängiger Tätigkeit, bestehe keine Abführpflicht. Offen geblieben ist dabei aber, ob fehlender Gewinn (wie in dieser Arbeit vertreten) nur zu einem Fälligkeitsaufschub führen soll mit der Folge einer späteren Ausgleichspflicht oder ob der Schuldner gar nichts zu zahlen hat (im letzteren Sinne aber *von Gleichenstein* ZVI 2013, 409 [416]).

tatsächlich im Jahrestakt Beträge an den Treuhänder abzuführen habe.[281] Jedenfalls fehlt eine § 292 I 2 InsO vergleichbare Norm dem Insolvenzverfahren. Zwar kennt es sogenannte Abschlagszahlungen (§ 187 II InsO), doch sind diese im Unterschied zu § 292 I 2 InsO in das Ermessen des Verwalters gestellt – Insolvenzgläubiger haben keinen darauf gerichteten Anspruch. Im Grundsatz wird die Masse nämlich im Zuge einer Schlussverteilung an die Insolvenzgläubiger ausgezahlt (§ 196 I InsO).

Zudem ist für das Insolvenzverfahren die für die Wohlverhaltensphase angestellte Erwägung nicht stichhaltig, die Jahresfrist sei für die Kontrolle der Obliegenheiten des Schuldners erforderlich.[282] Zur Erinnerung: Den selbstständig tätigen Schuldner trifft in der Wohlverhaltensphase neben der Obliegenheit im Sinne des § 295 II InsO noch eine weitere, und zwar die gemäß § 295 I Nr. 1 InsO. Erwirtschaftet er mit seiner selbstständigen Tätigkeit zu wenig, muss er deswegen nach Auffassung des *Bundesgerichtshofs* nach einer angemessenen Erwerbstätigkeit Ausschau halten.[283] Wollte man nun die Jahresfrist (und warum wäre nicht auch ein Zeitraum von zwei Jahren denkbar?) mit nämlicher Kontroll-Argumentation auch im Insolvenzverfahren zur Anwendung bringen, müsste auch in diesem eine Erwerbsobliegenheit für den Schuldner bestehen. Dem Schuldner obliegt es im Insolvenzverfahren aber (noch) nicht, einer angemessenen Erwerbstätigkeit nachzugehen.[284] Deswegen muss dahingehend auch keine jährliche Kontrolle stattfinden. Zwar soll durch das Gesetz zur Verkürzung des Restschuldbefreiungsverfahrens und zur Stärkung der Gläubigerrechte vom 15. Juli 2013 voraussichtlich zum 1.7.2014 gemäß § 287b InsO n. F. die Erwerbsobliegenheit des Schuldners bereits im Insolvenzverfahren greifen;[285] doch selbst dann bedürfte es zur Kontrolle des Schuldners keiner Pflicht, im Zusammenhang mit den §§ 35 II 2, 295 II InsO jährlich sämtliche Minderleistungen aufzuholen. Denn ob der Schuldner den §§ 35 II 2, 295 II

281 Auch in den Materialien (BT-Drs. 12/2443, 191 [zu § 241 InsO-RegE]) finden sich keine Ausführungen, die eine jährliche Zahlungspflicht auch nur andeuten würden.

282 Zu dieser Jahresfrist in der Wohlverhaltensphase *Grote* ZInsO 2004, 1105 (1107); Mohrbutter/Ringstmeier/*Pape* § 17 Rn. 152; ähnlich auch Uhlenbruck/*Vallender* § 295 Rn. 67.

283 Siehe nur *BGH* NZI 2009, 482 (483) mit weiteren Nachweisen.

284 Dies übersehen *Knof* EWiR 2009, 581 (582), *Lang* in Braun § 295 Rn. 18 und *Lüdtke* in HambKomm § 35 Rn. 264, wenn sie der Auffassung Ausdruck verleihen, auch im Insolvenzverfahren habe der Schuldner seine selbstständige Tätigkeit bei zu geringen Einnahmen aufzugeben und sich um eine abhängige Beschäftigung zu bemühen.

285 BGBl. I 2013 Nr. 38, S. 2379.

InsO nachgekommen ist, kann das Insolvenzgericht genauso gut im Rahmen des § 290 I Nr. 5 InsO prüfen.[286] Eine Jahresfrist extra legem ist unnötig und wäre wohl auch zweifelhafte Rechtsfortbildung.

E. Die Zahlungspflicht und der Schlusstermin

Ist der Schuldner in Ausnahmefällen also berechtigt, seiner Zahlungspflicht im Verfahren unterbrochen nachzukommen, und darf er, sollte der Fehlbetrag nicht vorher mit liquiden Mittel bereinigt werden können, Rückstände bis zum Schlusstermin berichtigen, ist freilich auch zu fragen, wann der Schlusstermin überhaupt stattfindet.

Das Insolvenzgericht setzt den Schlusstermin gemäß § 197 I InsO an, nachdem es der Schlussverteilung zugestimmt hat (§ 196 II InsO). Diese wiederum erfolgt gemäß § 196 I InsO, sobald die Insolvenzmasse „mit Ausnahme eines laufenden Einkommens" verwertet ist. Und hier stellt sich ein Problem zur Diskussion, das bislang keine Aufmerksamkeit auf sich gezogen hat. Ist der Schuldner im Verfahren selbstständig tätig und hat er – wie oben herausgearbeitet – monatlich einen gemäß §§ 35 II 2, 295 II InsO zu fixierenden Betrag an die Masse zu leisten, könnte man auf die Idee kommen, dass die Verwertung der Masse erst abgeschlossen sei, wenn der Schuldner seine Tätigkeit eingestellt hat. Denn solange er tätig sei, müsse er jeden Monat an die Masse zahlen.[287] Somit hat man sich der Frage zuzuwenden, wie sich die Zahlungspflicht gemäß §§ 35 II 2, 295 II InsO in § 196 I InsO einfügt.

I. Die Zahlungen des Schuldners und „laufendes Einkommen"

Die Zahlungspflicht gemäß §§ 35 II 2, 295 II InsO kann das Verfahren nicht endlos verlängern. Wie § 196 I InsO seit dem Jahre 2001 deutlich zeigt, darf „laufendes Einkommen" der Schlussverteilung gerade nicht im Wege stehen; andernfalls könnte ein Insolvenzverfahren bei einem berufstätigen Schuldner nie zum Abschluss gebracht werden, denn es gäbe monatlich neue Masse.[288] Zwar handelt es sich bei Neuerwerb aus einer selbstständigen Tätigkeit streng

---

286 Auch der *Bundesgerichtshof* räumt im Ergebnis in NZI 2013, 189 (191) ein, dass erst am Ende der Wohlverhaltensphase sicher festgestellt werden kann, ob der Schuldner seine Obliegenheit aus § 295 II InsO verletzt hat.

287 So klingt es an bei *Schmerbach/Wegener* ZInsO 2006, 400 (406): „Der Verwalter wird einen Schlusstermin erst beantragen, wenn er weiß, welche Mittel der Masse aus der Selbstständigkeit zufließen."

288 Siehe schon *AG Düsseldorf* ZInsO 2001, 572; *AG Duisburg* ZInsO 2001, 273 (274).

genommen nicht um „laufendes Einkommen", Einkünfte aus selbstständiger Tätigkeit werden nicht fortlaufend gezahlt, der Selbstständige erhält seine Einnahmen als einmalige, nicht wiederkehrend zahlbare Vergütung. Dennoch sind unter teleologischen Gesichtspunkten auch Einnahmen aus selbstständiger Tätigkeit „laufendes Einkommen", denn zwischen abhängig Beschäftigten und Selbstständigen bei § 196 I InsO unterscheiden zu wollen, wäre schwer zu rechtfertigen. Bei beiden Berufsgruppen bestünde gleichermaßen das Problem eines sich ständig fortsetzenden Insolvenzverfahrens, könnte der Verwalter die Schlussverteilung erst vornehmen, wenn mit keinerlei Neuerwerb aus der beruflichen Tätigkeit des Schuldners mehr zu rechnen wäre.

Daraus folgt für Neuerwerb aus der selbstständigen Tätigkeit: Gibt der Verwalter im Verfahren die Positiverklärung ab und gehören deswegen die Einkünfte des Schuldners zur Masse, dürfen sie bei der Frage danach, ob die Masse vollständig verwertet ist, nicht berücksichtigt werden. Doch selbst wenn der Neuerwerb aus der selbstständigen Tätigkeit nach der Negativerklärung nicht zur Masse gehört und der Schuldner deswegen „nur" einer Zahlungspflicht gemäß §§ 35 II 2, 295 II InsO unterliegt, erscheint bei § 196 I InsO eine Differenzierung zwischen Selbstständigen und Arbeitnehmern fehl am Platze. Wenn nämlich Neuerwerb aus der selbstständigen Tätigkeit bei § 196 I InsO genauso zu behandeln ist wie Neuerwerb aus einem Dienstverhältnis, dann kann nichts anderes gelten für den Anspruch gegen den Schuldner gemäß §§ 35 II 2, 295 II InsO, welcher der Masse doch nur zum Ausgleich und zum Ersatz für den Verlust des Neuerwerbs gegeben ist und der darüber hinaus die Insolvenzgläubiger doch gerade so stellen soll, als stünde der Schuldner in einem Dienstverhältnis und bezöge „laufendes Einkommen".

Das heißt: Hat der Verwalter die Insolvenzmasse verwertet – und dazu gehören nach der Negativerklärung (und der mit ihr verbundenen Insolvenzfreiheit des gesamten Neuerwerbs aus der selbstständigen Tätigkeit) nur dasjenige Vermögen des Schuldners, das bereits bei Verfahrenseröffnung vorhanden und pfändbar gewesen ist sowie Neuerwerb, der nicht aus der selbstständigen Tätigkeit stammt –, so muss grundsätzlich die Schlussverteilung erfolgen.

II. Zahlungsrückstände und der Schlusstermin

Somit bleibt nur noch die Frage zu beantworten, ob es der Schlussverteilung entgegensteht, wenn der Schuldner mit seiner Zahlungspflicht – entschuldigt oder nicht – im Verfahren in Rückstand geraten ist und er diesen noch nicht aufgeholt hat.

Grundsätzlich hat die Schlussverteilung zu erfolgen, sobald der Verwalter die Insolvenzmasse verwertet hat. Nach der Legaldefinition des § 35 I InsO aber ist der Zahlungsanspruch gegen den Schuldner streng genommen kein Teil der Insolvenzmasse, er ist kein Vermögenswert des Schuldners.

Nun liegt es freilich nahe einzuwenden, der Zahlungsanspruch gegen den Schuldner gehöre sehr wohl zur Masse, bestehe er doch schließlich zu ihren Gunsten.[289] Folgte man dieser Auffassung könnte das Verfahren im Ergebnis erst beendet werden, wenn der Verwalter Sorge dafür getragen hat, dass alle noch offenen Beträge eingetrieben worden sind. Doch ist dieser Ansatz sehr bedenklich. Man würde sich im Kreis drehen, gestünde man dem Verwalter zu, er könne die Schlussverteilung zurückstellen, bis der Schuldner alle Rückstände in die Masse eingebracht habe. Hat der Schuldner nicht vollständig geleistet, und zwar mangels der Möglichkeit, etwas zu leisten, dann ist für den Verwalter auch nichts vorhanden, das er eintreiben könnte. Dann wiederum würde sich die Schlussverteilung nur immer mehr hinausschieben. Es darf nämlich dabei auch nicht außer Acht gelassen werden, dass ein weiterlaufendes Verfahren Monat für Monat ein Weiteransteigen des geschuldeten Zahlungsbetrags nach sich ziehen würde. Kann der Schuldner aber nicht einmal seine bislang geschuldeten Beträge an die Masse abführen, ist es wahrscheinlich, dass er auch die neu auflaufenden Beträge nicht wird abführen können. Und so zöge sich das Verfahren immer mehr in die Länge.

Zudem besteht für den Verwalter die Möglichkeit, gemäß § 203 InsO eine (vorbehaltene) Nachtragsverteilung vorzunehmen, obwohl das Verfahren aufgehoben wurde.[290] Deswegen soll nach vorherrschender Meinung einer Schlussverteilung auch nichts im Wege stehen, wenn der Verwalter noch dabei ist, in die Masse gefallene Forderungen gerichtlich einzutreiben.[291] Vermag also nicht einmal ein anhängiger Prozess gegen einen Dritten die Schlussverteilung hinauszuschieben, dann kann freilich auch das Eintreiben noch offener Forderungen im Sinne der §§ 35 II 2, 295 II InsO die Schlussverteilung nicht blockieren.

F. Dauer der Abführpflicht

Wie lange die Abführpflicht gemäß §§ 35 II 2, 295 II InsO besteht, ist für Schuldner und Verwalter gleichermaßen bedeutsam. Allein wenn feststeht, ab welchem Zeitpunkt und wie lange der Schuldner (monatliche) Zahlungen zu erbringen hat, kann der Verwalter die Höhe des im Verfahren abzuführenden

289 *von Gleichenstein* ZVI 2013, 409 (415); wohl auch Uhlenbruck/*Hirte* § 35 Rn. 99.

290 So auch *von Gleichenstein* ZVI 2013, 409 (417).

291 FK/*Kießner* § 196 Rn. 7; MünchKomm/*Füchsl*/*Weishäuptl*/*Kebekus*/*Schwarzer* § 196 Rn. 5; Uhlenbruck/*Uhlenbruck* § 196 Rn. 6; anderer Ansicht Nerlich/Römermann/*Westphal* (Stand: März 2008) § 196 Rn. 10 ff.

Betrags abschließend berechnen. Und der Schuldner muss keine Sorge um seine Restschuldbefreiung haben, sollte er seine Zahlungen einstellen, nachdem seine Zahlungspflicht beendet ist.

I. Beginn der Abführpflicht

Die herrschende Meinung misst, wie im *Dritten Teil* (S. 43 f.) dargestellt, der Negativerklärung lediglich Wirkung ex nunc bei. Nur der Neuerwerb soll insolvenzfrei sein, den der Schuldner nach der Negativerklärung erwirtschaftet. Wer dieser Auffassung den Vorzug gibt, muss konsequenterweise die Zahlungspflicht rechnerisch ab Zugang der Negativerklärung beim Schuldner beginnen lassen – dies schon allein deswegen, weil bis zu diesem Zeitpunkt der Neuerwerb aus der selbstständigen Tätigkeit gemäß § 35 I Alt. 2 InsO zur Masse gehören würde.

Wenn man allerdings in einer Negativerklärung – wie in dieser Arbeit vertreten – keine „Freigabe" des Neuerwerbs ex nunc sieht, sondern eine Erklärung, die den gesamten Neuerwerb aus der selbstständigen Tätigkeit ab Verfahrenseröffnung insolvenzfrei stellt, so gilt anderes: Ist nach der Negativerklärung der gesamte Neuerwerb aus der selbstständigen Tätigkeit insolvenzfrei, muss das konsequenterweise auch auf den Abführanspruch durchschlagen, welcher der Masse zum Ausgleich für den verlorenen Neuerwerb gegeben ist. Deswegen sind, nachdem die Negativerklärung dem Schuldner zugegangen ist, im Falle einer im Verfahren nahtlos fortgeführten Tätigkeit die fiktiven Beträge, die der Schuldner aus einer angemessenen nichtselbstständigen Beschäftigung erzielen würde, in ihrer Gesamtheit ab dem Zeitpunkt der Verfahrenseröffnung zu errechnen.

II. Ende der Abführpflicht

Die Pflicht des Schuldners gemäß §§ 35 II 2, 295 II InsO endet spätestens, sobald der Verwalter die Schlussverteilung vollzogen hat. Sie kann aber auch schon vorher enden, und zwar wenn der Schuldner seine selbstständige Tätigkeit einstellt. Denn die Zahlungspflicht ist fest und unlösbar mit der selbstständigen Tätigkeit verbunden. Das folgt bereits daraus, dass die Negativerklärung, an die die Abführpflicht des Schuldners gekoppelt ist, in dem Augenblick bedeutungslos wird, in dem der Schuldner seine selbstständige Tätigkeit aufgibt. Als Folge hiervon haben auch §§ 35 II 2, 295 II InsO keine Grundlage mehr.

G. Vollstreckungsschutz gegen Zugriffe der Neugläubiger

Die Abschnitte **A.** bis **F.** haben bislang nur die Grundlagen der dem Schuldner nach der Negativerklärung zufallenden Zahlungspflicht beleuchtet. Noch ungeklärt ist damit aber, was gilt, wenn der Schuldner nicht leisten kann, weil ihn Neugläubiger finanziell bedrängen. Indem die Negativerklärung den Neuerwerb aus der selbstständigen Tätigkeit Neugläubigern als „Haftungsmasse“[292] zuweist, gleichzeitig aber §§ 35 II 2, 295 II InsO für den Schuldner eine Verpflichtung gegenüber der Masse beinhalten, stellt sich die Frage, wer den Vorrang hat für den Fall, dass der Schuldner zu wenig Neuerwerb erwirtschaften sollte, um Neugläubiger zufriedenzustellen und an die Masse zu leisten.

Sicherlich wird das Konkurrenzverhältnis zwischen Neugläubigern und Masse teilweise dadurch entschärft, dass man dem Schuldner zugesteht, seine Abführpflicht im Sinne der §§ 35 II 2, 295 II InsO auch durch zeitweilig unregelmäßige Zahlungen zu erfüllen, wenn betriebliche Gründe es verlangen.[293] Dennoch tritt das Konkurrenzverhältnis in den Vordergrund, wenn der Schuldner nach der Negativerklärung schon unfähig ist, seine Neuschulden zu bereinigen; das nämlich könnte Neugläubiger veranlassen, gegen den Schuldner Klage zu erheben und in dessen insolvenzfreies Vermögen zu vollstrecken. Die Insolvenzordnung würde sie daran nicht hindern, denn ein Vollstreckungsverbot für Neugläubiger besteht nur bezüglich der Insolvenzmasse,[294] nicht hingegen für das insolvenzfreie Vermögen.[295] Und da die Negativerklärung den Neuerwerb aus der selbstständigen Tätigkeit insolvenzfrei stellt, ebnet sie folglich den Weg für etwaige Zwangsvollstreckungsmaßnahmen der Neugläubiger.

Dadurch entsteht freilich eine Friktion mit den Interessen der Masse, denn ungehinderte Vollstreckungsversuche sind geeignet, die insolvenzfreien Mittel des Schuldners zu erschöpfen. Und spätestens dann, wenn Neuverbindlichkeiten die Einnahmen aus der selbstständigen Tätigkeit für einen längeren Zeitraum übertreffen, dürfte der Schuldner seiner Zahlungspflicht im Sinne der §§ 35 II 2, 295 II InsO endgültig nicht mehr genügen. Somit ist zu klären, wer in einem Mangelfall den Vorrang hat: Neugläubiger oder Masse?

---

292 BT-Drs. 16/3227, 17.

293 Siehe oben unter D. II., S. 69 ff.

294 Zwar gilt das Vollstreckungsverbot aus § 89 I Alt. 1 InsO bei wortgetreuem Verständnis einzig für Insolvenzgläubiger, aber auch Neugläubiger dürfen nicht auf die Masse zugreifen. Das folgt aus dem Regelungszweck der §§ 35, 38, 49-51, 53, 91 InsO, wonach die Insolvenzmasse für die Insolvenz- und die Massegläubiger reserviert ist (*Häsemeyer* Insolvenzrecht Rn. 10.05; MünchKomm/*Breuer* § 89 Rn. 16; Uhlenbruck/*Uhlenbruck* § 89 Rn. 19).

295 MünchKomm/*Breuer* § 89 Rn. 16; Uhlenbruck/*Uhlenbruck* § 89 Rn. 19.

I. Vorrang der Masse

Die Literatur hat das eben skizzierte Konkurrenz-Problem zwar gesehen, jedoch wenig erörtert. So heißt es lapidar, die Masse habe gegenüber den Neugläubigern keinen Vorrang.[296] Dies wird damit begründet, dass ein Vorrang der Masse gesetzlich nicht vorgesehen sei und darüber hinaus eine freie Konkurrenz mit Neugläubigern auch deswegen als folgerichtig betrachtet werden müsse, weil die Masse nach der Negativerklärung nicht für Neuverbindlichkeiten aus der selbstständigen Tätigkeit hafte.[297] Ob diese vertretene Gleichstufigkeit von Masse und Neugläubigern jedoch zutrifft, soll im Folgenden näher untersucht werden.

1. Kein Vorrang der Insolvenzgläubiger in der Wohlverhaltensphase

Die eben geschilderte Konfliktlage zwischen Neu- und Insolvenzgläubigern löst man für § 295 II InsO und die Wohlverhaltensphase im Ergebnis zugunsten der Neugläubiger auf, denn Insolvenzgläubigern wird für den Fall, dass der Schuldner nichts an den Treuhänder leistet, nur gestattet, bei Gericht den Antrag auf Versagung der Restschuldbefreiung gemäß § 296 InsO zu stellen.[298]

Das wird nur vereinzelt anders gesehen: So wird – ohne nähere Begründung – die Meinung vertreten, den Neugläubigern stünden in der Wohlverhaltensphase nur die Beträge zu, die dem Schuldner nach Abführung der Beträge gemäß § 295 II InsO verbleiben.[299] Infolgedessen soll es Neugläubigern auch verwehrt sein, ein zweites Insolvenzverfahren einzuleiten, sofern sie kein Vermögen nachweisen, welches über die gemäß § 295 II InsO abzuführenden Beträge hinausgeht.[300]

Die letztgenannte Auffassung von einem Vorrang der Insolvenzgläubiger ist aber für die Wohlverhaltensphase schwer haltbar. Immerhin haben die Insolvenzgläubiger während dieser Phase keinen Anspruch auf Zahlung. Ihnen entgeht darum auch nichts im eigentlichen Sinne, wenn der Schuldner, durch Neugläubiger an den Rand seiner finanziellen Kräfte getrieben, nicht zahlt. Deswegen ist es auch nicht gerechtfertigt, die Interessen der Insolvenzgläubiger über die der Neugläubiger zu stellen.

---

296 *Berger* ZInsO 2008, 1101 (1107); *Heinze* ZVI 2007, 349 (356); Kölner Schrift/*Mai* Kapitel 19 Rn. 100; *Wischemeyer* ZInsO 2009, 2121 (2129).

297 *Wischemeyer* ZInsO 2009, 2121 (2129).

298 Vgl. MünchKomm/*Ehricke* § 295 Rn. 108; Uhlenbruck/*Vallender* § 295 Rn. 72.

299 *Andres/Pape* NZI 2005, 141 (146).

300 *AG Köln* NZI 2008, 386 (387).

2. *Vorrang der Insolvenzgläubiger im Insolvenzverfahren*

Im Insolvenzverfahren ist der Schuldner aber verpflichtet, an die Masse zu zahlen. Die Pflicht des Schuldners gemäß §§ 35 II 2, 295 II InsO ist der Ausgleich dafür, dass der Neuerwerb aus der selbstständigen Tätigkeit nach der Negativerklärung kein Teil der Masse ist. Dass es die Insolvenzgläubiger aber (wie in der Wohlverhaltensphase) auch im Insolvenzverfahren hinnehmen müssen, in Mangelfällen gar nichts aus der selbstständigen Tätigkeit zu erhalten, lässt sich nirgends erkennen – umso weniger, als die Zugehörigkeit des Neuerwerbs zur Masse neben der Restschuldbefreiung eine der wichtigsten Neuerungen des Insolvenzrechts darstellt.

Der Gesetzgeber hat den Neuerwerb aus der selbstständigen Tätigkeit mit Einführung einer „Freigabe" gemäß § 35 II 1 InsO denn auch nicht etwa vollständig aus dem Verfahren herausnehmen wollen, weil es rechtspolitisch nicht mehr opportun sei, Insolvenzgläubiger daran teilhaben zu lassen. Er hat vielmehr richtig erkannt, dass es Neuerwerb aus der selbstständigen Tätigkeit zugunsten der Masse nur geben kann, wenn dem Schuldner auch erlaubt wird, darüber zu verfügen und seine Neuverbindlichkeiten damit zu begleichen. Gerade die §§ 35 II 2, 295 II InsO belegen, dass auch trotz einer Negativerklärung ein Teil des Neuerwerbs zur Masse fließen soll, wenn auch nur über einen Anspruch statt über § 35 I Alt. 2 InsO.

Dass schließlich die Interessen der Insolvenzgläubiger gegenüber denen der Neugläubiger Vorrang genießen, ergibt sich aus Sinn und Zweck der §§ 35 II 2, 295 II InsO, der darin besteht, Selbstständige und Arbeitnehmer im laufenden Insolvenzverfahren gleichzustellen.[301] Wäre der Schuldner Arbeitnehmer, würde sein pfändbares Einkommen gemäß § 35 I Alt. 2 InsO als Neuerwerb massezugehörig sein; Neugläubiger dürften nicht darauf zugreifen. Und wenn nun die §§ 35 II 2, 295 II InsO den Schuldner in die Pflicht nehmen, die Masse so zu stellen, wie sie stünde, wäre er ein solcher Arbeitnehmer, dann sollten Neugläubiger auch nicht auf die Beträge zugreifen dürfen, die der Schuldner benötigt, um an die Masse einen fiktiven Arbeitnehmer-Lohn zu zahlen.

Nach alledem sprechen gute Gründe dafür, Neugläubiger und Insolvenzgläubiger durchaus nicht auf eine Stufe zu stellen, wenn es um die insolvenzfreien Beträge geht, die der Schuldner gemäß §§ 35 II 2, 295 II InsO an die Masse leisten muss. Vielmehr muss es möglich sein, im Mangelfall Vollstreckungsversuche der Neugläubiger in den Neuerwerb (teilweise) abzuwehren. Wie eine solche Abwehr im Einzelnen vonstattengehen kann, zeigen die folgenden Ausführungen.

301 Vgl. BT-Drs. 16/3227, 17.

II. Pfändungsschutz für den Schuldner

Auf der Grundlage obiger Ausführungen kann der Schuldner nach meinem Dafürhalten wegen drohenden Unvermögens, seiner Abführpflicht an die Masse zu genügen, Vorsorge durch Pfändungsschutz treffen. In Betracht kommt zum einen § 850i I ZPO in Verbindung mit § 850f I lit. b ZPO, zum anderen § 811 I Nr. 5 und Nr. 7 ZPO.

1. Pfändungsschutz gemäß § 811 I Nr. 5 und Nr. 7 ZPO

Vollstreckt der Gerichtsvollzieher auf Geheiß eines Neugläubigers in bewegliche (insolvenzfreie) Vermögenswerte, etwa in ein Werkstofflager oder in die Geschäftseinrichtung, so steht dem Schuldner – sofern er seinen Erwerb aus persönlichen Leistungen zieht – § 811 I Nr. 5 und Nr. 7 ZPO zur Seite. Damit ist sichergestellt, dass der Schuldner (insolvenzfreie) betriebsnotwendige Gegenstände weiternutzen kann, um mit ihnen Neuerwerb zu erwirtschaften, den er dann wieder zum Teil an die Masse abzuführen vermag.

2. Pfändungsschutz gemäß §§ 850i I, 850f I lit. b ZPO

Sofern es um die Pfändung von Geldforderungen geht, die der Schuldner im Rahmen seiner selbstständigen Tätigkeit erworben hat, ist Ausgangsnorm § 850i I ZPO. Hiernach belässt das Gericht dem Schuldner auf Antrag zwar grundsätzlich nur so viel, wie ihm nach freier Schätzung verbleiben würde, wenn sein Einkommen aus laufendem Arbeits- oder Dienstlohn bestünde.[302] Gleichwohl darf das Gericht den gemäß § 850i I ZPO pfändungsfreien Betrag mit Blick auf § 850f I ZPO erhöhen. Von Interesse ist dabei § 850f I lit. b ZPO, wonach der unpfändbare Betrag bei besonderen Bedürfnissen persönlicher oder beruflicher Art angehoben werden darf. Allgemein gilt, dass nach dieser Norm eine Erhöhung des unpfändbaren Betrags nur möglich ist, wenn der Schuldner ein Bedürfnis nachweisen kann, das außergewöhnlich ist und bei den meisten Personen in vergleichbarer Lage nicht auftritt.[303] Von einem solchen „außergewöhnlichen" Bedürfnis kann bei einem Schuldner, der gemäß §§ 35 II 2, 295 II InsO verpflichtet ist, Beträge an die Masse abzuführen, aber ausgegangen werden, denn

302 Über § 850i I ZPO kann der Schuldner also im Ergebnis allein den Verbleib der gemäß § 850c ZPO unpfändbaren Grundbeträge erreichen, siehe Musielak/*Becker* ZPO § 850i Rn. 5.

303 *BGH* NJW 2009, 2313 (2314).

ein „gewöhnlicher Schuldner" hat allein für seine privaten und geschäftlichen Verbindlichkeiten einzustehen, ohne dass darüber hinaus noch eine insolvenzrechtliche Leistungspflicht besteht.[304]

Überwiegende Belange der Neugläubiger (§ 850f I ZPO a. E.) stehen einer Anhebung des pfändungsfreien Betrags auch nicht entgegen – und zwar nicht nur wegen der allgemeinen Gründe, die bereits oben zur Begründung eines Vorrangs der Insolvenzgläubiger angeführt worden sind (S. 79). Es ist nämlich auch von Belang, dass das Insolvenzgericht die Eröffnung des Insolvenzverfahrens und die Negativerklärung öffentlich bekanntzumachen hat. Dadurch sind Neugläubiger ausreichend gewarnt, es mit einem Schuldner zu tun zu haben, über dessen Vermögen ein Insolvenzverfahren läuft. Sie können ihre geschäftlichen Transaktionen darauf einrichten und auf Barzahlung oder Vorkasse bestehen. Tun sie dies nicht, ist schwer einzusehen, warum sie trotz ihrer geschäftlichen Nachlässigkeit gegenüber Insolvenzgläubigern besser gestellt werden sollen, die im Vorfeld ihrer Kontaktaufnahme mit dem Schuldner keine solche Warnung erhalten haben.

III. Vollstreckungsrechtliche Rechtsbehelfe für den Verwalter

Ob der Schuldner Pfändungsschutz gemäß §§ 850i I ZPO, 850f I lit. b ZPO beantragt, steht aber in seinem Ermessen. Macht er hiervon keinen Gebrauch, können Neugläubiger grundsätzlich bis hin zu den Freigrenzen pfänden. Dann ginge freilich auch die Masse leer aus. Somit ist zu untersuchen, ob auch für den Verwalter Möglichkeiten bestehen, Neugläubiger daran zu hindern, die Vermögenswerte wegzupfänden, deren der Schuldner bedarf, um die Masse so zu stellen, als stünde er in einem angemessenen Dienstverhältnis.

Will der Verwalter im Insolvenzverfahren sicherstellen, dass der Schuldner seiner Zahlungspflicht gemäß §§ 35 II 2, 295 II InsO nachkommt, bieten sich Sicherungsrechte am insolvenzfreien Neuerwerb an – und zwar in Form von Sicherungsübereignung und Sicherungszession. Eine Sicherungsübereignung des Neuerwerbs käme etwa dann in Frage, wenn der Schuldner vornehmlich Neuerwerb mit dem Verkauf beziehungsweise der Herstellung von Waren erwirtschaftet. Dann könnten diese Waren und/oder die zu deren Herstellung notwendigen Rohmaterialien Gegenstand der Sicherungsübereignung werden.

---

304 Vgl. auch *BGH* NJW 1986, 2208 (2209) zur Berücksichtigung einer nicht nach § 850e Nr. 1 ZPO relevanten Zahlungspflicht infolge ausländischer Steuergesetze über § 850f I ZPO.

Bei Freiberuflern wäre demgegenüber eine Sicherungsabtretung der pfändbaren Kundenforderungen das Sicherungsmittel erster Wahl.[305]

Ob sich der Verwalter diese Sicherungsrechte aber überhaupt einräumen lassen kann, wird unter (**1.**) näher geprüft. Wie sich eine Bestellung von Sicherungsrechten im Einzelnen vollziehen könnte, soll im Anschluss aufgezeigt werden (**2.**).

1. Zulässigkeit von Sicherungsübereignung und Sicherungszession

Meines Erachtens ist es zulässig, wenn der Verwalter den Anspruch im Sinne der §§ 35 II 2, 295 II InsO mit Rechten am insolvenzfreien Neuerwerb des Schuldners absichert. Zwar würde dies für Neugläubiger vielfach eine Vollstreckung in den Neuerwerb des Schuldners hindern, der Verwalter könnte nämlich dann Drittwiderspruchklage gemäß § 771 ZPO erheben.[306] Das ist aber nach der oben aufgestellten These vom Vorrang der Masse hinzunehmen. Der Schuldner könnte jederzeit auch einem seiner Neugläubiger Sicherungsrechte am Neuerwerb gewähren; auch dann wäre eine Vollstreckung de facto für die übrigen Neugläubiger ausgeschlossen.

Im Übrigen ist Folgendes zu berücksichtigen: Ist Neugläubigern das insolvenzfreie Vermögen nach einer Sicherungsübertragung an den Verwalter im Ergebnis vollstreckungsrechtlich entzogen und kommt eine Zeit, in der der Schuldner erneut hoffnungslos verschuldet ist, bleibt den Neugläubigern immer noch die Option, einen Insolvenzantrag zu stellen. Im Zweitverfahren stünde dem im Erstverfahren bestellten Verwalter in seiner Rolle als Sicherungsnehmer dann nur ein Absonderungsrecht gemäß § 51 Nr. 1 InsO zu. Der Verwalter des Zweitverfahrens wäre gemäß § 166 I, II InsO berechtigt, die sicherungshalber übertragenen Sachen und Forderungen zu verwerten und den Erlös, der nach Befriedigung seines Kollegen aus dem ersten Verfahren überzählig ist, der

---

305 Zu beachten wäre dabei jedoch die Rechtsprechung des *Bundesgerichtshofs*, wonach zum Beispiel Ärzte und Anwälte ihre Honorarforderungen nicht abtreten können, weil eine Abtretung wegen der nach § 402 BGB bestehenden Auskunftspflicht gegenüber dem Zessionar einen Verstoß gegen die strafrechtliche Verschwiegenheitspflicht aus § 203 StGB bedeuten würde. Die Abtretung wäre daher nach § 134 I BGB nichtig (siehe nur *BGH* NJW 2010, 2509 [2510]; NJW 1996, 775).

306 Zwar wäre die Pfändung einer abgetretenen Forderung nichtig (*BGH* NJW 2002, 755 [757]), dennoch plädiert die herrschende Meinung dafür, der Zessionar könne den Rechtsschein einer wirksamen Pfändung über § 771 ZPO beseitigen (siehe nur Musielak/*Lackmann* ZPO § 771 Rn. 20; MünchKomm/*K. Schmidt*/*Brinkmann* ZPO § 771 Rn. 59).

Masse des Zweitverfahrens zugänglich zu machen.[307] Zudem würde § 91 InsO im Zweitverfahren sicherstellen, dass Neugläubiger trotz einer Sicherungszession nicht ins Hintertreffen geraten.[308]

2. *Einzelheiten*

a) Die Sicherungsabrede

Da eine Sicherungsübertragung auf einer Sicherungsabrede fußt, soll im Folgenden zunächst auf diese näher eingegangen werden.

aa) Bewegungsfreiheit des Schuldners

Die Sicherungsrechte des Verwalters dürfen den Schuldner – vom Sicherungsfall abgesehen – nicht daran hindern, über den Neuerwerb im Rahmen seiner selbstständigen Tätigkeit frei zu verfügen, denn andernfalls würde die vom Gesetzgeber gewollte Rechtsfolge der Negativerklärung im Ergebnis konterkariert. Immerhin hat er § 35 II 1 InsO geschaffen, damit der Schuldner einer selbstständigen Tätigkeit im Verfahren frei nachgehen kann und dazu auch auf seinen Neuerwerb zugreifen darf.

Eine freie Verfügungsbefugnis wäre aber gegeben, wenn der Verwalter dem Schuldner die Befugnis erteilte, den zwecks Sicherung übereigneten Neuerwerb im Zuge der selbstständigen Tätigkeit zu verwerten.[309] Etwas anderes würde sich bereits deswegen verbieten, weil der Schuldner ohne diese Ermächtigung überhaupt nicht in die Lage käme, Vermögen zu erwirtschaften, um seine Verbindlichkeit im Sinne der §§ 35 II 2, 295 II InsO zu begleichen.

Mit der Erlaubnis an den Schuldner, den (übertragenen) Neuerwerb zu verwerten, könnte der Verwalter freilich eine Vorausabtretung der Forderungen verbinden, die der Schuldner durch die Verwertung des Neuerwerbs erlangt.[310] Um dem Schuldner aber eine selbstständige Tätigkeit nicht unmöglich zu machen, ist dann stets zu prüfen, ob neben die Erlaubnis, sicherungshalber übereigneten Neuerwerb zu veräußern, auch die Ermächtigung für den Schuldner treten muss, die zedierten Forderungen selbst einzuziehen (stille Zession). Gleiches gilt, wenn die Sicherungsabtretung von Neuforderungen im Raum steht.

---

307 Siehe hierzu auch *Serick* Band III § 34 II 1, S. 216 f.

308 Entsteht eine im Voraus abgetretene Forderung erst nach Verfahrenseröffnung, kann der Zessionar daran keine Rechte mehr erwerben (siehe *BGH* NZI 2006, 457 f. mit weiteren Nachweisen).

309 Siehe hierzu allgemein *BGH* NJW-RR 2009, 924.

310 Verlängerte Sicherungsübereignung mit Vorausabtretungsklausel.

bb) Sicherungsfähiger Anspruch

Sicherungsübereignung und Sicherungsabtretung sind also, wenn der Verwalter obige Grundsätze beachtet, im Verfahren zulässig. Sie scheitern auch nicht daran, dass der Verwalter die Gesamthöhe des abgesicherten Anspruchs im Zeitpunkt der Sicherungsabrede noch nicht genau beziffern kann.[311] Sicherungsrechte können nämlich nicht nur dazu dienen, einzelne schon bestehende und der Höhe nach feststellbare Forderungen abzusichern, sondern sie können auch eingesetzt werden, um alle bestehenden und künftigen Ansprüche aus einer Geschäftsbeziehung zu sichern (Kontokorrentklausel).[312] Bei einer solchen Globalabrede sind die gesicherten Forderungen bestimmbar, und das genügt.[313] Wenn aber auch künftige und deswegen der Höhe nach völlig unbestimmte Forderungen des Sicherungsnehmers abgesichert werden können, so muss Entsprechendes gelten, wenn der Verwalter den nach der Negativerklärung dem Grunde nach schon bestehenden, aber in seiner Höhe noch unkonkreten Anspruch gemäß §§ 35 II 2, 295 II InsO aus der gleichsam „laufenden Geschäftsbeziehung" mit dem Namen Insolvenzverfahren absichern will.

cc) Bestimmtheit

Will sich der Verwalter am Neuerwerb Rechte bestellen lassen, müssen die zur Sicherheit übereigneten Sachen oder abgetretenen Forderungen auch bestimmt genug sein. Aus dem Rechtsgeschäft muss eindeutig hervorgehen, welche einzelnen Gegenstände oder Forderungen erfasst sind.

(1) Sicherungszession

Keine großen Schwierigkeiten können sich bei der Sicherungszession ergeben. Für die Abtretung einer Forderungsgesamtheit genügt die bloße Bestimmbarkeit der erfassten Forderungen.[314] Die Parteien müssen die künftigen

---

311 Er weiß nämlich nach der Negativerklärung noch nicht, wie lange der Schuldner überhaupt gemäß §§ 35 II 2, 295 II InsO der Masse pflichtig ist – er weiß weder, wie lange das Insolvenzverfahren dauern wird, noch wie lange der Schuldner seiner Tätigkeit nachzugehen gedenkt.

312 Siehe nur Jauernig/*Berger* BGB § 930 Rn. 28; MünchKomm/*Oechsler* BGB Anhang nach §§ 929 – 936 Rn. 28.

313 Zur Sicherungsübereignung MünchKomm/*Oechsler* BGB Anhang nach §§ 929–936 Rn. 28; zur Sicherungsabtretung *BGH* NJW-RR 2009, 630 („bankenmäßige Geschäftsverbindung"); zur Bürgschaft *BGH* NJW 1995, 2553.

314 *BGH* NJW 1995, 2289 (Abtretung künftiger Lohnforderungen); *OLG Stuttgart* NJW 1964, 666 (Abtretung künftiger Forderungen aus einer bestimmten Art von Rechtsgeschäft).

Forderungen im Zeitpunkt der Abtretung nicht genau bezeichnen; es genügt, wenn der Lebenssachverhalt, der ihnen zugrunde liegt, eindeutig ist.[315] Vor diesem Hintergrund dürfte die Abrede, sämtliche Kundenforderungen aus der selbstständigen Tätigkeit seien erfasst, sicherlich genügen. Allerdings führt eine sehr weitläufige Sicherungsabtretung zu dem altbekannten Problem einer möglichen Übersicherung oder der Kollision mit einem verlängerten Eigentumsvorbehalt; mangels spezieller insolvenzrechtlicher Wertungen sei im Weiteren dieser Aspekt aber hintangestellt und insoweit auf einschlägige Literatur und Rechtsprechung verwiesen.[316]

(2) Sicherungsübereignung

Soll eine Sachgesamtheit übereignet werden, geht die Rechtsprechung von folgendem Grundsatz aus: Die betroffenen Gegenstände müssen im Zeitpunkt der Einigung so bestimmt bezeichnet sein, dass jeder, der die Vereinbarungen der Vertragsparteien kennt, „ohne Heranziehung weiterer Umstände" feststellen kann, auf welche Gegenstände sie sich bezieht.[317] Das Rechtsgeschäft ist aber schon bestimmt genug, sofern die zu übertragenden Gegenstände unter einen Sammelbegriff gefasst werden, der ihre Identifizierung ohne Weiteres ermöglicht.[318] Ergänzend verlangt die Rechtsprechung zum Teil aber auch äußere Abgrenzungskriterien.[319] An der Bestimmtheit fehlt es jedenfalls, wenn außerhalb des Vertrags liegende Umstände herangezogen werden müssen.[320]

Auf dieser Grundlage kann der Verwalter zum Beispiel mit dem Schuldner vereinbaren, dass sämtliche Sachen übertragen seien, die sich bereits in den Geschäftsräumen oder dem Warenlager des Schuldners befinden oder die der Schuldner später dorthin verbringt. Dann könnte ein Dritter zweifelsfrei feststellen, was von der Sicherungsübereignung betroffen ist.[321]

---

315 MünchKomm/*Roth* BGB § 398 Rn. 81.

316 Einen guten Überblick gibt MünchKomm/*Roth* BGB § 398 Rn. 146 ff.

317 *BGH* NJW 1994, 133 (134); siehe auch NJW 1995, 2348 (2350); NJW 1984, 803 (804).

318 *BGH* NJW 2008, 3142 (3144) „Inventarverzeichnis"; NJW 1994, 133 (134) „Container bestimmter Größenklassen"; siehe auch *Serick* Band II § 21 II 2, S. 155.

319 *BGH* NJW 1992, 1161 „Handbibliothek Kunst".

320 *BGH* NJW 1995, 2348 (2350).

321 Es gelten die gleichen Grundsätze wie bei einem Raumsicherungsvertrag (allgemein *Serick* Band II § 21 III 2 a, S. 164 ff.). Sollte der Schuldner neben dem Verkauf von Produkten auch Reparaturen anbieten, müssen Sachen, die Kunden gehören, besonders gekennzeichnet oder an einen exklusiven Ort verbracht werden (siehe hierzu allgemein *OLG Düsseldorf* ZInsO 2012, 439 [440]).

dd) Zwischenergebnis

Sowohl Sicherungsübereignung als auch Sicherungszession sind neben der Negativerklärung zulässig, sofern dem Schuldner (a) das Recht verbleibt, die übertragenen Vermögenswerte vor Sicherungsreife eigenständig zu verwerten, und sofern (b) der Bestimmtheitsgrundsatz gewahrt ist.

b) Verwertungsreife

Somit ist nur noch zu klären, wann der Verwalter auf den sicherungshalber übertragenen Neuerwerb zugreifen darf.

Sicherungsgeber und Sicherungsnehmer können die Verwertungsreife in der Sicherungsabrede festhalten. Ohne Regelung löst nach zum Teil vertretener Ansicht der Zahlungsverzug des Schuldners den Sicherungsfall aus.[322] Die herrschende Meinung stellt indes auf die Fälligkeit der gesicherten Forderung ab.[323] Doch darf der Sicherungsnehmer – sofern ein dahingehender Parteiwille nachweisbar ist – auch vor Verwertungsreife von seinem Sicherungsrecht Gebrauch machen, etwa wenn der Sicherungsgeber in Vermögensverfall gerät.[324] Überdies kann Verwertungsreife mit Eröffnung eines Insolvenzverfahrens über das Vermögen des Schuldners eintreten, denn zu diesem Zeitpunkt wird die gesicherte Forderung wegen § 41 I InsO fällig.[325]

Wie lassen sich diese Grundsätze nun auf die Sicherungsübertragung zwischen Verwalter und Schuldner anwenden? Da der Schuldner gemäß §§ 35 II 2, 295 II InsO nach der in dieser Arbeit vertretenen Auffassung zu monatlicher Zahlung verpflichtet ist, tritt grundsätzlich dann Verwertungsreife ein, wenn er nicht termingerecht erfüllt. Doch nicht jede Säumnis des Schuldners berechtigt den Verwalter, auf den Neuerwerb zuzugreifen, denn, wie oben angesprochen, darf der Schuldner unter bestimmten Voraussetzungen zeitweilig mit seinen Zahlungen aussetzen.[326] Der sicherungshalber übertragene Neuerwerb wird dann nicht zur Verwertung reif.

---

322 *Bülow* Kreditsicherheiten Rn. 75; Schimansky/Bunte/Lwowski/*Ganter* Bankrechts-Handbuch § 90 Rn. 541.

323 MünchKomm/*Oechsler* BGB Anhang nach §§ 929–936 Rn. 48; Palandt/*Bassenge* BGB § 930 Rn. 30; *Serick* Band III § 38 II 2a, S. 466 f.; Staudinger/*Wiegand* BGB Anhang zu §§ 929–931 Rn. 225.

324 *Bülow* Kreditsicherheiten Rn. 1223; Schimansky/Bunte/Lwowski/*Ganter* Bankrechts-Handbuch § 96 Rn. 194.

325 MünchKomm/*Oechsler* BGB Anhang nach §§ 929–936 Rn. 48; Schimansky/Bunte/Lwowski/*Ganter* Bankrechts-Handbuch § 90 Rn. 541.

326 Siehe die Ausführungen unter D. II., S. 69 ff.

Gerät der Schuldner erneut in Vermögensverfall und besteht gar die Gefahr eines weiteren Insolvenzverfahrens, tritt ebenfalls Verwertungsreife ein. Gleiches gilt, wenn über das insolvenzfreie Vermögen des Schuldners ein Zweitinsolvenzverfahren eröffnet wird, doch ist dann nur der im Zweitverfahren bestellte Verwalter gemäß § 166 I, II InsO berechtigt, die übertragenen Sachen zu verwerten und die abgetretenen Forderungen geltend zu machen.

Aber auch außerhalb eines Vermögensverfalls tritt der Sicherungsfall ein, wenn der Schuldner, ohne seine Ausgleichszahlungen an die Masse vollständig erbracht zu haben, seine Tätigkeit einstellt, aber noch keine neue Einnahmequelle erschlossen hat – denn dann wird er voraussichtlich keine Gelder mehr erzielen, die er an die Masse abführen könnte.

H. Die Zahlungspflicht und § 290 I Nr. 5 InsO

Gleichsam als Schlussstein des *Vierten Teils* sei noch auf einen Punkt eingegangen, dem bislang nicht genug Gewicht beigelegt worden ist. Es geht um die Frage, ob das Insolvenzgericht dem Schuldner die Restschuldbefreiung versagen darf, wenn er nichts oder zu wenig an die Masse abführt.

Nach vorherrschender Meinung kann das Insolvenzgericht in diesem Fall auf Antrag eines Insolvenzgläubigers dem Schuldner die Restschuldbefreiung gemäß § 290 I Nr. 5 InsO versagen.[327] Das überzeugt grundsätzlich, denn gemäß §§ 35 II 2, 295 II InsO erwächst für den Schuldner die Pflicht, Zahlungen an die Masse zu erbringen. Leistet er nicht oder zu wenig, liegt darin zugleich ein Verstoß gegen eine „Mitwirkungspflicht" im Sinne des § 290 I Nr. 5 InsO.

§ 290 I Nr. 5 InsO greift aber nur, sofern der Schuldner seine Mitwirkungspflicht vorsätzlich oder grob fahrlässig verletzt, das heißt – übertragen auf die §§ 35 II 2, 295 II InsO – vorsätzlich nicht zahlt, obwohl er dazu in der Lage wäre, oder nicht zahlt, weil er infolge grober Fahrlässigkeit nicht ausreichend liquide ist.

Im Zusammenhang mit dem letztgenannten Punkt ist anzumerken, dass grobe Fahrlässigkeit nur dann vorliegt, wenn der Schuldner die im Verkehr erforderliche Sorgfalt in „ungewöhnlich hohem Maße" verletzt, „ganz nahe liegende Überlegungen" beiseitegeschoben und dasjenige unbeachtet gelassen hat,

---

327 *BGH* WM 2013, 1612 (1614); *M. Ahrens* NZI 2007, 622 (626); *Berger* ZInsO 2008, 1101 (1107); FK/*Bornemann* § 35 Rn. 24a; HambKomm/*Lüdtke* § 35 Rn. 264; *Schmerbach* InsbürO 2007, 202 (211); *Wiesmeier* ZVI 2010, 376 (380); *Wischemeyer* ZInsO 2009, 2121 (2127); zurückhaltender *Küpper/Heinze* ZInsO 2009, 1785 (1787); anderer Ansicht, nämlich auf § 296 InsO abstellend, *Grote* ZInsO 2011, 1489 (1493 f.).

was im gegebenen Fall „sich jedem aufgedrängt hätte". Es muss eine „subjektiv schlechthin unentschuldbare Pflichtverletzung" vorliegen.[328] Diese hohen Anforderungen machen deutlich, dass allein ein zu geringer Verdienst aus der selbstständigen Tätigkeit noch nicht für eine grob fahrlässige Nichtleistung ausreichen kann. Dies auch schon deswegen, weil andernfalls ein Schuldner, der mangels einer im Insolvenzverfahren bestehenden Obliegenheit, beruflich tätig zu sein, zuhause sitzt und keinen Finger für seine Insolvenzgläubiger rührt, mit Blick auf eine Restschuldbefreiung besser dastünde als ein Schuldner, der mit Fleiß, Eifer und Ehrgeiz für seine Insolvenzgläubiger wenigstens den Versuch unternimmt, etwas Geld in die Masse einzubringen.[329]

Für § 290 I Nr. 5 InsO und grobe Fahrlässigkeit wäre aber meines Erachtens in folgenden Fällen Raum: einmal, wenn der Schuldner zwar über ausreichend Einnahmen verfügt, um seiner Zahlungspflicht zu genügen, er sein Geld aber in sorgloser Leichtlebigkeit verschwendet (zum Beispiel im Casino); zweitens, wenn er seine Einnahmen nicht über die §§ 850i, 850f I lit. b ZPO zugunsten der Masse schützt, obwohl es ihm möglich wäre, oder drittens, wenn er sich grundlos weigert, an der oben besprochenen Sicherungsübertragung des Neuerwerbs mitzuwirken und Neugläubiger ihn deswegen „leer pfänden".

I. Zusammenfassung

Zusammenfassend lässt sich festhalten, dass die Verweisung des § 35 II 2 InsO auf § 295 II InsO im Sinne einer einklagbaren Zahlungspflicht zu deuten ist. Der Schuldner hat aber nur den pfändbaren Teil eines fiktiven Einkommens aus einem angemessenen Arbeitsverhältnis an die Masse zu zahlen. Überschießender Neuerwerb aus der selbstständigen Tätigkeit gebührt ihm.

Da die Negativerklärung den gesamten Neuerwerb ab Verfahrenseröffnung insolvenzfrei stellt, besteht bei fortgesetzten Tätigkeiten nach der Negativerklärung auch die Abführpflicht gemäß §§ 35 II 2, 295 II InsO rückwirkend ab Verfahrenseröffnung. Sie endet, sobald der Schuldner seine Tätigkeit einstellt oder die Schlussverteilung erfolgt ist.

Was der Schuldner abzuführen hat, ist vom Verwalter festzusetzen. Der Schuldner kann bei Streitigkeiten die Höhe aber durch Feststellungsklage verbindlich klären lassen.

328 BGH NZI 2011, 330 (331).

329 Siehe hierzu auch *Pape* WM 2013, 1145 (1150).

Der Schuldner ist verpflichtet, monatliche Fix-Zahlungen an die Masse zu erbringen. Nur in Ausnahmefällen ist ihm gestattet, weniger oder gar nichts zu zahlen.

Der Schuldner kann sich bei Vollstreckungsversuchen seiner Neugläubiger in Sachen, die er zur Fortführung seiner selbstständigen Tätigkeit benötigt, auf § 811 I Nr. 5 und Nr. 7 ZPO berufen. Im Falle einer Pfändung geschäftlicher Forderungen kann er einen Antrag gemäß § 850i I ZPO in Verbindung mit § 850f I lit. b ZPO stellen. Das Gericht hat ihm daraufhin nicht nur so viel zu belassen, wie wenn er Einkommen aus abhängiger Beschäftigung bezöge, es hat darüber hinaus diesen Betrag soweit aufzustocken, dass der Schuldner seine Abführpflicht erfüllen kann. Zudem kann der Verwalter Sicherungsrechte am insolvenzfreien Neuerwerb zugunsten der Masse begründen.

Kommt der Schuldner seiner Abführpflicht vorsätzlich oder grob fahrlässig nicht nach, kann ihm das Insolvenzgericht die Restschuldbefreiung gemäß § 290 I Nr. 5 InsO versagen.

Fünfter Teil: Die Unwirksamkeit der Negativerklärung

Auch wenn der Verwalter an seine einmal abgegebene Negativerklärung gebunden ist,[330] ist der Weg des Schuldners hin zu einem wirtschaftlichen Neuanfang außerhalb des Verfahrens mit Unsicherheit befrachtet. Denn § 35 II 3 InsO erlaubt den Insolvenzgläubigern, die Negativerklärung durch Gerichtsbeschluss aufheben zu lassen.[331] Hiermit hat der Gesetzgeber jedoch die Ursache für mancherlei Streitigkeiten geschaffen: In § 35 II 3 InsO selbst und in den Gesetzesmaterialien wird allein davon gesprochen, dass die Negativerklärung durch die Entscheidung des Gerichts ihre Wirksamkeit verliert; welche Konsequenzen aber daraus zu ziehen sind, ist dabei offen geblieben.[332] Deshalb sind die mit einer Unwirksamkeitserklärung verbundenen Rechtsfolgen nicht wirklich klar. Insbesondere eine Frage steht zur Debatte: Wie ist mit denjenigen Vermögenswerten und Verbindlichkeiten zu verfahren, die der Schuldner während der Wirkungsdauer der Negativerklärung erwirtschaftet beziehungsweise begründet hat? Verbleiben jene weiterhin als insolvenzfreies Vermögen beim Schuldner und wer haftet für diese?

A. Meinungsstand

Die Antwort auf die eben gestellte Frage hängt nach bisher entwickeltem Verständnis davon ab, ob die Unwirksamkeitserklärung gemäß § 35 II 3 InsO ex nunc oder ex tunc wirkt.

I. Unwirksamkeit ex nunc

Die vorherrschende Auffassung steht auf dem Standpunkt, dass die Negativerklärung infolge eines gerichtlichen Unwirksamkeitsbeschlusses nur ex nunc ungültig sei;[333] abzustellen sei auf den Zeitpunkt, den das Insolvenzgericht analog

330 Vgl. BT-Drs. 16/3227, 17 „endgültig".

331 Da § 35 II 3 InsO keine zeitlichen Vorgaben aufstellt, kann die Negativerklärung grundsätzlich bis zum Ende des Insolvenzverfahrens für unwirksam erklärt werden.

332 Die daraus resultierende Unklarheit hat der *Bundesrat* im Gesetzgebungsverfahren zwar kritisiert (BT-Drs. 16/3227, 24); trotzdem wurde § 35 II 3 InsO nicht präzisiert.

333 *AG Duisburg* NZI 2010, 905 (908); *Bai* Freigabe, S. 201 f.; *Berger* ZInsO 2008, 1101 (1105); FK/*Bornemann* § 35 Rn. 25; *Haarmeyer* ZInsO 2007, 696 (698); *Heinze* ZVI

§ 27 II Nr. 3 InsO ansetze,[334] ansonsten darauf, wann das Gericht den Unwirksamkeitsbeschluss gemäß § 35 III 2 Alt. 2 InsO veröffentliche.[335]

Als Folge dieser ex-nunc-Wirkung gehöre nur künftiger Neuerwerb aus der selbstständigen Tätigkeit nach einer Unwirksamkeitserklärung wieder zur Masse, bislang erwirtschaftetes Neuvermögen verbleibe beim Schuldner.[336] Spiegelbildlich hierzu hafte die Insolvenzmasse nur für neu entstehende Verbindlichkeiten aus der selbstständigen Tätigkeit, bereits bestehende Verbindlichkeiten aus noch nicht abgewickelten Verträgen wirkten hingegen nur gegen den Schuldner.[337]

Zur Begründung verweisen einige auf die praktischen Schwierigkeiten in der Rückabwicklung, die entstünden, wenn die Negativerklärung ex tunc unwirksam wäre.[338] Andere ziehen den Rechtsgedanken des § 34 III 3 InsO heran und leiten daraus ab, dass die Negativerklärung für die Vergangenheit Bestand habe.[339] Noch andere stützen ihr Ergebnis auf die Regeln über faktische Arbeits- oder Gesellschaftsverträge, die entsprechend anzuwenden seien.[340]

Auch wird vorgetragen, eine Unwirksamkeit ex tunc komme schon deswegen nicht in Betracht, weil die Masse dann mit Verbindlichkeiten belastet würde, die bereits der Schuldner begründet habe. Das wiederum könne die von den Insolvenzgläubigern mit der Unwirksamkeitserklärung angestrebte Liquidität der Masse gefährden.[341] Deswegen dürfe die Masse für bereits bestehende Verbind-

---

2007, 349 (357); Kölner Schrift/*Mai* Kapitel 19 Rn. 103; MünchKomm/*Peters* § 35 Rn. 47m; Nerlich/Römermann/*Andres* (Stand: April 2008) § 35 Rn. 119; *Riedel* ZVI 2009, 439 (441); *Schmerbach* InsbürO 2007, 202 (211); *Smid* DZWIR 2008, 133 (142); Uhlenbruck/*Hirte* § 35 Rn. 103.

334 *AG Duisburg* NZI 2010, 905 (908).

335 *AG Duisburg* NZI 2010, 905 (908); *Haarmeyer* ZInsO 2007, 696 (698); Kölner Schrift/*Mai* Kapitel 19 Rn. 103 MünchKomm/*Peters* § 35 Rn. 47m.

336 *AG Duisburg* NZI 2010, 905 (908); *Berger* ZInsO 2008, 1101 (1105); Kölner Schrift/*Mai* Kapitel 19 Rn. 103 MünchKomm/*Peters* § 35 Rn. 47m.

337 *AG Duisburg* NZI 2010, 905 (908); *Berger* ZInsO 2008, 1101 (1105); *Heinze* ZVI 2007, 349 (357); Kölner Schrift/*Mai* Kapitel 19 Rn. 103; MünchKomm/*Peters* § 35 Rn. 47m; Nerlich/Römermann/*Andres* (Stand: April 2008) § 35 Rn. 119.

338 *Heinze* ZVI 2007, 349 (357); Nerlich/Römermann/*Andres* (Stand: April 2008) § 35 Rn. 119; *Schmerbach* InsbürO 2007, 202 (211).

339 *AG Duisburg* NZI 2010, 905 (908); *Berger* ZInsO 2008, 1101 (1105); *Haarmeyer* ZInsO 2007, 696 (698) bei Fn. 21; Kölner Schrift/*Mai* Kapitel 19 Rn. 103 MünchKomm/*Peters* § 35 Rn. 47m.

340 *Heinze* ZVI 2007, 349 (357).

341 *Bai* Freigabe, S. 201 f.; *Smid* DZWIR 2008, 133 (142).

lichkeiten nicht haften, was aber auch schon daraus folge, dass der Verwalter durch die Negativerklärung dem Rechtsverkehr bedeutet habe, dass der Schuldner in dieser Zeit keine Masseverbindlichkeiten begründen könne.[342]

Schließlich wird vorgebracht, eine Negativerklärung gemäß § 35 II 1 InsO sei strukturell vergleichbar mit den in § 160 I, II InsO aufgeführten „besonders bedeutsamen Rechtshandlungen". Und da bei diesen gemäß § 164 InsO eine Außenwirksamkeit bestehe, müsse Gleiches auch dann gelten, wenn das Insolvenzgericht die Negativerklärung für unwirksam erkläre;[343] andernfalls würden beide Regelungskomplexe ungleich behandelt, wofür es aber keine Rechtfertigung gebe.[344]

II. Unwirksamkeit ex tunc

Nur ein ganz kleiner Teil der Literatur stellt sich gegen die herrschende Meinung. Wenn das Gericht die Negativerklärung für unwirksam erkläre, sei diese ex tunc nichtig.[345] Der Verwalter könne auch schon vorhandenen Neuerwerb zur Masse „zurückholen".[346] Der Schuldner habe deswegen bereits eingenommene Vergütungen an den Verwalter herauszugeben, wobei von ihm geleistete Zahlungen an Neugläubiger jedoch anzurechnen seien – dies schon deswegen, weil sie auch der Verwalter ohne eine wirksame Negativerklärung leisten müsste.[347] Offene Verbindlichkeiten müsse der Verwalter aus der Masse bezahlen.[348]

Für eine anfängliche Unwirksamkeit spreche, dass es „systemfremd" wäre, wenn dem Schuldner ein vorhandener Überschuss aus der selbstständigen Tätigkeit dauerhaft belassen würde, obwohl die Negativerklärung unwirksam sei.[349] Überdies entstünde ohne eine rückwirkende Unwirksamkeit ein rechtsfreier Raum mit der Folge, dass das Schicksal der bereits erwirtschafteten Gegenstände und vor allem der bereits geschlossenen Verträge offenbliebe.[350]

---

342 Nerlich/Römermann/*Andres* (Stand: April 2008) § 35 Rn. 119.

343 *Bai* Freigabe, S. 201 f.; *Smid* DZWIR 2008, 133 (142).

344 *Smid* DZWIR 2008, 133 (142).

345 HambKomm/*Lüdtke* § 35 Rn. 267; HK/*Eickmann* § 35 Rn. 65; *Kupka/Schmittmann* InsbürO 2007, 386 (388).

346 HambKomm/*Lüdtke* § 35 Rn. 267; *Pape* WM 2013, 1145 (1149).

347 HK/*Eickmann* § 35 Rn. 65.

348 HambKomm/*Lüdtke* § 35 Rn. 267; *Pape* WM 2013, 1145 (1149).

349 HambKomm/*Lüdtke* § 35 Rn. 267.

350 HK/*Eickmann* § 35 Rn. 65.

B. Stellungnahme

I. Die dogmatische Grundlage der bisherigen Auffassungen

Alle bisherigen Ansätze fußen auf der Vorstellung, dass § 35 I Alt. 2 InsO in Bezug auf den Neuerwerb von selbst wiederauflebe und der Verwalter Ansprüche der Neugläubiger automatisch gemäß § 55 I Nr. 1 InsO als Masseverbindlichkeiten begleichen müsse, nachdem die Negativerklärung aufgehoben worden sei. Fraglich sei eben nur, ab welchem Zeitpunkt diese Folgen eintreten. Doch wurde bereits im *Dritten Teil* aufgezeigt, dass ohne Positiverklärung keine Masseverbindlichkeiten aus der selbstständigen Tätigkeit hervorgehen können.[351] Deswegen könnte ein Unwirksamkeitsbeschluss gemäß § 35 II 3 InsO, würde man dem bisherigen Verständnis folgen, auch nur dazu führen, dass allein der Neuerwerb wieder zur Masse gehört, diese aber für Neuverbindlichkeiten so wenig haftet, wie das vor der Negativerklärung der Fall war. Das wäre jedoch vor dem Hintergrund des § 35 II 1 InsO keine akzeptable Rechtslage, da eine Begünstigung der Masse in Form des Neuerwerbs Hand in Hand zu gehen hat mit einer Haftung eben für diese Neuverbindlichkeiten (Konnexitätsgrundsatz). Herstellen lässt sich diese Konnexität aber nur durch eine Positiverklärung; sie ist deswegen nach einem Unwirksamkeitsbeschluss an die Stelle der ungültigen Negativerklärung zu setzen. (NB: Wegen des fehlenden Ermessens des Verwalters wird im Weiteren von einer „gebundenen“ Positiverklärung gesprochen). Muss der aufgehobenen Negativerklärung also eine Positiverklärung folgen, so bestimmt diese Erklärung die weitere Rechtslage. Sie liefert gleichsam den dogmatischen Schlüssel, um alle Fragen rund um § 35 II 3 InsO zu beantworten.

II. Rechtsfolgen der gebundenen Positiverklärung

Um die rechtlichen Folgen der gebundenen Positiverklärung bestimmen zu können, müssen zwei Fragen behandelt werden: Was gibt der Wortlaut des § 35 II 1 InsO vor und welche Wertungen stehen hinter § 35 II 3 InsO?

1. Der Wortlaut des § 35 II 1 InsO

Nur das künftige Vermögen erfassen zu sollen, lässt die in § 35 II 1 InsO vorgegebene Erklärung, Vermögen aus der selbstständigen Tätigkeit gehöre zur Insolvenzmasse, nicht erkennen. Ihre Pauschalität bietet vielmehr Raum für die Hypothese, dass das gesamte Vermögen aus der selbstständigen Tätigkeit von ihr

351 Unter B. II., S. 47 ff.

umspannt wird – also auch das bereits erwirtschaftete. Dies bestreitet denn auch niemand, sofern eine originäre Positiverklärung, losgelöst von § 35 II 3 InsO, im Raum steht.[352]

Allerdings müsste die Massezugehörigkeit sämtlichen vorhandenen Vermögens aus der selbstständigen Tätigkeit auch auf den zweiten Teil der Erklärung durchschlagen, nämlich den, der Verbindlichkeiten aus dieser Tätigkeit betrifft. Denn wenn es dem Verwalter möglich ist, mittels einer Positiverklärung auch das bereits erwirtschaftete Vermögen des Schuldners in die Masse zu leiten, muss diese Begünstigung der Masse bereits aus dem im Wortlaut des § 35 II 1 InsO angelegten Konnexitätsgrundsatz[353] heraus auch deren Haftung für *sämtliche* Ansprüche aus der selbstständigen Tätigkeit zur Folge haben.

2. Teleologische Betrachtungen

Um den Beweis der vorläufigen Hypothese von einer allumfassenden Positiverklärung anzutreten, ist freilich auch ein Blick auf den Sinn und Zweck des § 35 II 3 InsO erforderlich.

Der Gesetzgeber hat § 35 II 3 InsO geschaffen, um die Interessen der Insolvenzgläubiger zu wahren. Sie dürfen die Entscheidung des Verwalters für die Negativerklärung, an der sie nicht beteiligt gewesen sind, korrigieren – etwa, wenn der Schuldner geschäftlichen Erfolg hat und mit seiner Tätigkeit hohe Einnahmen erzielt.[354] Letztendlich sollen Insolvenzgläubiger also über

---

352 Nach allgemeiner Ansicht hat eine Positiverklärung bezüglich des Vermögens aus der selbstständigen Tätigkeit lediglich deklaratorischen Charakter, da sie nur die Rechtslage bestätigt, die sich bereits aus § 35 I Alt. 2 InsO ergibt.

353 Näheres zur Konnexität im *Dritten Teil* einleitend unter B., S. 46.

354 Dass sich der Schuldner nach der Negativerklärung wieder emporarbeitet, ist dabei keineswegs so unwahrscheinlich, insbesondere, wenn die Insolvenz auf privaten Gründen basiert: einer Trennung vielleicht oder einer Krankheit, sei es die eigene oder die eines Familienmitglieds, das der Schuldner umsorgt hat. Gehören diese persönlichen Tiefschläge vergangenen Tagen an und hat die selbstständige Tätigkeit wieder die volle Aufmerksamkeit des Schuldners, dann können die Geschäfte durchaus erneut ausgezeichnet gehen.

Auch ist denkbar, dass die Insolvenz nur deswegen über den Schuldner gekommen ist, weil die Selbstständigkeit für ihn Neuland war. Bemerkenswert sind dabei Studien, die belegen wollen, dass die Erfahrung, wirtschaftlich gescheitert zu sein, Selbstständige dazu bringen kann, das Scheitern zum Anlass zu nehmen, künftig besonnener vorzugehen, aus Fehlern eine Lehre zu ziehen und vieles geschickter anzugehen (vgl. hierzu *Kranzusch* ZInsO 2012, 2169 [2173] mit weiteren Nachweisen oder aber die Pressemitteilung der *Europäischen Kommission* vom 12.12.2012

einen Antrag gemäß § 35 II 3 InsO am wirtschaftlichen Erfolg des Schuldners und an den erfreulichen Erträgen seiner Tätigkeit wieder teilhaben dürfen. Dass diese Teilhabe aber nur auf die Zukunft ausgerichtet sein soll, kann weder § 35 II 3 InsO entnommen werden noch den Gesetzesmaterialien. Dieses Ergebnis wäre mit Blick auf § 1 S. 1 InsO auch wenig überzeugend, denn das Insolvenzverfahren dient dazu, Insolvenzgläubiger zu befriedigen. Dieses Ziel wiederum gibt Veranlassung, Normen der Insolvenzordnung daran orientiert auszulegen, sofern kein anderslautender Wille des Gesetzgebers entgegensteht.[355] Insoweit ist *Lüdtke* nur zuzustimmen, wenn er meint, es sei „systemfremd", dem Schuldner einen bereits erwirtschafteten Überschuss zu belassen.[356]

3. *Zwischenergebnis*

Hebt das Insolvenzgericht die Negativerklärung gemäß § 35 II 3 InsO auf, muss eine Positiverklärung abgegeben werden. In deren Folge gehört sämtliches Vermögen aus der selbstständigen Tätigkeit, künftiges wie schon vorhandenes, zur Masse. Die Masse haftet aber gleichzeitig auch für sämtliche noch offene Neuverbindlichkeiten aus der Tätigkeit.

III. Folgefragen

Wenn also die Masse auch für Verträge haftet, die der Schuldner in der Zeit zwischen Negativerklärung und deren Unwirksamkeit geschlossen hat, stellen sich weitere Fragen. Einmal ist zu untersuchen, ob der Verwalter zwecks Masseschonung die Erfüllung bereits abgeschlossener, aber noch nicht erfüllter Verträge gemäß § 103 InsO verweigern kann, und zum anderen, ob er neue Dauerschuldverhältnisse gemäß §§ 109 I 1, 113 S. 1 InsO kündigen darf.

Ferner ist zu klären, ob der Verwalter zu Zeiten der Negativerklärung getätigte Verfügungen des Schuldners – so wie es die herrschende Meinung befürchtet – rückabwickeln muss. Schließlich ist die Frage zu beantworten, ob der

---

[http://ec.europa.eu/deutschland/press/pr_releases/11067_de.htm, zuletzt abgerufen am 27.01.2014]; siehe auch die Philosophie des Vereins „Bleib im Geschäft e. V.", der sich der Aufgabe verschrieben hat, von Insolvenz bedrohten oder schon insolventen Unternehmern eine Anlaufstelle zum Erfahrungsaustausch zu sein).

355 Zu § 1 InsO und dessen Rolle als Auslegungshilfe siehe nur Jaeger/*Henckel* InsO § 1 Rn. 2; HK/*Kirchhof* § 1 Rn. 2; Nerlich/Römermann/*Becker* (Stand: April 2002) § 1 Rn. 2.

356 In: HambKomm § 35 Rn. 267.

Verwalter für die Masse nachteilige Rechtshandlungen, die der Schuldner nach der Negativerklärung, aber vor deren Aufhebung getätigt hat, zumindest gemäß §§ 129 ff. InsO anfechten kann, wenn die Masse ohne die Rechtshandlung (nach Aufhebung der Negativerklärung) besser stünde als mit ihr.

1. Noch nicht (vollständig) erfüllte Verträge

Ist der Schuldner nach der Negativerklärung weiter selbstständig tätig, wird er oftmals Kontrakte schließen, die zu der Zeit, als die Negativerklärung ihre Wirksamkeit verliert, weder von ihm noch vom anderen Teil vollständig erfüllt worden sind. Als Beispiele können gelten: Kaufverträge, bei denen Lieferung und/oder Eigentumsübertragung sowie Kaufpreis-Zahlung noch ausstehen, aber auch Leasing-, Miet- oder Arbeitsverträge. § 103 InsO sowie §§ 109 I 1, 113 S. 1 InsO helfen hier dem Verwalter unmittelbar nicht weiter, denn Verträge, die der Schuldner nach einer Negativerklärung eingeht, haben noch nicht „bei Eröffnung des Insolvenzverfahrens" bestanden. Deswegen käme nur eine Analogie zu obigen Vorschriften in Betracht.

Eine Analogie zu § 103 InsO scheidet aber von vornherein aus. Spräche man dem Verwalter ein Erfüllungswahlrecht zu, dürfte er die Vertragsdurchführung ablehnen und den Neugläubiger analog § 103 II 1 InsO auf eine Forderung wegen Nichterfüllung verweisen. Diese Forderung wiederum wäre aber nur eine bloße Insolvenzforderung. Durch solche Modifikation des ursprünglichen Erfüllungsanspruchs würde der Verwalter aber schutzwürdige Interessen des Neugläubigers verletzen. Dieser hat mit dem Schuldner kontrahiert und dabei (nach Abgabe der Negativerklärung) darauf vertraut, einen Haftungsfonds zu haben und einen Anspruch auf volle Befriedigung. Dass er nun aber nach Aufhebung der Negativerklärung und Abgabe der Positiverklärung trotz § 35 II 1 InsO und dem darin verankerten Konnexitätsgrundsatz nur eine (unsichere) Insolvenzforderung soll erhalten können, dürfte ihm deswegen schwer zu vermitteln sein.

Eine Haftung der Masse lässt sich auch nicht dadurch vermeiden, dass der Verwalter neue Miet- und Pachtverträge über unbewegliche Gegenstände oder Räume sowie Dienstverträge analog § 109 I 1 InsO beziehungsweise analog § 113 S. 1 InsO kündigt. Es fehlt diesbezüglich an einer vergleichbaren Interessenlage. Die §§ 109 I 1, 113 S. 1 InsO ermöglichen es dem Verwalter zwar, zum Schutz der Masse unrentable Dauerschuldverhältnisse im Sinne des § 108 I 1 InsO zu beenden. Der Schuldner muss sie aber vor Verfahrenseröffnung begründet haben, nur dann würde die Masse überhaupt gemäß § 108 I 1 InsO hierfür haften. Schließt der Verwalter hingegen während des Verfahrens neue Verträge, finden die §§ 109 I 1, 113 S. 1 InsO unstrittig keine Anwendung, denn es fehlt der Bezug zur Ausgangsregelung des § 108 I 1 InsO.[357] Da nun aber die Haftung der Masse für neue Miet-, Pacht- oder Dienstverträge auf einer Positiverklärung basiert und damit auf einer Haftungserklärung im Sinne des § 55 I Nr. 1 Alt. 1 InsO, die wiederum mit einem eigenen Vertragsschluss des Verwalters als Verwalterhandlung im Sinne des § 55 I Nr. 1 Alt. 1 InsO auf einer Stufe steht, ist für die Annahme einer vergleichbaren Interessenlage kein Raum.

2. *Rückabwicklungen*

Wie bereits angesprochen, befürchtet die herrschende Meinung, ein Insolvenzbeschlag auch des bereits erwirtschafteten Neuerwerbs würde den Verwalter zu unüberschaubaren Rückabwicklungen verpflichten, weswegen die Negativerklärung für die Vergangenheit wirksam bleiben müsse.

Diese Bedenken sind nicht von der Hand zu weisen. Müsste der Schuldner nach Kassation der Negativerklärung den Verwalter über jede getätigte Verfügung unterrichten und hätte der Verwalter daraufhin jeden Empfänger anzuweisen, das Geleistete an die Masse zurückzugewähren, ergäben sich hieraus enorme Schwierigkeiten – umso mehr, als zwischen Negativerklärung und deren Aufhebung ein langer Zeitraum liegen kann. Zudem wäre der Aufwand für den Verwalter enorm.

Doch ist dies nur eine Seite der Medaille. Eine Rückabwicklung hieße auch, schutzwürdige Interessen der Neugläubiger zu vernachlässigen. Sie müssten das vom Schuldner Erhaltene gemäß §§ 81 I 1 InsO, 985 BGB[358] an die Masse herausgeben. Im Gegenzug käme für sie bloß ein Bereicherungsanspruch gemäß §§ 81 I 3 InsO, 55 I Nr. 3 InsO in Betracht, dessen Voraussetzungen aber kaum jemals erfüllt sein dürften. Denn die Masse müsste um die Gegenleistung des Neugläubigers noch bereichert, diese also in des Verwalters Hände gelangt sein, was vor allem bei kaufmännischen oder handwerklichen Tätigkeiten die Ausnahme ist. Die herrschende Meinung hat also nicht unrecht mit ihrer Präferenz, Rückabwicklungen zu vermeiden.

Die in diesem Teil der Arbeit für nötig erachtete Positiverklärung hat allerdings keine Rückabwicklungspflicht für den Verwalter zur Folge. Denn gibt der Verwalter die Negativerklärung ab, ergibt sich für den Schuldner eine Situation, die hinsichtlich des Vermögens aus der selbstständigen Tätigkeit vergleichbar ist mit der Situation, die ohne Insolvenzverfahren bestünde: der Schuldner besitzt in beiden Fällen eine uneingeschränkte Verfügungsgewalt über sein Vermögen.

---

357 *Dahl* NZM 2008, 585 (586); vgl. auch Uhlenbruck/*Wegener* § 109 Rn. 2.

358 Siehe hierzu HambKomm/*Kuleisa* § 81 Rn. 14; MünchKomm/*Ott*/*Vuia* § 81 Rn. 13.

Die freie Verfügungsbefugnis endet erst, sobald das Gericht die Negativerklärung aufhebt und die gebundene Positiverklärung an deren Stelle tritt. Dann erst greifen bezüglich des Vermögens aus der selbstständigen Tätigkeit die Normen, die infolge der Negativerklärung nicht anwendbar waren – zum Beispiel § 36 I InsO oder die §§ 80 ff. InsO. Das Ende der Negativerklärung ist demnach einer originären Verfahrenseröffnung und einem damit verbundenen Vermögensbeschlag durchaus vergleichbar. Beide Fälle – Verfahrenseröffnung und gebundene Positiverklärung – sollten deshalb auch gleich behandelt werden. Wird aber ein Insolvenzverfahren eröffnet, käme wohl niemand auf die Idee, der Verwalter müsse sämtliche Verfügungen des Schuldners rückabwickeln. Möglich wäre allein die im nächsten Abschnitt zu beleuchtende Anfechtung gemäß §§ 129 ff. InsO. Nach einer gebundenen Positiverklärung sollte es folglich gleich gehalten werden.

3. *Anfechtung gemäß §§ 129 ff. InsO analog*

Direkt anwendbar sind die §§ 129 ff. InsO nicht. In der Zeit zwischen Negativerklärung und deren Aufhebungen liegen keine Rechtshandlungen aus Zeiten „vor der Eröffnung des Insolvenzverfahrens" vor. In Betracht kommt deswegen nur eine Analogie.

a) **Allgemeine Voraussetzungen für eine Analogie**

aa) Planwidrige Regelungslücke

§ 35 II 3 InsO regelt ebenso wenig wie §§ 129 ff. InsO, was für den Fall gelten soll, dass die Negativerklärung ihre Wirksamkeit verliert. Schon im Gesetzgebungsverfahren blieb dieser Punkt unberücksichtigt – und dies trotz eines mahnenden Hinweises des *Bundesrates*. Wolle man, so der Bundesrat, schon einen Unwirksamkeitsvorbehalt einführen, müsse auch geklärt werden, ob nach der Aufhebung der Negativerklärung diese „von Anfang an" unwirksam sei,[359] womit indirekt auch die Frage nach etwaigen Rückabwicklungen angesprochen wurde. Nirgends in den Materialien wurde aber auf diesen Kritikpunkt weiter eingegangen – und das nicht etwa, weil man die Frage geregelt wähnte. Man hat den Einwand im Gesetzgebungsverfahren scheinbar schlichtweg übersehen. Immerhin war der Einwurf des Bundesrates verbunden mit dem Vorschlag, statt eines Unwirksamkeitsvorbehalts ein Zustimmungserfordernis zugunsten der Insolvenzgläubiger in § 35 II InsO einzufügen. Und das war ein Punkt, der auf Ablehnung stieß.[360]

---

359 BT-Drs. 16/3227, 24.

360 *Gegenäußerung der Bundesregierung* BT-Drs. 16/3227, 26.

bb) Vergleichbare Interessenlage

Um die eben aufgezeigte Regelungslücke aber mit einer Analogie zu den §§ 129 ff. InsO ausfüllen zu können, ist noch der Nachweis einer vergleichbaren Interessenlage zu führen: Rechtshandlungen im Vorfeld einer gebundenen Positiverklärung müssen denen vergleichbar sein, die §§ 129 ff. InsO anfechtbar stellen – vergleichbar also solchen, die *vor* Eröffnung eines Verfahrens zum Nachteil der Insolvenzgläubiger vorgenommen werden. Dabei soll es im Weiteren, soweit das Gesetz dies nicht ohnehin verlangt (§§ 132, 133 InsO), aber nur um Rechtshandlungen des Schuldners gehen.

(1) Vergleichbarkeit der gebundenen Positiverklärung mit einer Verfahrenseröffnung

Die erste Hürde auf dem Weg dahin, die vergleichbare Interessenlage aufzuweisen, wurde bereits oben genommen: Nach einer Negativerklärung kann der Schuldner mit dem Neuerwerb frei verfahren; er stößt insoweit auf keinerlei insolvenzrechtliche Schranken. Darin ähnelt er einem Schuldner, über dessen Vermögen noch kein Verfahren eröffnet worden ist.

(2) Ziele des Anfechtungsrechts

Doch reicht die Vergleichbarkeit von gebundener Positiverklärung und Verfahrenseröffnung noch nicht aus, um eine Analogie zu §§ 129 ff. InsO begründen zu können. Es sind noch die jeweiligen Rechtshandlungen darzustellen, denen die einzelnen Tatbestände der §§ 130 ff. InsO begegnen wollen, um sie dann den Handlungen vor einer gebundenen Positiverklärung vergleichend gegenüberzustellen.

Einleitend seien aber zunächst einmal einige Worte über das Anfechtungsrecht im Allgemeinen gesagt. Zum einen will das Anfechtungsrecht eine Ungleichbehandlung der Gläubiger verhindern (§§ 130-132 InsO),[361] daneben geht es ihm aber auch darum, gewisse rechtlich missbilligte und die Masse mindernde Vermögensverschiebungen rückgängig zu machen, und zwar unabhängig davon, ob bereits eine „Krise" vorlegen hat, etwa böswillige Vermögensminderungen und Schenkungen (§§ 133 f. InsO).[362] Aus diesem Blickwinkel wird im Folgenden verständlich, warum der Schuldner im Zeitraum zwischen Negativerklärung und gebundener Positiverklärung der Befriedigung seiner Insolvenzgläubiger

361 *BGH* NJW 1972, 2084; Kummer/Schäfer/Wagner/*Schäfer* Insolvenzanfechtung A 18; *Schoppmeyer* NZI 2005, 185 (186).

362 *Schoppmeyer* NZI 2005, 185 (187); Uhlenbruck/*Hirte* § 129 Rn. 2.

die gleichen Hindernisse in den Weg stellen kann wie die, die §§ 129 ff. InsO gerade angehen wollen.

(a) Gläubigergleichbehandlung

Da die Masse allen Gläubigern gleichermaßen haftet, darf der Schuldner jene nicht vor Eröffnung des Verfahrens bereits zugunsten einzelner Gläubiger mindern, sofern er bereits zahlungsunfähig ist, sich also gleichsam „in der Krise" befindet. Denn dann besteht bereits der „Konkursanspruch" auf anteilige Befriedigung.[363]

Der Schuldner kann den Gleichbehandlungsgrundsatz jedoch nicht nur vor dem Verfahren verletzen, er kann auch im Insolvenzverfahren selbst mit ihm in Konflikt geraten. Zwar hat der *Bundesgerichtshof* mit Beistand der Literatur darauf hingewiesen, der Schuldner könne den Grundsatz einer gleichmäßigen Gläubigerbefriedigung nicht verletzen, wenn er mit insolvenzfreiem Vermögen Insolvenzgläubiger während des laufenden Verfahrens befriedige,[364] denn dadurch mindere er nicht die Masse und nur für sie gelte der Gleichbehandlungsgrundsatz.[365] Doch darf diese grundsätzlich richtige Auffassung[366] nicht die Sicht auf das Wesentliche verstellen. Zwar ist Vermögen aus der selbstständigen Tätigkeit nach der Negativerklärung insolvenzfrei. Aber § 35 II 3 InsO macht deutlich, dass die Insolvenzfreiheit des Vermögens aus der selbstständigen Tätigkeit zugunsten aller Insolvenzgläubiger enden kann, genauso wie die Insolvenzfreiheit von Vermögen mit Eröffnung des Verfahrens endet. Und das ist der Unterschied von insolvenzfreiem Vermögen aus der selbstständigen Tätigkeit und unpfändbarem insolvenzfreiem Vermögen gemäß § 36 I InsO, um das es in der Entscheidung des Bundesgerichtshofs ging.

Wenn also der Schuldner zum Beispiel einen Monat vor Eröffnung des Verfahrens einen Gläubiger befriedigt, ist das vergleichbar mit der Situation, dass der Schuldner einen Monat vor dem Unwirksamkeitsbeschluss gemäß § 35 II 3 InsO und einer darauf aufbauenden gebundenen Positiverklärung die Forderung eines Insolvenzgläubigers erfüllt. In beiden Fällen entgeht den anderen Gläubigern der geleistete Wert.

---

363 *Foerste* FS Picker, 227 (228).

364 *BGH* NZI 2010, 223 (224) mit weiteren Nachweisen.

365 *BGH* NZI 2010, 223 (224).

366 Dass die Ansicht des Bundesgerichtshofs zutreffend und konsequent ist, ergibt sich aus folgender Überlegung: Insolvenzfreies Vermögen ist den Insolvenzgläubigern entzogen. Wenn sie darauf aber nicht zugreifen dürfen, entgeht ihnen auch nichts, wenn der Schuldner daraus etwas für einen Gläubiger aufwendet.

(b) Vermögensverschiebungen

Noch klarer wird die Vergleichbarkeit der Lagen bei (böswilligen) Vermögensverschiebungen. Denn es macht keinen Unterschied, ob der Schuldner vor dem Verfahren Vermögen „auf die Seite bringt", um es seinen Gläubigern zu entziehen, oder ob er es im Verfahren während der Wirkungsdauer der Negativerklärung tut.

b) Die Tatbestände der §§ 130 ff. InsO

Die bisherigen Ausführungen sind jedoch noch nicht erschöpfend, denn sie haben bislang nur sehr allgemein eine Vergleichbarkeit der Interessenlagen aufgezeigt. Die Analogie zu §§ 130 ff. InsO bedarf noch feinerer Begründungsarbeit. Die Frage danach, ob und worin genau die Vergleichbarkeit besteht, ist für jeden einzelnen Tatbestand der §§ 130 ff. InsO gesondert zu klären.

aa) Die Anfechtungstatbestände der §§ 130 – 132 InsO

Als Erstes sollen die besonderen Anfechtungstatbestände der §§ 130–132 InsO betrachtet werden.

(1) Analogie zu § 132 InsO

Der Verwalter kann gemäß § 132 I InsO ein in der Krise vorgenommenes Rechtsgeschäft des Schuldners anfechten, sofern es die Insolvenzgläubiger unmittelbar benachteiligt – etwa indem sich der Schuldner darin verpflichtet hat, eine Sache unter Wert zu verkaufen oder über Wert zu kaufen.[367] Doch reicht allein die Nachteilhaftigkeit des Rechtsgeschäfts noch nicht aus, denn § 132 I InsO will primär nur Rechtsgeschäfte angreifbar stellen, mit denen ein anderer die Notlage des Schuldners für sich ausnutzt,[368] und zwar indem er diesen zu geschäftlichen Manövern veranlasst, die durch ein unausgeglichenes Wertverhältnis gekennzeichnet sind.[369] Es geht also um „Verschleuderungsgeschäfte" mit dem Ziel des Schuldners, wieder an Geld zu kommen.[370]

Dies vorangestellt ist zu überprüfen, ob es auch vor dem Unwirksamkeitsbeschluss gemäß § 35 II 3 InsO zu „Verschleuderungen" kommen kann. Natürlich

---

367 Kummer/Schäfer/Wagner/*Schäfer* Insolvenzanfechtung E 39.

368 Denn § 132 I Nr. 1 InsO verlangt Kenntnis des anderen Teils von der Zahlungsunfähigkeit des Schuldners.

369 *Häsemeyer* Insolvenzrecht Rn. 21.66; MünchKomm/*Kayser* § 132 Rn. 1; Uhlenbruck/*Hirte* § 132 Rn. 9.

370 *Henckel* ZIP 1982, 391 (393); *Thole* Gläubigerschutz durch Insolvenzanfechtung, S. 435.

kann der Schuldner bei seiner selbstständigen Tätigkeit Gegenstände unter Wert verkaufen oder einem Dritten eine Schuld erlassen. Das wäre wiederum auch für die Insolvenzgläubiger unmittelbar nachteilig, immerhin würden sich ihre Chancen verringern, aus dem über § 35 II 3 InsO „zurückgeholten" Vermögen befriedigt zu werden. Im Übrigen können berufsbezogene Verträge zu überteuerten Konditionen vorliegen, wofür die Masse gemäß § 55 I Nr. 1 InsO nach einer gebundenen Positiverklärung haftet, was wiederum den Inhalt des Haftungsfonds für Insolvenzgläubiger abnehmen lässt. Doch ist im Blick zu behalten, dass Insolvenzgläubiger die Negativerklärung nur durch das Gericht aufheben lassen werden, wenn der Schuldner beruflichen Erfolg zu verzeichnen hat. Es liegt demnach nicht die Situation vor, der § 132 I InsO begegnen will: Der Schuldner befindet sich in keiner wirtschaftlichen Notlage, die ihn zu unausgeglichenen Notgeschäften veranlasst. Ergibt sich für den wirtschaftlich gut aufgestellten Schuldner demnach vor der Unwirksamkeitserklärung hier und da ein nachteiliges Geschäft, handelt es sich hierbei um ein allgemeines Lebensrisiko und nicht um eine „Verschleuderung". Eine Analogie zu § 132 I InsO ist dann ausgeschlossen.

(2) Analogie zu §§ 130, 131 InsO

Nicht ausgeschlossen ist hingegen eine Analogie zu den §§ 130, 131 InsO. Die §§ 130, 131 InsO tragen dem Grundsatz Rechnung, dass kein Insolvenzgläubiger einen Vorteil aus Rechtshandlungen ziehen darf, sofern der Schuldner seine Schulden nicht mehr vollständig tilgen kann und deswegen ein Gesamtvollstreckungsverfahren absehbar ist.[371] Die „par conditio creditorum" greift bereits, obwohl noch kein Insolvenzverfahren eröffnet ist.[372]

Ist bereits ein Insolvenzverfahren eröffnet und steht die Aufhebung einer Negativerklärung im Raum, sollte die „par conditio creditorum" aber genauso beachtet werden wie vor dem Insolvenzverfahren. Denn ist der Antrag gemäß § 35 II 3 InsO gestellt, besteht wieder das Anrecht der Insolvenzgläubiger auf gleichmäßige Befriedigung aus dem schon vorhandenen Vermögen aus der selbstständigen Tätigkeit. Immerhin flössen die vom Schuldner für die Befriedigung eines einzelnen Insolvenzgläubigers aufgewendeten insolvenzfreien Gelder aus der selbstständigen Tätigkeit nach aufgehobener Negativ- und abgegebener Positiverklärung vollständig in die Masse; sie stünden allen Insolvenzgläubigern gleichmäßig zu.

---

371 *Foerste* FS Picker, 227 (228); *Häsemeyer* Insolvenzrecht Rn. 21.05.

372 *Thole* Gläubigerschutz durch Insolvenzanfechtung, S. 347.

Diesen Gesichtspunkt festhaltend, kann der Verwalter meines Erachtens demzufolge im Falle einer kongruenten Deckung die Rechtshandlung des Schuldners zum Beispiel analog § 130 I 1 Nr. 1 InsO anfechten, wenn sie in den letzten drei Monaten vor der gebundenen Positiverklärung vorgenommen worden ist und der Gläubiger Kenntnis vom Antrag im Sinne des § 35 II 3 InsO hatte. Liegt hingegen ein Fall der inkongruenten Deckung vor, kann der Verwalter analog § 131 I Nr. 1 InsO jede Rechtshandlung anfechten, die der Schuldner im letzten Monat vor der gebundenen Positiverklärung vorgenommen hat, unabhängig davon, ob der Insolvenzgläubiger von dem Antrag im Sinne des § 35 II 3 InsO wusste. Zudem kommt eine Anfechtbarkeit gemäß § 131 I Nr. 2 InsO in Betracht für Rechtshandlungen, die innerhalb des zweiten oder dritten Monats vor der gebundenen Positiverklärung vorgenommen wurden und der Antrag im Sinne des § 35 II 3 InsO bereits gestellt war.

bb) Die allgemeine Anfechtung gemäß §§ 133, 134 InsO

Auch eine Anfechtung analog § 133 InsO oder analog § 134 InsO ist meines Erachtens möglich.

(1) Analogie zu § 133 InsO

§ 133 InsO ist – im Gegensatz zu den Anfechtungstatbeständen der §§ 130-132 InsO – losgelöst von einer materiellen Insolvenz. Die Norm sanktioniert Handlungen vor Eröffnung eines Insolvenzverfahrens, die das Interesse der Insolvenzgläubiger an gleichen Befriedigungs- und Zugriffschancen beeinträchtigen.[373] Zentrale Bedeutung kommt dabei dem Willen des Schuldners zu, einen Gegenstand vor seinen Gläubigern in Sicherheit zu bringen.[374]

Eine „Benachteiligung" der Insolvenzgläubiger im Sinne des § 133 InsO, die immer dann vorliegt, wenn die Gläubigerbefriedigung „verkürzt (vermindert), vereitelt, erschwert oder verzögert wird",[375] kann aber nicht nur dann gegeben sein, wenn der Schuldner vor Verfahrenseröffnung Vermögen unter der Hand verschiebt. Er kann seine Insolvenzgläubiger auch dann „benachteiligen", wenn er sein Vermögen aus der selbstständigen Tätigkeit im Insolvenzverfahren heimlich auf die Seite bringt. Immerhin könnte das verschobene Vermögen nach dem gerichtlichen Unwirksamkeitsbeschluss und der gebundenen Positiverklärung zugunsten aller Insolvenzgläubiger verwendet werden.

373 *BGH* NJW 2005, 1121 (1122); *Schoppmeyer* NZI 2005, 185 (187).
374 *Schoppmeyer* NZI 2005, 185 (188).
375 BT-Drs. 12/2443, 157 (zu § 144 InsO-RegE).

Freilich bedarf es auch bei einer Analogie zu § 133 InsO eines Benachteiligungsvorsatzes. Um diesen bejahen zu können, genügt aber bereits dolus eventualis.[376] Benachteiligungsvorsatz liegt folglich schon dann vor, wenn es der Schuldner, erstens, für möglich hält, dass seine Handlung den Insolvenzgläubigern die Haftungsmasse entzieht oder verringert, die Handlung also dem in § 35 II 3 InsO verankerten Recht auf Teilhabe am Erfolg der selbstständigen Arbeit entgegenarbeitet, und er dies, zweitens, jedenfalls billigend in Kauf nimmt.

Und was die Kenntnis des Dritten vom Benachteiligungsvorsatz anbelangt, so ist sie in Anlehnung an § 133 I 2 InsO zu vermuten, wenn der Dritte den Antrag der Gläubiger gemäß § 35 II 3 InsO kennt und weiß, dass das Handeln des Schuldners die Insolvenzgläubiger benachteiligt.

(2) Analogie zu § 134 InsO

§ 134 InsO erlaubt dem Verwalter, unentgeltliche Leistungen zurückzufordern. § 134 InsO ist dabei kein insolvenzrechtliches Spezifikum, sondern er ist vielmehr Ausdruck eines verallgemeinerungsfähigen Rechtsgedankens: Unentgeltlichem Erwerb wohnt eine schwächere Position inne als sonstigem Rechtserwerb (siehe nur die §§ 528, 816 I 2, 822, 988 BGB).[377] Dieser Rechtsgedanke greift bei unentgeltlichen Leistungen eines Schuldners vor Aufhebung der Negativerklärung genauso wie bei unentgeltlichen Leistungen vor Eröffnung eines Insolvenzverfahrens.

C. Zusammenfassende Würdigung

Insgesamt kommt der in diesem Teil vorgestellte Lösungsvorschlag zu praktikablen Ergebnissen. Die nach Kassation der Negativerklärung für notwendig befundene Positiverklärung setzt das im *Dritten Teil* aufgezeigte Konnexitätskonzept des Gesetzgebers konsequent um und sorgt für eine durchgängige Begünstigungs- und Haftungskontinuität während des gesamten Insolvenzverfahrens.

Zudem hat die vorgestellte Lösung, die nach einem gerichtlichen Unwirksamkeitsbeschluss im Sinne des § 35 II 3 InsO eine Positiverklärung verlangt, einen Vorteil: Sie sorgt für Rechtsklarheit, die immerhin auch für den Gesetzgeber hohe Priorität gehabt hat.[378] Neugläubiger müssen sich nicht fragen, was gilt, nachdem das Gericht die Negativerklärung aufgehoben hat. Sie müssen sich

376 *BGH* NZI 2008, 231 (232); NZI 2003, 597 (598).

377 Kummer/Schäfer/Wagner/*Schäfer* Insolvenzanfechtung A 27; *Häsemeyer* Insolvenzrecht Rn. 21.88.

378 Vgl. BT-Drs. 16/4194, 14.

nicht fragen, ob sie ihre Ansprüche gegen die Masse oder das insolvenzfreie Vermögen geltend zu machen haben. Ein Blick auf die Seite *www.insolvenzbekanntmachungen.de* genügt und die Neugläubiger wissen, welche Vermögenssphäre haftet. Ist darauf veröffentlicht, dass der Verwalter eine Negativerklärung abgegeben hat, muss der Neugläubiger den Schuldner persönlich in Anspruch nehmen. Ist hingegen veröffentlicht, das Insolvenzgericht habe gemäß § 35 II 3 InsO die Negativerklärung für unwirksam erklärt und eine Positiverklärung sei an ihre Stelle getreten, haftet die Masse für offene Forderungen. Neugläubiger können also damit rechnen, in jeder Phase des Verfahrens eine Haftungsmasse vorzufinden, was wiederum ihre Bereitschaft erhöhen dürfte, mit dem Schuldner in geschäftlichen Kontakt zu treten und zu bleiben.

Sechster Teil: Alt-Verträge im Sinne des § 108 I 1 InsO

Im *Zweiten Teil* wurde herausgearbeitet, dass die Negativerklärung entgegen der ganz herrschenden Meinung nicht dazu führt, dass der Schuldner mit seinem insolvenzfreien Vermögen wieder für Verbindlichkeiten aus unternehmensbezogenen Alt-Verträgen im Sinne des § 108 I 1 InsO haftet. Somit stellt sich die Frage, wie im Verfahren mit diesen Alt-Verträgen und der Haftung für fortlaufende Verbindlichkeiten hieraus - etwa Mieten oder Gehaltszahlungen - umzugehen ist. Dabei gilt es auch zu untersuchen, ob und wie sich § 35 II InsO auf diesen Themenkomplex auswirkt.

A. Allgemeines

Die Insolvenzordnung weist zunächst einen klaren Weg. Miet-, Pacht- und Dienstverträge gelten gemäß § 108 I 1 InsO uneingeschränkt für die Masse fort. Sie haftet gemäß § 55 I Nr. 2 Alt. 2 InsO aber auch für Ansprüche hieraus. Damit jedoch die Masse aus diesem Grunde nicht immer kleiner wird, kann der Verwalter gemäß § 109 I 1 InsO und § 113 S. 1 InsO nicht benötigte Verträge kündigen, was de facto auf eine Unternehmensstilllegung gemäß §§ 157 f. InsO hinauslaufen kann - und bei kleinen Geschäften ohne Filialnetz darauf auch hinausläuft.[379] Konflikte mit den Grundrechten des Schuldners (Art. 12 I und Art. 14 I GG) liegen deswegen auf der Hand.

Keine Probleme können sich jedoch ergeben, wenn der Verwalter das Unternehmen vom Markt nimmt, um die im Unternehmen gebundenen und massezugehörigen Produktionsmittel zu verwerten. Sie können immerhin den größten Vermögensblock des Schuldners darstellen. Deswegen verleibt die Insolvenzordnung dem Verfahren auch das „Unternehmen" ein, sodass die Insolvenzgläubiger gemäß § 157 S. 1 InsO über dessen Zukunft entscheiden dürfen. Das ist zu begrüßen, denn immerhin sind auch ihre Interessen an einer bestmöglichen Befriedigung offener Forderungen über Art. 14 I GG geschützt.[380] Halten die

379 Es ist nämlich kaum vorstellbar, wie der Schuldner sein Geschäft weiterbetreiben soll, wenn er dank der Kündigung keine Büroräume und Arbeitnehmer mehr hat.

380 *Adam* DZWIR 2009, 441 (442) hält Regelungen zur gleichmäßigen Gläubigerbefriedigung mit Verweisung auf Art. 20 III, 3 I, 14 I GG sogar für verfassungsrechtlich geboten.

Insolvenzgläubiger eine schnelle und saubere Zerschlagung des Unternehmens für vorteilhaft, können sie den Verwalter (zum Beispiel im Berichtstermin) anweisen, alle Arbeitnehmer zu entlassen, die Geschäftsräume aufzugeben und die im Unternehmen gebundenen Vermögenswerte zu veräußern. Insoweit treten die Grundrechte des Schuldners aus Art. 12 I und 14 I GG hinter die von Art. 14 I GG geschützten Interessen der Insolvenzgläubiger zurück.

Doch lässt sich ein Vorrang der Gläubigerinteressen vor denen des Schuldners nicht bejahen, wenn das Unternehmen für die Insolvenzgläubiger uninteressant ist, entweder weil der Schuldner keine werthaltigen oder keine pfändbaren Betriebsmittel sein eigen nennt[381] oder weil die Insolvenzgläubiger das Unternehmen nicht (auf Kosten der Masse) durch den Verwalter fortführen lassen wollen, da sie sich zu wenig Masse davon versprechen. Dann stellt sich die Frage, ob der Verwalter das Unternehmen durch Kündigung unternehmensrelevanter Verträge trotzdem de facto stilllegen darf – gegen den Willen des Schuldners.

§ 157 S. 1 InsO scheint die Frage zu bejahen, wenn darin als einzige Alternative zur Fortführung im Verfahren die Stilllegung des Unternehmens aufgeführt ist. Dennoch ist eine unbeschränkte Befugnis zur Stilllegung vor dem Hintergrund des neuen § 35 II 1 InsO bedenklich. Mit ihm soll dem Schuldner gleichsam in seiner Funktion als Triebwerk des Unternehmens ein neuer Impuls zur Fortsetzung seiner Tätigkeit gegeben werden. Hierfür wichtig ist jedoch – um im Bild zu bleiben –, dass man das Triebwerk nicht aus seinem Gehäuse entfernt, sondern das Gehäuse, wo nötig und möglich, lediglich adjustiert.

---

381 Zu § 811 I Nr. 5 ZPO siehe *Zimmermann* ZInsO 2011, 2057 (2060 f.): Er ist der Ansicht, der Verwalter dürfe das Unternehmen auch stilllegen, wenn es nur über unpfändbare Betriebsmittel verfügt. Nach der Stilllegung könne der Schuldner die Gegenstände aus § 811 I Nr. 5 ZPO nicht mehr nutzen. Dadurch gehe er des Vollstreckungsschutzes verlustig.

Diese Auffassung ist aber bedenklich. Zum einen stellt sich die Frage, welchen Sinn die Verweisung in § 36 I 1 InsO auf § 811 I Nr. 5 ZPO überhaupt hätte, könnte der Verwalter § 811 I Nr. 5 ZPO durch Stilllegung des Unternehmens leicht ausschalten. Zweitens ist es dem Schuldner – wie *Zimmermann* (ebenda S. 2061) zutreffend klarstellt – auch nach einer Stilllegung unbenommen, eine identische Tätigkeit neu aufzunehmen. Es ist also nicht so, dass der Schuldner nach einer Stilllegung die berufsnotwendigen Gegenstände prinzipiell nicht mehr nutzen kann und deswegen den Schutz des § 811 I Nr. 5 ZPO verliert. Denn kann der Schuldner nur zeitweilig seine Tätigkeit nicht ausüben, ist das für § 811 I Nr. 5 ZPO unschädlich (Musielak/*Becker* ZPO § 811 Rn. 19), zumindest dann, wenn eine konkrete Aussicht auf Wiederaufnahme der Tätigkeit besteht (vgl. MünchKomm/*Gruber* ZPO § 811 Rn. 37).

Auch außerhalb der Insolvenzordnung hat sich der Gedanke von einer Unternehmensfortführung durch den Schuldner mittlerweile manifestiert. § 12 S. 2 GewO regelt, dass dem Schuldner die Gewerbeerlaubnis wegen Unzuverlässigkeit, die auf ungeordnete Vermögensverhältnisse zurückzuführen ist, im Insolvenzverfahren nur entzogen werden kann, wenn er sich *nach* der Negativerklärung als unzuverlässig erweist. Nimmt man § 35 II 1 InsO und § 12 S. 2 GewO zusammen, so folgt daraus: Auch ein insolventer Selbstständiger verdient eine zweite Chance.[382] Eine zweite Chance ist ihm aber nur dann gegeben, wenn der Verwalter, statt vom Schuldner beruflich dringend benötigte Verträge zu kündigen, andere Mittel zur Verfügung hat, um die Masse von unerwünschten Verträgen zu entlasten. Um welche Mittel es sich hierbei handeln kann, wird auf den folgenden Seiten unter Berücksichtigung bereits vertretener Lösungsvorschläge näher beleuchtet.

B. Bisherige Lösungsvorschläge

Dass die Insolvenzordnung dem Wunsch des Schuldners, beruflich relevante Dauerschuldverhältnisse für seine Tätigkeit weiter zu nutzen, nicht gleichgültig gegenüber stehen darf, wird zum Teil von Literatur und Rechtsprechung anerkannt. So sind in der Vergangenheit einige Ansätze entwickelt worden, wie der Verwalter die Masse einerseits vor Verbindlichkeiten schützen kann, dem Schuldner andererseits berufsnotwendige Dauerschuldverhältnisse aber erhalten bleiben. Namentlich wurde – abseits der allseitig anerkannten „Freigabe" von Verträgen mit Zustimmung des Vertragspartners[383] – Folgendes vorgeschlagen: Analogie zu § 109 I 2 InsO, relative Kündigung und analoge Anwendung des § 613a BGB.

I. § 109 I 2 InsO analog

Eine weitverbreitete Auffassung will für beruflich genutzte Mietverträge § 109 I 2 InsO analog anwenden.[384] *Heinze* geht gar noch einen Schritt weiter: Er will die Norm trotz ihrer inhaltlichen Beschränkung auf Mietverträge sogar auf Arbeitsverträge ausdehnen.[385]

Dieser Ansatz überzeugt aber nicht.

---

382 So ausdrücklich BT-Drs. 17/10961, 11.

383 Siehe nur *BAG* ZInsO 2008, 866 (868); *LG Dortmund* ZInsO 2005, 724; *LG Hannover* KTS 1955, 123 (124); *Eckert* NZM 2001, 260 (261); *Pape* NZM 2004, 401 (410); *Wischemeyer/Schur* ZInsO 2007, 1240 (1244); *Vallender/Dahl* NZI 2000, 246 (249).

384 *Gutsche* ZVI 2008, 41 (45 f.); *Heinze* DZWIR 2009, 286 (287); *Voigt/Gerke* ZInsO 2002, 1054 (1064); *Wagenknecht-Hose* Neuverbindlichkeiten, S. 109.

385 DZWIR 2009, 286 (287); ablehnend *Voigt/Gerke* ZInsO 2002, 1054 (1064).

1. Hintergrund des § 109 I 2 InsO

§ 109 I 2 InsO ist mit Vorbedacht auf Wohnraum begrenzt worden. Grund hierfür war, dass in Insolvenzverfahren Verwalter oder Treuhänder das Wohnraummietverhältnis des Schuldners kündigten, um die Masse einmal vor Ansprüchen der Vermieter zu schützen, dann aber auch, um die vom Schuldner geleistete Kaution zur Masse zu ziehen.[386] Dieser Praktik, aber auch nur ihr, hat der Gesetzgeber Einhalt gebieten wollen. § 109 I 2 InsO soll also allein Obdachlosigkeit verhindern, der Schuldner soll nicht der öffentlichen Fürsorge anheimfallen.[387] Aufgrund dieser an Art. 13 GG ausgerichteten Schutzwirkung ist die Norm nicht für alle Dauerschuldverhältnisse verallgemeinerungsfähig.[388]

2. Unterschiede zwischen Wohnraum und beruflich genutzten Dauerschuldverhältnissen

Ein weiterer Umstand nährt Zweifel an einer vergleichbaren Interessenlage: Die Enthaftungserklärung gemäß § 109 I 2 InsO verdrängt das Kündigungsrecht im Sinne des § 109 I 1 InsO.[389] Selbst eine Kündigung durch den Verwalter im Einvernehmen mit dem Schuldner – etwa bei einem Zeitmietvertrag oder einem Vertrag mit mehrjährigem Kündigungsausschluss – ist ausgeschlossen.[390] Das müsste dann freilich auch innerhalb einer Analogie gelten. Ein Kündigungsausschluss auch für beruflich genutzte Dauerschuldverhältnisse würde allerdings die gravierenden Unterschiede zwischen eben diesen Verhältnissen und Wohnraummietverträgen vernachlässigen. Dem Verwalter analog § 109 I 2 InsO pauschal das Kündigungsrecht bezüglich unternehmensbezogener Verträge zu nehmen, würde nämlich eine (möglicherweise im Interesse der Insolvenzgläubiger liegende) Sanierung des Unternehmens gefährden – sowie einen Neuanfang des Schuldners. Darauf wurde bereits im *Zweiten Teil* hingewiesen.[391]

---

386 *Vallender/Dahl* NZI 2000, 246 (247).

387 Vgl. BT-Drs. 14/5680, 16 zu Nr. 7 b).

388 *W. Lüke* verweist in FS Laufs, 989 (1001) darauf, dass bei der selbstständigen Tätigkeit sozialpolitische Erwägungen nicht greifen könnten; ebenso *Windel* RdA 2012, 366 (367); vgl. auch MünchKomm/*Eckert* § 109 Rn. 8.

389 BT-Drs. 14/5680, 27; Andres/Leithaus/*Andres* § 109 Rn. 10; *Eckert* ZVI 2006, 133 (136); *Heinze* ZInsO 2010, 1073; Uhlenbruck/*Wegener* § 109 Rn. 17.

390 *Eckert* ZVI 2006, 133 (136); MünchKomm/*Eckert* § 109 Rn. 52; anderer Ansicht K. Schmidt/*Ringstmeier* § 109 Rn. 27.

391 Zweiter Teil unter B. III. 2. b), S. 34 f.

Überdies ist hervorzuheben, dass § 109 I 2 InsO nicht danach fragt, ob der Schuldner die „freigegebenen" Verträge überhaupt fortsetzen möchte; für den Vertrag über die Wohnung hat der Gesetzgeber dies einfach unterstellt. Das heißt, selbst dann, wenn der Schuldner dem Verwalter verdeutlicht hat, er habe an bestimmten Verträgen kein Interesse, wäre das für diesen nicht bindend. Der Verwalter könnte folglich auch den Schuldner schwer belastende Verbindlichkeiten aus unternehmensbezogenen Verträgen gemäß § 109 I 2 InsO überleiten, was die Auffassung einer analogen Anwendbarkeit der Norm nur noch bedenklicher macht.

II. „Relative Kündigung"

Andere Auffassungen versuchen, einen Kompromiss zwischen Masseschonung und Erhalt wichtiger Dauerschuldverhältnisse herzustellen, indem sie einer Kündigung nur eingeschränkte Wirkung beimessen. Die Kündigung beende den Vertrag nur im Verhältnis zur Insolvenzmasse, im Übrigen bestehe er zwischen Schuldner und Vertragspartner fort.[392]

Diese Argumentation überzeugt jedoch wenig. Gemäß § 542 I BGB und § 620 II BGB beendet eine Kündigung den Vertrag insgesamt – sie entfaltet Gesamtwirkung.[393] Sie kann folglich nicht die Verpflichtung und Berechtigung einzelner Personen (oder Vermögensmassen) aus dem Vertrag enden lassen.[394] Die ausschlaggebende Kritik ist aber auf einen anderen Punkt gerichtet: Im Ergebnis versteckt sich hinter einer „relativen Kündigung" nichts anderes als eine Analogie zu § 109 I 2 InsO; diese ist aber den vorerwähnten Bedenken ausgesetzt.

III. Analoge Anwendung des § 613a BGB

Zuletzt hat sich auch das *Bundesarbeitsgericht* zum Problem beruflich relevanter Dauerschuldverhältnisse im Insolvenzverfahren geäußert. Gebe der Verwalter Betriebsmittel aus der Masse frei und bildeten diese eine „Einheit" im Sinne des

392 HK/*Eickmann* § 35 Rn. 59; *Tetzlaff* ZVI 2004, 2 (8); hinsichtlich der Kündigung eines Mietvertrags über Wohnraum vor Einführung des § 109 I 2 InsO *Marotzke* KTS 1999, 269 (278).

393 Deswegen sind auch Teilkündigungen von vertraglichen Nebenabreden nicht zulässig (vgl. Staudinger/*Rolfs* BGB § 542 Rn. 93); siehe auch *Vallender/Dahl* NZI 2000, 246 (247).

394 Bezüglich eines Gewerberaum-Mietvertrags *BGH* ZInsO 2013, 873; bezüglich einer Wohngemeinschaft siehe *LG Hamburg* NJW-RR 1996, 842; *LG Freiburg* WuM 1985, 86: Kündigung nur gegenüber *allen* Mitgliedern der gesamten Wohngemeinschaft.

§ 613a BGB, gingen alle zu dieser Einheit gehörenden Arbeitsverträge auf den Schuldner über; dies aber nur, sofern die betroffenen Arbeitnehmer nicht rechtzeitig analog § 613a VI BGB widersprächen.[395]

Auch dieser Ansatz hat jedoch Schwächen.

1. *Eingeschränkte Anwendbarkeit*

Ein „Betriebsübergang" auf den Schuldner analog § 613a BGB ist nach Ansicht des Bundesarbeitsgerichts nur in Einzelfällen möglich, und zwar allein dann, wenn der Verwalter massezugehörige Betriebsmittel freigibt.[396] Scheinbar geht das Gericht von der Vorstellung aus, nur durch eine echte Freigabe von nicht ohnehin schon unpfändbaren und damit insolvenzfreien Maschinen oder sonstigen Gerätschaften könne überhaupt ein Betrieb auf den Schuldner „übergehen".[397]

Mit der Voraussetzung, der Verwalter müsse massezugehörige Betriebsmittel freigeben, engt das Bundesarbeitsgericht seinen Lösungsansatz aber sehr stark ein, weswegen dieser Ansatz den Konflikt zwischen dem Kündigungsrecht des Verwalters und den Grundrechten des Schuldners gemäß Art. 12 I und Art. 14 I GG auch nicht abschließend aufzulösen vermag. Denn der Schuldner, der seinen Erwerb nicht aus persönlichen Leistungen zieht, wird anders behandelt als einer, der wesentliche Dienstleistungen seines Geschäftes persönlich erbringt. Bei Ersterem, einem Fabrikanten etwa, fallen die Betriebsmittel vollumfänglich in die Masse und können deswegen auch vom Verwalter freigegeben werden. Eine Analogie zu § 613a BGB ist nach der Rechtsprechung des Bundesarbeitsgerichts möglich. Bei Letzterem hingegen, zum Beispiel einem Arzt, genießen jedoch die Betriebsmittel den Schutz der §§ 36 I 1 InsO, 811 I Nr. 5 und Nr. 7 ZPO. Der Verwalter kann diese Betriebsmittel folglich mangels Massezugehörigkeit gar nicht freigeben. Ein „Betriebsübergang" analog § 613a BGB, wie ihn das Bundesarbeitsgericht vor Augen hat, ist damit ausgeschlossen.

Warum aber Arbeitsverträge in der Insolvenz eines Gewerbetreibenden von diesem nach einem „Betriebsübergang" weitergenutzt werden dürfen, indes der Verwalter Arbeitsverträge eines Freiberuflers kündigen muss, will nicht einleuchten, sind doch Art. 12 I GG und Art. 14 I GG bei beiden Berufsgruppen gleichermaßen betroffen.

---

395 *BAG* ZInsO 2008, 866 (868); ZInsO 2009, 1116 (1119).

396 Vgl. *BAG* ZInsO 2008, 866 (868); ZInsO 2009, 1116 (1119).

397 So jedenfalls *Wischemeyer* ZInsO 2009, 2121 (2127); *ders.* ZInsO 2009, 937 (942).

2. *Fehlende Unterscheidung zwischen Produktions- und Dienstleistungsbetrieben*

Es ist aber nicht die Differenzierung zwischen Gewerbetreibenden und Freiberuflern allein, die nachdenklich stimmt. Es ist auch nicht nachvollziehbar, warum das Bundesarbeitsgericht § 613a BGB überhaupt nur dann analog anwenden will, wenn der Verwalter massezugehörige Betriebsmittel freigibt. Das steht in keinem rechten Verhältnis zu den allgemeinen Voraussetzungen, die die Norm aufstellt.

Im Grundsatz gilt, dass für einen Betriebsübergang allein entscheidend ist, ob eine „wirtschaftliche Einheit" übertragen wird.[398] Das richtet sich nach verschiedenen Faktoren. Nach Auffassung des Europäischen Gerichtshofs gehören dazu: „die Art des betreffenden Unternehmens oder Betriebes, der etwaige Übergang der materiellen Betriebsmittel wie Gebäude und bewegliche Güter, der Wert der immateriellen Aktiva im Zeitpunkt des Übergangs, die etwaige Übernahme der Hauptbelegschaft durch den neuen Inhaber, der etwaige Übergang der Kundschaft sowie der Grad der Ähnlichkeit zwischen den vor und nach dem Übergang verrichteten Tätigkeiten und die Dauer einer eventuellen Unterbrechung dieser Tätigkeit."[399] Diese Umstände seien jedoch nur „Teilaspekte der vorzunehmenden Gesamtbewertung".[400] Die maßgeblichen Kriterien hätten – je nach Art der ausgeübten Tätigkeit und selbst nach Art der Produktions- oder Betriebsmethoden – unterschiedliches Gewicht.[401] Komme eine wirtschaftliche Einheit ohne relevante materielle oder immaterielle Betriebsmittel aus, könne die Wahrung der Identität einer solchen Einheit nicht von der Übertragung dieser Betriebsmittel abhängen.[402]

Im Ergebnis ist also danach zu fragen, ob ein Produktions-, Handels- oder Dienstleistungsbetrieb vorliegt. Bei Produktionsbetrieben sind die Produktionsanlagen sowie die sonstigen Betriebsmittel wichtig, bei Handels- und Dienstleistungsbetrieben sind immaterielle Werte und Arbeitnehmer ausschlaggebend.[403] Diese Differenzierung hat das Bundesarbeitsgericht aber nicht berücksichtigt.

Nun mag man einwenden, § 613a BGB verlange einen Betriebsübergang auf einen anderen Inhaber, und da der Verwalter nur etwas aus der Masse auf den

---

398 *EuGH* NJW 1997, 2039; *BAG* ZInsO 2011, 344 (346); NJW 1998, 2994 (2995).

399 *EuGH* NJW 1997, 2039.

400 *EuGH* NJW 1997, 2039.

401 *EuGH* NZA 1999, 189 (191).

402 *EuGH* NZA 1999, 189 (191); NJW 1997, 2039 (2040).

403 Vgl. *BAG* ZInsO 2011, 344 (346); Staudinger/*Annuß* BGB § 613a Rn. 53.

Schuldner – gleichsam als Dritten – übergehen lassen könne, worüber er auch Verfügungsgewalt habe, greife § 613a BGB analog eben nur bei Produktionsbetrieben. Deren materielle Betriebsmittel seien Teil der Masse und deswegen mittels Freigabe übertragbar. Dieser Einwand wäre jedoch nicht stichhaltig. Für § 613a BGB ist allein entscheidend, ob der Erwerber den Betrieb unverändert fortführt.[404] Den Betrieb unverändert fortführen kann aber nicht nur ein Schuldner, dessen Betriebsmittel der Verwalter freigeben hat. Auch der Freiberufler kann seine Praxis oder sein Büro so weiterführen, wie er es vor dem Verfahren getan hat – etwa indem er seine betriebliche Organisation, sein Know-how, seine Arbeitnehmer und seinen Kundenstamm unverändert nutzt sowie bestehende Verträge abarbeitet.[405] Dafür müsste der Verwalter nur darauf verzichten, diese immateriellen Betriebsmittel zu verwerten, die zwar nicht einzeln gepfändet werden können, nichtsdestoweniger aber mit Verfahrenseröffnung unter dem Sammelbegriff „Unternehmen“ gebündelt in die Masse fallen.[406] Ein Betriebsübergang auf den Schuldner ist also nicht nur durch Freigabe materieller Betriebsmittel möglich, sondern auch durch Übergang immaterieller Vermögenswerte.

3. *Miet- und Pachtverträge*

Dennoch kann die in Vorschlag gebrachte Analogie nicht überzeugen, da das Bundesarbeitsgericht Miet- und Pachtverträgen nicht genügend Bedeutung beimisst.

Wie das Bundesarbeitsgericht immer wieder betont hat, hat es, je nach Betriebsform, für einen Betriebsübergang „erhebliche Bedeutung“, dass der Erwerber (neben Produktionsmitteln und so weiter) auch die Unternehmensräume übernimmt oder die Geschäfte in deren unmittelbarer Nähe fortführt. Eine Weiterführung des Unternehmens an „ganz anderer Stelle“ liege – abgesehen von Spezialgeschäften und konkurrenzlosen Betrieben – häufig fern, der Kunde sei an die Lage des Geschäfts gewöhnt.[407] Miet- und Pachtverträge werden aber von

---

404 *Annuß* NZA 1998, 70 (73 f.).

405 Gesetzt den Fall, er besitzt noch die erforderlichen berufsrechtlichen Zulassungen.

406 Statt vieler *Berger* ZInsO 2013, 569 f.; MünchKomm/*Peters* § 35 Rn. 464; Uhlenbruck/*Hirte* § 35 Rn. 268 f.

407 *BAG* NJW 2000, 3226 (3227); vgl. auch *BAG* EzA § 613a BGB Nr. 139 (unter B. I. 1b), 2a): Die Weiternutzung der Geschäftsräume durch den Erwerber sei dafür notwendig, um „in eingeführter Lage und gewohntem Ambiente den Betrieb weiterführen zu können“.

§ 613a BGB gerade nicht mit umfasst,[408] sie müssen außerhalb von § 613a BGB durch rechtsgeschäftliche Vertragsübernahme auf den Erwerber übergehen.

Auf die vom Bundesarbeitsgericht in Vorschlag gebrachte Analogie übertragen bedeutet dies, dass von einem identitätswahrenden Übergang einer wirtschaftlichen Einheit auf den Schuldner allein mit der Freigabe massezugehöriger (materieller und/oder immaterieller) Betriebsmittel noch nicht gesprochen werden kann. Überspitzt: Es reicht noch nicht, dass der Verwalter dem Schuldner die Betriebsmittel gleichsam „vor die Türe stellt". Vielmehr muss der Schuldner auch die Möglichkeit erhalten, seine Miet- und Pachtverträge wieder selbst zu nutzen.

Wie aber ein „Übergang" der Nutzungsbefugnis abseits einer „Freigabe" des Miet- oder Pachtvertrags mit Zustimmung des Vermieters oder Verpächters im Insolvenzverfahren stattfinden kann, darüber hat das Bundesarbeitsgericht kein Wort verloren. Man könnte hilfsweise nach einer Analogie zu § 25 I 1 HGB greifen, sofern man in der Freigabe des Unternehmens den „Erwerb eines Handelsgeschäfts" durch den Schuldner sähe und darüber hinaus als Rechtsfolge eine Vertragsüberleitung befürwortete.[409] Doch bereits die erste Voraussetzung würde Schwierigkeiten bereiten, da § 25 I 1 HGB an ein Handelsgeschäft anknüpft, sodass die Norm als Folge hiervon nach ganz herrschender Meinung auf Kaufleute beschränkt ist.[410] § 25 I 1 HGB könnte somit bestenfalls für kaufmännisch tätige Schuldner in einem Insolvenzverfahren analog greifen, was wiederum eine Ungleichbehandlung der Freiberufler in der Insolvenz bedeuten würde.

Aber selbst wenn die durch den Wortlaut des § 25 I 1 HGB aufgestellte Hürde mithilfe einer doppelten Analogie[411] überwunden werden könnte, würde das mit einer analogen Anwendung des § 613a BGB verfolgte Ziel, dem Schuldner

---

408 Vgl. *EuGH* NJW 2008, 3483 (3484 f.).

409 Sehr strittig; für eine Vertragsüberleitung *Krejci* Betriebsübergang und Arbeitsvertrag, S. 218 ff.; *Lieb* Die Haftung für Verbindlichkeiten aus Dauerschuldverhältnissen bei Unternehmensübergang, S. 13 ff.; MünchKomm/*Thiessen* HGB § 25 Rn. 81 ff.; *K. Schmidt* FS Medicus, 555 (559 ff.); *ders.* Handelsrecht § 8 I 4. c), S. 229 ff.; nur für einen gesetzlichen Schuldbeitritt plädieren Baumbach/Hopt/*Hopt* HGB § 25 Rn. 10; Ebenroth/Boujong/Joost/Strohn/*Zimmer* HGB § 25 Rn. 58; Koller/Roth/Morck/*Roth* HGB § 25 Rn. 7.

410 Baumbach/Hopt/*Hopt* HGB § 25 Rn. 2; Ebenroth/Boujong/Joost/Strohn/*Zimmer* HGB § 25 Rn. 23 f.; MünchKomm/*Thiessen* HGB § 25 Rn. 33 f.; *Waskönig* Rechtsgrund und Tragweite der §§ 25, 28 HGB, S. 180 ff., insbesondere S. 182.

411 Die erste Analogie läge in der Anwendung des § 25 I 1 HGB auf eine Freigabe im Insolvenzverfahren und die zweite in der Anwendung auf nichtkaufmännische Unternehmen.

die selbstständige Tätigkeit weiterhin zu ermöglichen, gleichzeitig aber auch die Masse zu schonen, verfehlt. Denn wollte man § 25 HGB analog anwenden, müsste dies auch § 26 HGB nach sich ziehen mit der Folge einer (bis zu) fünfjährigen Nachhaftung der Masse. Der Verwalter täte somit, wollte er die Masse sicher wissen, selbst bei freimütigster Anwendung des § 25 HGB besser daran, den Miet- oder Pachtvertrag in jedem Fall zu kündigen.

Müsste der Verwalter aber im Interesse der Masse den Miet- oder Pachtvertrag kündigen, würde das wiederum einen Betriebsübergang analog § 613a BGB verhindern. Und hier liegt das Problem. Nimmt man die Geschäftsfortführung in den bisherigen Räumlichkeiten als wichtige Grundbedingung für einen Betriebsübergang, zeigt man andererseits aber kein Mittel auf, um Rechte und Pflichten aus dem betriebsnotwendigen Miet- oder Pachtvertrag auf den Schuldner überzuleiten, ist die Analogie zu § 613a BGB ein sehr unausgegorener Lösungsansatz.

C. Eigener Lösungsvorschlag

Die obigen Ausführungen haben gezeigt, dass alle bereits entwickelten Ansätze zur Auflösung der Frage, wie der Verwalter die Masse einerseits vor Verbindlichkeiten aus Dauerschuldverhältnissen im Sinne des § 108 I 1 InsO schützen kann, dem Schuldner aber andererseits berufsnotwendige Dauerschuldverhältnisse erhalten bleiben, Schwächen haben. Deswegen sollen im Folgenden zwei neue Modelle vorgestellt werden: das Ausgleichs- und das Freigabemodell.

Je nachdem, wie sich die Insolvenzgläubiger nach der Negativerklärung zum Unternehmen des Schuldners stellen, kommt das eine oder das andere zur Anwendung. Das Ausgleichsmodell sollte der Verwalter wählen, wenn die Insolvenzgläubiger das Unternehmen in der Masse behalten und es später im Verfahren – nachdem es der Schuldner nach der Negativerklärung möglicherweise neu entfaltet hat – veräußern wollen und der Schuldner bereit und fähig ist, es vorläufig auf eigene Rechnung fortzuführen.[412] Das Freigabemodell hingegen

412 Die Negativerklärung hat in diesem Zusammenhang den Vorteil für die Insolvenzgläubiger, dass sie bequem abwarten können, wie sich der Schuldner schlägt. Abgesehen von den Fixkosten aus Dauerschuldverhältnissen trifft die Masse nach der Negativerklärung nämlich keinerlei Risiko, denn sie muss nicht für Neuverbindlichkeiten haften. Und hat der Schuldner nach der Negativerklärung wieder beruflichen Erfolg, können die Insolvenzgläubiger gemäß § 35 II 3 InsO die Negativerklärung seitens des Insolvenzgerichts für unwirksam erklären lassen. Für sie stünde dann das neuentfaltete Unternehmen mit seinen neuen

sollte gewählt werden, wenn das Unternehmen für die Masse keinen Wert hat oder der Schuldner nicht bereit ist, das Unternehmen fortzuführen, ohne auch wieder die Verwaltungs- und Verfügungsbefugnis darüber zu erhalten.

I. Das Ausgleichsmodell

Es wäre ein merkwürdiges Ergebnis, wenn der Schuldner nach der Negativerklärung den Neuerwerb aus seiner Tätigkeit behalten dürfte, die Masse hingegen die Miete oder Pacht für die Geschäftsräume und die Arbeitsentgelte für die Angestellten bezahlen müsste. Dann wären ein Insolvenzverfahren und die Negativerklärung für jeden selbstständig tätigen Schuldner wirtschaftliche Geschenke, die ihn gegenüber nicht insolventen Marktteilnehmern in Vorteil setzen würden. Diese müssten ihre Fixkosten selbst begleichen, während jener nach der Negativerklärung nicht für Fixkosten haften würde und folglich ganz anders kalkulieren könnte. Insoweit ist die herrschenden Meinung zu § 35 II 1 InsO im Rechte damit, dass sie im Ergebnis nach der Negativerklärung den Schuldner wieder als verpflichtet sieht, Verbindlichkeiten aus unternehmensbezogenen Dauerschuldverhältnissen selbst zu begleichen. Doch ist die Negativerklärung, wie im *Zweiten Teil* der Arbeit dargelegt,[413] kein Mittel, um die Haftung des Schuldners im Außenverhältnis, das heißt im Verhältnis zu seinen Vertragspartnern, wieder aufleben zu lassen.

1. Die §§ 35 II 2, 295 II InsO als Grundlage für einen Ausgleich

Meines Erachtens gibt es aber in den §§ 35 II 2, 295 II InsO eine Grundlage dafür, die Lasten aus Dauerschuldverhältnissen angemessen zu verteilen. Der Schuldner muss die Insolvenzgläubiger so stellen, wie sie stünden, wäre er in einem angemessenen Dienstverhältnis beschäftigt. In diesem Falle gäbe es aber keine beruflich genutzten Miet-, Pacht- oder Arbeitsverträge, für welche die Masse über §§ 108 I 1, 55 I Nr. 2 Alt. 2 InsO aufzukommen haben würde; sie würde allein an den pfändbaren Erträgen aus dem Dienstverhältnis teilhaben. Das Gleiche gälte für den Fall, dass der selbstständige Schuldner bereits in der Wohlverhaltensphase dem § 295 II InsO unterworfen wäre. In dieser Phase gibt es keine Insolvenzmasse mehr, die für Dauerschuldverhältnisse haften könnte; der Schuldner muss für seine Miet-, Pacht- und Dienstverträge, die das

---

Aktiva zur Verwertung bereit (Näheres im *Fünften Teil*). Für ein gut laufendes Unternehmen dürfte der Verwalter dann sicher auch mehr Kaufinteressenten finden.

413 Unter B. II., S. 24 ff. und III. 2., S. 31 ff.

Insolvenzverfahren ohne Kündigung überstanden haben, wieder mit eigenem Vermögen einstehen. Und das sollte nicht nur in der Wohlverhaltensphase gelten, sondern wegen der „entsprechenden" Anwendbarkeit des § 295 II InsO auch im Insolvenzverfahren.

2. *Ausgleichsanspruch gegen den Schuldner*

Dies alles vorausgeschickt, lässt sich meiner Meinung nach in den §§ 35 II 2, 295 II InsO ein Ausgleichsanspruch für den Verwalter verankern. Der Schuldner ist im Innenverhältnis verpflichtet, die Masse um den Betrag wieder aufzufüllen, um den sie gemäß §§ 108 I 1, 55 I Nr. 2 Alt. 2 InsO belastet ist. Der Schuldner muss also nicht nur ein fiktives (pfändbares) Arbeitseinkommen an den Verwalter abführen, er hat darüber hinaus auch die Kosten zu kompensieren, die der Masse gemäß §§ 108 I 1, 55 I Nr. 2 Alt. 2 InsO für Verträge entstehen, die er für seine Berufsausübung nutzt.[414] Denn gibt der Verwalter die Negativerklärung ab und darf der Schuldner mit dessen Erlaubnis die Geschäftsräume sowie die Dienste seiner Arbeitnehmer für sich nutzen, dann kann der Schuldner die Infrastruktur des (trotz Negativerklärung weiterhin massezugehörigen) Unternehmens im eigenen Interesse für sich fruchtbar machen und sämtlichen Neuerwerb einbehalten, der die Beträge übertrifft, welche aus einem fiktiven Dienstverhältnis erwirtschaftet werden könnten. Deswegen ist es auch gerechtfertigt, wenn er die Kosten, die aus den von ihm genutzten Verträgen stammen, an die Masse kompensatorisch abführen muss.

II. Das Freigabemodell

Ist das Unternehmen für die Insolvenzgläubiger hingegen verwertungstechnisch uninteressant und wäre der Schuldner bereit, es wieder zu übernehmen, damit er zugunsten seiner Insolvenzgläubiger etwas erwirtschaften kann, so muss es dem Verwalter aber auch erlaubt sein, das Unternehmen an den Schuldner freizugeben und alle Rechte und Pflichten aus unternehmensbezogenen und vom Schuldner genutzten Dauerschuldverhältnissen auf diesen zu übertragen. Das soll im Folgenden näher aufgezeigt werden.

---

414 Vor Einführung des § 109 I 2 InsO wurden von *Delhaes* in FS Uhlenbruck, 585 (603) für die Wohnung des Schuldners ähnliche Überlegungen angestellt: Sei der Verwalter gemäß §§ 108 I 1, 55 I Nr. 2 Alt. 2 InsO verpflichtet, die Miete zu zahlen, nutze aber der Schuldner die Wohnung, sei dieser gemäß §§ 683, 684, 812 BGB ersatzpflichtig. Der Verwalter führe, wenn er die Miete zahle, nicht nur ein Geschäft der Insolvenzmasse, er führe auch ein Geschäft des Schuldners.

1. Freigabe des Unternehmens

Mit Blick auf § 157 S. 1 InsO scheint es mit dem Unternehmen im Insolvenzverfahren wie folgt bestellt: Das Gesetz selbst kennt nur Fortführung im Verfahren und Stilllegung. Andererseits kann der Verwalter Gegenstände freigeben, die der Masse keinerlei Vorteil bringen, gar nur Kosten verursachen. Warum soll folglich nicht auch die Freigabe eines die Masse belastenden Unternehmens in seiner Gesamtheit zulässig sein?

Damit sich hier aber kein Missverständnis einschleicht: Die Freigabe des Unternehmens, die nachfolgend näher untersucht wird, hat nichts mit der Negativerklärung gemäß § 35 II 1 InsO zu tun – Negativerklärung und Unternehmensfreigabe sind zwei verschiedene Dinge. Denn wie bereits im *Zweiten Teil* herausgearbeitet wurde, betrifft die Negativerklärung allein den Neuerwerb, den der Schuldner mit dem weiterhin zur Masse gehörenden Unternehmen erwirtschaftet, nicht aber das Unternehmen selbst.[415] Dieses kann nur durch eine gesonderte Erklärung des Verwalters aus der Masse ausscheiden – und zwar durch eine neben die Negativerklärung tretende „herkömmliche“ Freigabe.

Es müssen für die Freigabe des Unternehmens aber zwei Voraussetzungen erfüllt sein: Die Freigabe muss bestimmt genug sein und der Verwalter darf sie nur erklären, wenn der Schuldner und die Insolvenzgläubiger mit ihr einverstanden sind.

a) Bestimmtheit der Freigabe

Da die Freigabe Verfügungscharakter hat,[416] ist der Bestimmtheitsgrundsatz zu beachten, sodass der Verwalter nur einzelne oder näher individualisierte Gegenstände freigeben kann.[417] Dabei wird den Anforderungen des Bestimmtheitsgrundsatzes aber schon Genüge getan, wenn die freizugebenden Gegenstände unter Zuhilfenahme eines Sammelbegriffs umschrieben werden, sofern ein Dritter die darunter fallenden Gegenstände ohne Weiteres erfassen kann.[418]

---

415 Unter B. II., S. 24 ff. und III. 1., S. 26 ff.

416 *Gerke/Sietz* NZI 2005, 373 (380) „Verfügungsgeschäft“; *K. Schmidt* FS Kruse, 671 (687) „verfügende Verlagerung“, „rechtsgeschäftlicher Verfügungscharakter“.

417 *M. Ahrens* NZI 2007, 622 (624); *Berger* ZInsO 2008, 1101 (1103); *Gerke/Sietz* NZI 2005, 373 (380); MünchKomm/*Peters* § 35 Rn. 100.

418 Vgl. zur Übereignung *BGH* NJW 2008, 3142 (3144) „Inventarverzeichnis“; NJW 1994, 133 (134) „Container bestimmter Größenklassen“; siehe auch *Serick* Band II § 21 II 2, S. 155; speziell zum Unternehmenskauf Beisel/Klumpp/*Klumpp* Unternehmenskauf Kapitel 4 Rn. 28.

aa) „Unternehmen" als Sammelbegriff

Das „Unternehmen" ist jedoch kein Sammelbegriff, mit welchem dem Bestimmtheitsgrundsatz Genüge getan wird. Es bliebe nämlich unklar, welche konkreten Gegenstände genau dem „Unternehmen" zugehörig wären.[419] Der Begriff „Unternehmen" ist ein rechtlicher und kein tatsächlicher. Deswegen kann es im Einzelfall auch fraglich sein, was noch zu einem Unternehmen gehört und was nicht – man denke nur an den Firmenwagen, den der Schuldner teils beruflich, teils privat nutzt.

bb) Die Grundsätze eines Raumsicherungsvertrags

Da eine Freigabe des „Unternehmens" nicht möglich ist, hat der Verwalter folglich entweder alle Vermögenswerte, die das Unternehmen ausmachen, einzeln zu benennen,[420] oder aber er gibt in Anlehnung an die Grundsätze, die für einen Raumsicherungsvertrag gelten, alle Vermögenswerte frei, die sich zur Zeit der Erklärung in den Geschäftsräumen oder auf dem Betriebsgelände befinden. Darüber hinaus muss die Freigabe den Verzicht auf sämtliche immateriellen Werte des Unternehmens wie Kundenstamm, Know-how, Namens-, Firmen- und sonstige Kennzeichenrechte sowie gewerbliche Schutz- und Nutzungsrechte erkennen lassen, wobei es meiner Meinung nach aber wegen der

---

419 Siehe auch Beisel/Klumpp/*Klumpp* Unternehmenskauf Kapitel 4 Rn. 23: Ein Unternehmen „als solches" könne nicht übertragen werden.

Anderer Ansicht *Wagenknecht-Hose* Neuverbindlichkeiten, S. 113: Nach ihrer Auffassung ist die Sammelbezeichnung „Vermögen aus der selbstständigen Tätigkeit" ausreichend, um das gesamte Unternehmen mittels Negativerklärung gemäß § 35 II 1 InsO aus der Masse freizugeben. Es lasse sich aus äußeren Kriterien wie tatsächliche Verwendung und erkennbare Eignung allein für betriebliche Zwecke sowie aus dem räumlichen Zusammenhang mit dem Unternehmen eindeutig ableiten, welche konkreten Vermögensgegenstände von der Freigabe erfasst seien.

Hiergegen ist aber vorzubringen, dass allein die Eignung oder Verwendung einzelner Gegenstände für unternehmerische Zwecke nichts daran ändert, dass sich ein Dritter regelmäßig erst darüber informieren müsste, ob sich der konkrete Gegenstand für das Unternehmen eignet oder ob der Schuldner ihn für seine Tätigkeit einsetzt. Dieser Nachforschungsbelastung soll der Dritte aber nicht ausgesetzt sein, weswegen die Rechtsprechung fordert, dass sich allein aus dem Rechtsgeschäft zweifelsfrei ergeben müsse, welche Gegenstände betroffen sein sollen.

420 Was aber nicht ausschließen soll, dass er auf das von ihm gemäß § 153 InsO angefertigte Vermögensverzeichnis verweist oder auf das Anlageverzeichnis des Schuldners.

fehlenden materiellen Fassbarkeit obengenannter Vermögenswerte genügt, wenn der Verwalter seiner Freigabe-Erklärung hinzufügt, er verzichte darauf, das Unternehmen (als Bündel aller immateriellen Betriebsmittel) im Verfahren zu verwerten.

b) Erforderliche Zustimmungen

Grundsätzlich benötigt der Verwalter für eine „herkömmliche" Freigabe weder die Zustimmung des Schuldners[421] noch die der Insolvenzgläubiger.[422] Bei der Freigabe des Unternehmens en bloc muss hingegen etwas anderes gelten.

aa) Zustimmung des Schuldners

Um aufzuzeigen, warum der Schuldner der Unternehmensfreigabe zustimmen muss, sei die Freigabe des Unternehmens noch einmal in den Gesamtkontext dieses *Sechsten Teils* gerückt. Es geht darum, dass die Insolvenzordnung Vermögenswerte des Schuldners nur vernichten darf, wenn dies den Interessen der Insolvenzgläubiger dient. Auf das Unternehmen des Schuldners übertragen bedeutet das, dass ein Insolvenzverfahren nicht zu einer automatischen Schließung des Unternehmens führen darf, wenn die Insolvenzgläubiger daran überhaupt nicht interessiert sind, der Schuldner sein Geschäft weiterführen möchte und keine öffentlich-rechtlichen oder berufsrechtlichen Regelungen entgegenstehen. Ein anderes Ergebnis wäre ein Verstoß gegen die Grundrechte des Schuldners im Sinne der Art. 12 I, 14 I GG.

Diese Grundrechte können aber nicht beeinträchtigt sein, wenn die Stilllegung des Unternehmens den Wünschen des Schuldners entspricht, er an einer Freigabe also gar kein Interesse hat. Diese wäre dann nicht nur unnötig, sie würde sogar mit §§ 157 f. InsO in Konflikt geraten. Der gesamte Regelungskomplex der §§ 157 f. InsO würde auf den Kopf gestellt, könnte der Verwalter jedes Unternehmen, das für die Masse keinen Nutzen hat, einfach wieder dem Schuldner „zurückgeben", und zwar unabhängig davon, ob dieser es überhaupt noch weiterführen will oder ob er es überhaupt noch kann.[423] Wenn also weder die Insolvenzgläubiger noch der Schuldner selbst einen weiteren Nutzen im Unternehmen sehen, müssen Erstere die Stilllegung beschließen (§ 157 S. 1 InsO).

---

421 Siehe nur Uhlenbruck/*Hirte* § 35 Rn. 73.

422 MünchKomm/*Peters* § 35 Rn. 102; Nerlich/Römermann/*Wittkowski* (Stand: Januar 1999) § 80 Rn. 96.

423 Man denke in diesem Zusammenhang zum Beispiel an den Entzug berufsrelevanter Zulassungen (zum Zusammenspiel von § 14 II Nr. 7 BRAO und einer „Freigabe der Praxis" gemäß § 35 II 1 InsO *BGH* ZInsO 2010, 86 [87]).

bb) Zustimmung der Insolvenzgläubiger

Dass neben dem Schuldner auch die Insolvenzgläubiger ihre Zustimmung zur Freigabe des Unternehmens geben müssen, folgt hingegen aus § 160 I 1 InsO. Gemäß § 157 S. 1 InsO entscheiden sie über die weitere Vorgehensweise im Hinblick auf das Unternehmen. Diese Entscheidungskompetenz darf ihnen der Verwalter nicht durch eine eigenmächtige Freigabe entziehen. Deswegen stellt eine Freigabe des Unternehmens eine bedeutsame Rechtshandlung im Sinne des § 160 I 1 InsO dar, was aus einem Erst-Recht-Schluss zu § 160 II Nr. 1 InsO folgt: Müssen die Insolvenzgläubiger schon zustimmen, wenn der Verwalter das Unternehmen gegen Entgelt veräußern möchte, dann umso mehr, wenn der Verwalter es unentgeltlich freizugeben beabsichtigt.

2. Übergang der vertraglichen Rechte und Pflichten

Eine Freigabe des Unternehmens ist grundsätzlich nach alledem möglich, wenn der Verwalter seine Freigabe bestimmt genug hält und sowohl der Schuldner als auch die Insolvenzgläubiger mit der Freigabe einverstanden sind. Nun bleibt nur noch zu klären, warum allein die Freigabe des Unternehmens die Haftung der Masse gemäß §§ 108 I 1, 55 I Nr. 2 Alt. 2 InsO beendet.

Allgemein gilt, dass die Masse nicht für Verbindlichkeiten haftet, die ihre Grundlage im (für die Masse unverwertbaren) insolvenzfreien Vermögen haben. Einige Beispiele können das belegen. Die Masse haftet nicht für Kraftfahrzeug-Steuer, die für ein insolvenzfreies Fahrzeug gezahlt werden muss.[424] Sie haftet auch nicht für andere öffentlich-rechtliche Verbindlichkeiten, die auf insolvenzfreiem Vermögen lasten.[425] Sogar eine öffentlich-rechtliche Zustandsstörer-Haftung soll der Verwalter durch eine Freigabe nach herrschender Meinung vermeiden können.[426] Auch der *Bundesfinanzhof* unterstellt im Ergebnis den Grundsatz, dass Verbindlichkeiten nicht gegen die Masse geltend gemacht werden können, wenn sie aus der Nutzung insolvenzfreien Vermögens hervorgehen.[427] Und schließlich: Die Masse haftet nach einer Negativerklärung nicht für Neuverbindlichkeiten,

---

424 *BFH* ZInsO 2012, 2250 (2251); ZInsO 2011, 2188 (2189 f.); ZInsO 2011, 2339 (2340) zur Freigabe des Fahrzeugs.

425 *VGH Mannheim* ZInsO 2012, 1623 (1624) (öffentlich-rechtliche Verpflichtungen, die sich auf freigegebene Gegenstände beziehen, gingen vom Zeitpunkt der Freigabe an auf den Schuldner über); *Häsemeyer* Insolvenzrecht Rn. 13.19; MünchKomm/*Hefermehl* § 55 Rn. 82; Uhlenbruck/*Sinz* § 55 Rn. 28.

426 *BVerwG* NZI 2005, 51 (52 f.); NJW 1984, 2427; MünchKomm/*Hefermehl* § 55 Rn. 107; Uhlenbruck/*Sinz* § 55 Rn. 31.

427 Vgl. *BFH* ZInsO 2005, 774 (775); ZInsO 2010, 1390 (1392); ZInsO 2012, 190 (192).

die mit Neuerwerb aus der selbstständigen Tätigkeit zusammenhängen, denn der Neuerwerb kommt ihr nicht zugute. All dies zusammengenommen belegt, dass es im Insolvenzrecht einen, wenn auch ungeschriebenen Grundsatz gibt: Wo für die Masse kein Nutzen, da auch keine Lasten.

Ausdruck hat dies immerhin in § 108 I 1 InsO und in § 55 I Nr. 2 Alt. 2 InsO gefunden – wo für die Masse Nutzen, da auch Lasten. Miet-, Pacht- und Dienstverträge wirken *„für"* die Masse, weshalb eine Erfüllung *„zur"* Masse erfolgt, was wiederum deren Haftung auslöst. Und darin ist die Lösung angedeutet: Gibt der Verwalter das Unternehmen frei, kann nicht mehr davon gesprochen werden, die unternehmensbezogenen Verträge im Sinne des § 108 I 1 InsO wirkten „für" die Masse, die Vertragspartner des Schuldners erfüllten „zur" Masse. Insoweit ist es nur konsequent, wenn sie ihre nach der Unternehmensfreigabe neu entstehenden Forderungen infolge teleologischer Reduktion der §§ 108 I 1, 55 I Nr. 2 Alt. 2 InsO wieder gegen den Schuldner geltend machen müssen. Der Gesetzgeber hat die Insolvenzordnung immerhin geschaffen, damit Insolvenzgläubiger befriedigt werden – nicht Massegläubiger.[428] Dieses Regelungsziel wäre jedoch schwieriger oder im Einzelfall gar nicht zu erreichen, wenn Gläubiger aus Dauerschuldverhältnissen ohne Einschränkung ein Anrecht darauf hätten, stets aus der Masse Zahlungen zu erhalten – und das selbst dann, wenn der Masse keine kompensatorische Gegenleistung zufließt.[429]

a) Interessen des Vertragspartners

Zum Teil wird zwar vertreten, es sei dem Verwalter versagt, eigenmächtig Vermietern, Verpächtern und Arbeitnehmern im Sinne des § 108 I 1 InsO das Recht auf vorgezogene Befriedigung aus der Masse zu nehmen, da diese einen „Bestandsschutz" genössen. Der Verwalter könne deswegen keine Pflichten ohne Zustimmung des Vertragspartners auf den Schuldner überleiten. Komme es zu keiner Einigung zwischen Verwalter und Vertragspartner und wolle der Verwalter an den Verträgen nicht länger festhalten, müsse er kündigen.[430]

Dieser Ansatz überzeugt jedoch wenig. Was Rechtsprechung und Literatur vertreten, wenn sie das Einverständnis des anderen Teils zur Pflichtenüberleitung verlangen, läuft letzten Endes auf nichts anderes als eine Analogie zu § 414 BGB

---

428 *Ries* ZInsO 2009, 2030 (2031) weist überzeugend darauf hin, das Verfahren dürfe nicht zum Nachteil der Insolvenzgläubiger rückwärts laufen.

429 Kritisch auch *Häsemeyer* Insolvenzrecht Rn. 14.04; *Windel* RdA 2012, 366 (368).

430 *Berger* ZInsO 2008, 1101 (1107); *Kühne* Die Insolvenz des selbstständig tätigen Schuldners, S. 130; *Wischemeyer* ZInsO 2009, 2121 (2124 f.); *Wischemeyer/Schur* ZInsO 2007, 1240 (1242).

hinaus. Eine Pflichtenüberleitung im Insolvenzverfahren weist indes keine Vergleichbarkeit mit einer Schuldübernahme oder einer Vertragsüberleitung[431] im Sinne dieser Norm auf. Bei § 414 BGB tritt ein unbeteiligter Dritter an die Stelle des bisherigen Schuldners. Deswegen ist das Einverständnis des Gläubigers notwendig, andernfalls würde ihm das Liquiditätsrisiko einer Person aufgebürdet, die er nicht als Vertragspartner erwählt hat. Eine Pflichtenüberleitung im Insolvenzverfahren ist jedoch ganz anderer Natur. Dem Gläubiger wird gerade kein unbekannter Dritter aufgenötigt. Es haftet jenem allein die Person, mit der er kontrahieren wollte und mit der er auch kontrahiert hat. Er wird folglich durch die Freigabe des Unternehmens und einer damit einhergehenden Pflichtenübertragung auf den Schuldner nicht schlechter gestellt, als er sich selbst durch Vertragsschluss mit dem Schuldner gestellt hat.[432]

Konnte man in früheren Tagen der Insolvenzordnung noch in Betracht ziehen, dass die Zustimmung des Dritten zur „Freigabe" nötig sei, weil sämtliches Neuvermögen Teil des Insolvenzverfahrens war und deshalb eine einseitige Pflichtenüberleitung den Vertragspartner mangels pfändbaren insolvenzfreien Vermögens schutzlos gestellt hätte, so ist es doch nach einer Negativerklärung so, dass den Gläubigern das insolvenzfreie Vermögen aus der selbstständigen Tätigkeit haftet.

Außerdem können Vermieter, Verpächter und Arbeitnehmer nach einer Freigabe des Unternehmens ihren Vertrag (vor allem bei Zahlungsverzug des Schuldners) gemäß den einschlägigen zivilrechtlichen Vorschriften kündigen;[433] ihre Interessen sind dadurch ausreichend gewahrt.[434] Dabei können sie selbst einen Zahlungsverzug zum Anlass nehmen, der vor Eröffnung des Verfahrens eingetreten ist. Denn nach einer Freigabe des Unternehmens besteht teleologisch kein Grund mehr, Vermietern oder Verpächtern die Kündigung gemäß

431 Für welche § 414 BGB analog gilt (Bamberger/Roth/*Rohe* BGB § 415 Rn. 29).

432 Hierauf haben, wenn auch in einem anderen Fall, schon *Mork/Heß* in ZInsO 2005, 1206 (1209) hingewiesen und daraus ebenfalls abgeleitet, der Gläubiger müsse einer Beendigung der Leistungspflicht des Verwalters nicht zustimmen.

433 Arbeitnehmer verdienen nicht etwa deswegen eine bessere Behandlung, weil sie fürchten müssen, bei eigener Kündigung für zwölf Wochen kein Arbeitslosengeld zu erhalten (§ 159 I 1, 2 Nr. 1 Alt. 1, III 1 SGB III). Arbeitslosengeld kann gemäß § 159 I 1 SGB III nur gesperrt werden, wenn der Arbeitnehmer sich „ohne einen wichtigen Grund" versicherungswidrig verhalten hat. Ein Lohnrückstand, der die außerordentliche Kündigung begründet, ist indes ein wichtiger Grund (*LSG Reinland-Pfalz* NZS 2005, 610 [611] zu § 144 SGB III a. F.).

434 Vgl. auch *Mork/Heß* ZInsO 2005, 1206 (1209).

§ 112 InsO zu verwehren. Der Gesetzgeber hat § 112 InsO nämlich nur eingeführt, weil eine Kündigung die Unternehmensfortführung durch den Verwalter (!) im Verfahren verhindern würde. Der Schuldner aber führt das Unternehmen nach dessen Freigabe fort, er haftet auch allein mit seinem Vermögen. Nach Freigabe des Unternehmens tritt also wieder genau der Zustand ein, der vor Verfahrenseröffnung bestand. Folglich müssen sich auch die jeweiligen Rechte und Pflichten der Parteien daran ausrichten. Es dürfte einem Vermieter nämlich schwer begreiflich zu machen sein, warum er, obgleich das Unternehmen im Verfahren keine Rolle mehr spielt, dennoch an einen Schuldner gebunden bleiben soll, wenn sämtliche Voraussetzungen für eine Kündigung wegen Zahlungsverzugs vorliegen.

Statt zu kündigen, kann der Vermieter/Verpächter aber auch mit dem Schuldner zu einer Übereinkunft kommen – Privatautonomie lautet hier der Grundsatz.

b) Kein systematischer Bruch mit § 109 I 2, 3 Alt. 2 InsO

Einer teleologischen Reduktion der §§ 108 I 1, 55 I Nr. 2 Alt. 2 InsO steht auch nicht der für Wohnraum konzipierte § 109 I 2, 3 InsO mit seiner Enthaftungsfrist und Ausfallhaftung entgegen.

§ 109 I 2 InsO ist nur die Reaktion des Gesetzgebers auf Kündigungen von Mietverträgen über Wohnraum durch Verwalter oder Treuhänder. Allein dieser Thematik ist die Norm gewidmet.[435] Der Gesetzgeber beabsichtigte keineswegs, darüber hinaus eine allgemeine Wertung für Dauerschuldverhältnisse vorzunehmen. Die Materialien geben hierfür keine Anhaltspunkte.

Überdies muss danach gefragt werden, warum der Gesetzgeber in § 109 I 2 InsO eine Enthaftungsfrist und in § 109 I 3 Alt. 2 InsO eine Ausfallhaftung bei Wohnraum eingeführt hat. In den Materialien heißt es in telegrafischer Kürze, die Frist schütze den Vermieter vor Nachteilen.[436] Dabei schwang wohl die Auffassung mit, die Masse müsse gemäß § 109 I 2 InsO trotz „Freigabe" der Wohnung übergangsweise haften, da der Neuerwerb dem Schuldner entzogen sei und der Vermieter deswegen ohne Haftungsfonds dastehe.[437] Derselbe Gedanke scheint sich in § 109 I 3 InsO zu finden, andernfalls wäre kaum nachvollziehbar, warum der Vermieter, obschon nur als Insolvenzgläubiger, Schadensersatz aus der Masse fordern darf, wenn der Schuldner nach Enthaftung des Mietvertrags gemäß § 109 I 2 InsO keine Miete bezahlt.

---

435 Vgl. BT-Drs. 14/5680, 27 (zu Nummer 11).

436 Vgl. BT-Drs. 14/5680, 27 (zu Nummer 11).

437 Diese Ansicht schimmert auch durch bei Nerlich/Römermann/*Andres* (Stand: April 2008) § 35 Rn. 113.

Die Argumentation mit fehlender Haftungsmasse ist jedoch bedenklich. Dem Schuldner steht im Insolvenzverfahren gemäß §§ 36 I 2 InsO, 850c ff. ZPO auskömmliches pfändungsfreies Vermögen zur Verfügung, in das Wohnraummiete eingerechnet ist.[438] Das Argument, es gebe keine Haftungsmasse, wäre demnach nur berechtigt, sofern der Schuldner Zahlungen aus seinem insolvenzfreien Vermögen verweigerte – eine Vollstreckung würde dann an den §§ 850c ff. ZPO scheitern. In sich zusammen fällt die Argumentation mit einer fehlenden Haftungsmasse aber nach Einführung des § 35 II 1 InsO jedenfalls für beruflich genutzte Dauerschuldverhältnisse. Infolge der Negativerklärung kann der Schuldner über Erträge aus seiner selbstständigen Tätigkeit wieder frei verfügen und damit die Forderungen seiner Vertragspartner erfüllen. Diese können auch bei Bedarf (und im Gegensatz zu Wohnraum-Vermietern eines abhängig Beschäftigten) in das insolvenzfreie Vermögen aus der selbstständigen Tätigkeit vollstrecken. Somit besteht kein Grund für eine Übergangs- und Ausfallhaftung der Masse.[439]

D. Zusammenfassung

Nachdem der Verwalter die Negativerklärung abgegeben hat, hat er hinsichtlich des schuldnerischen Unternehmens und der damit verbundenen Dauerschuldverhältnisse im Sinne des § 108 I 1 InsO drei Optionen:

Er kann das Unternehmen in der Masse belassen. Ist der Schuldner bereit und in der Lage, das massezugehörige Unternehmen zugunsten der Masse fortzuführen, haftet diese zwar weiterhin für Ansprüche aus Miet-, Pacht- und Dienstverträgen gemäß §§ 108 I 1, 55 I Nr. 2 Alt. 2 InsO. Der Schuldner ist nach einer Negativerklärung aber verpflichtet, die Kosten für die von ihm genutzten Dauerschuldverhältnisse gemäß §§ 35 II 2, 295 II InsO im Innenverhältnis zur Masse in voller Höhe auszugleichen.

Haben die Insolvenzgläubiger am Unternehmen indes kein Interesse und fehlt dem Schuldner die Bereitschaft, es auf eigene Faust weiterzuführen, muss

---

438 Hierzu allgemein etwa *AG Frankfurt a. M.* JurBüro 1997, 438; siehe auch *Grote* NZI 2000, 66 (68) mit dem treffenden Hinweis, der Schuldner würde doppelt profitieren, hätte der Verwalter die Miete aus der Masse zu bezahlen: Der Schuldner könnte den vollen Freibetrag in Anspruch nehmen, müsste jedoch nicht für die Miete aufkommen.

439 So auch *Andres* in Nerlich/Römermann (Stand: April 2008) § 35 Rn. 113, der mithilfe dieser Argumentation eine sofortige Enthaftung der Masse gemäß § 35 II 1 InsO auch von Verbindlichkeiten aus Dauerschuldverhältnissen rechtfertigt.

der Verwalter das Unternehmen nach Weisung der Insolvenzgläubiger stilllegen und unternehmensbezogene Dauerschuldverhältnisse kündigen. Die Masse haftet bis Ablauf der Kündigungsfrist.

Anderes gilt, wenn der Schuldner willens und fähig ist, die Geschäfte des nicht verwertbaren Unternehmens nach der Negativerklärung außerhalb des Verfahrens fortzuführen. Dann ist dem Verwalter eine Stilllegung verschlossen. Stattdessen kann er das Unternehmen freigeben. Rechte und Pflichten aus unternehmensbezogenen Dauerschuldverhältnissen, die der Schuldner weiternutzt, gehen dann infolge teleologischer Reduktion der §§ 108 I 1, 55 I Nr. 2 Alt. 2 InsO auf diesen über.

Siebter Teil: Alt-Verträge im Sinne des § 103 InsO

Im vorangehenden Teil haben allein Verträge im Sinne des § 108 I 1 InsO Aufmerksamkeit beansprucht. Noch nicht behandelt worden ist die Frage, was nach der Negativerklärung für Verträge im Sinne des § 103 InsO zu gelten hat, für Verträge also, die weder vom Schuldner noch vom anderen Teil vor Verfahrenseröffnung (vollständig) erfüllt worden sind.[440]

Im Grundsatz gilt für Verträge im Sinne des § 103 InsO das Gleiche wie für Verträge im Sinne des § 108 I 1 InsO: Sie werden nicht von der Negativerklärung berührt.[441] Die entscheidende Frage, die sich deshalb stellt, lautet, ob der Schuldner trotzdem Verträge im Sinne des § 103 InsO auf eigene Rechnung durchführen kann. Nach einer Negativerklärung hat er zumindest die Chance dazu; immerhin kann er infolge der Negativerklärung über sein Vermögen aus der selbstständigen Tätigkeit frei verfügen und dieses seinen Vertragspartnern anbieten.

§ 103 I InsO spricht aber dem Verwalter das Recht zu, nicht oder nicht vollständig erfüllte Verträge im Verfahren nach einer Erfüllungswahl zugunsten der Masse zu nutzen, was freilich gegen eine Nutzungsbefugnis des Schuldners zu sprechen scheint. Andererseits muss der Verwalter die Verträge nicht nutzen, er kann deren Erfüllung auch ablehnen, was wiederum für ein Nutzungsrecht des Schuldners streitet. Dieses Spannungsverhältnis zwischen dem Interesse des Verwalters, unerfüllte Verträge für die Masse durchzuführen, und dem Interesse des Schuldners, sie selbst zu nutzen, ist nun zu klären.

Früher vertrat die Rechtsprechung den Standpunkt, mit Verfahrenseröffnung würden die Erfüllungsansprüche aus beiderseitig noch nicht (vollständig) erfüllten Verträgen erlöschen. Für den Fall aber, dass der Verwalter Erfüllung wähle, begründe er sie mit gleichem Inhalt zugunsten der Masse neu.[442] Eine

440 Zum Beispiel Kauf-, Leasing-, Versorgungs-, Telekommunikations- oder Versicherungsverträge.

441 Siehe hierzu den *Zweiten Teil* unter B. II., S. 24 ff. und III. 2., S. 31 ff. Auch die Freigabe des Unternehmens wirkt sich nicht auf Verträge im Sinne des § 103 InsO aus. Sie stellt keine Erfüllungsablehnung dar, denn die Freigabe des Unternehmens erklärt der Verwalter gegenüber dem Schuldner, wohingegen eine Erfüllungsablehnung dem Vertragspartner gegenüber erklärt werden muss.

442 *BGH* NJW 1988, 1790 (1791); NJW 1989, 1282 (1283); NJW 1992, 507 (508).

Vertragsdurchführung zwischen dem Schuldner und seinem Vertragspartner schied deshalb in beiden Fällen aus – entweder, weil die gegenseitigen Ansprüche nicht mehr existierten, oder weil die Ansprüche des Schuldners nur noch vom Verwalter geltend gemacht werden konnten.

Mittlerweile ist die Rechtsprechung jedoch von ihrem Standpunkt abgerückt.[443] Die Verfahrenseröffnung, so der *Bundesgerichtshof*, lasse die gegenseitigen Ansprüche nicht erlöschen; sie seien wegen der beiderseitigen Nichterfüllungseinreden der Vertragspartner (§ 320 BGB) bis zur Erfüllungswahl des Verwalters nur nicht mehr durchsetzbar.[444]

Da nach neuer Rechtsprechung der Vertrag allein mit Verfahrenseröffnung also nicht mehr umgestaltet wird, ist eine Vertragsdurchführung durch den Schuldner außerhalb des Verfahrens zumindest denkbar. Inwieweit der Schuldner hierzu berechtigt ist, hängt davon ab, ob der Verwalter Erfüllung verlangt oder ob er sie abgelehnt hat.

A. Verwalter wählt Erfüllung

Besteht der Verwalter auf Vertragserfüllung, muss der andere Teil die geschuldete Leistung an die Masse bewirken. Der eigentlich nur als Insolvenzforderung zu qualifizierende Gegenanspruch des anderen Teils avanciert aber im Gegenzug nach der (zunehmend akzeptierten) Rechtsprechung des *Bundesgerichtshofs* zu einer originären, nicht vom Schuldner abgeleiteten Masseverbindlichkeit gemäß § 55 I Nr. 2 Alt. 1 InsO (sogenannter „Qualitätssprung“[445]).[446] Damit würden die vertraglichen Erfüllungsansprüche zu neuen und gleichzeitig auch durchsetzbaren Ansprüchen der und gegen die Masse; sie seien mit den ursprünglichen (nicht durchsetzbaren) Erfüllungsansprüchen zwar inhaltlich, aber nicht rechtlich identisch.[447] Die Erfüllungswahl habe für die Zwecke und für die Dauer des Insolvenzverfahrens die gleichen Wirkungen wie ein zwischen Verwalter und anderem Teil neu abgeschlossener Vertrag.[448]

Nach der Gegenansicht findet ein Qualitätssprung nur bezüglich der Forderung des Vertragspartners statt, nicht aber bezüglich der Gegenansprüche des

443 Siehe nur die überzeugende Kritik von *Bork* FS Zeuner, 297 ff.

444 Grundlegend *BGH* NJW 2002, 2783 (2785); fortgeführt in NJW 2006, 915 (916); NJW 2007, 1594.

445 MünchKomm/*Kreft* (1. Auflage 2002) § 103 Rn. 40.

446 Grundlegend *BGH* NJW 2002, 2783 (2785).

447 MünchKomm/*Kreft* § 103 Rn. 41; Uhlenbruck/*Wegener* § 103 Rn. 133.

448 MünchKomm/*Kreft* § 103 Rn. 41; Uhlenbruck/*Wegener* § 103 Rn. 133.

Schuldners. Diese gelangten automatisch bei Eröffnung des Verfahrens in die Verwaltungs- und Verfügungsbefugnis des Verwalters; deshalb bedürfe es für diese Ansprüche keines Qualitätssprungs.[449] Zudem wird gegen die Konstruktion der Rechtsprechung eingewandt, die Fiktion eines neu geschlossenen Vertrags gerate mit § 55 InsO systematisch in Konflikt. Denn müsste nach einer Erfüllungswahl unterstellt werden, es bestehe ein neuer, wenn auch inhaltsgleicher Vertrag zwischen Verwalter und anderem Teil, würde die Forderung des Letztgenannten gegen die Masse bereits gemäß § 55 I Nr. 1 InsO bestehen, § 55 I Nr. 2 Alt. 1 InsO wäre überflüssig.[450] Ferner passe es dogmatisch wenig zusammen, einerseits anzunehmen, das Verfahren lasse die gegenseitigen Ansprüche unberührt, sie seien nur nicht mehr durchsetzbar, dann aber andererseits neue Ansprüche nach Erfüllungswahl entstehen zu lassen.[451]

Dieser dogmatische Streit muss hier aber nicht entschieden werden. Nach der einen wie der anderen Meinung kann der Schuldner „seinen" Vertrag nach einer Erfüllungswahl nicht mehr außerhalb des Verfahrens eigenständig und im eigenen Interesse durchführen: nach der Qualitätssprungtheorie des Bundesgerichtshofs nicht, weil der Vertrag im Verfahren als ein Vertrag zwischen Verwalter und Vertragspartner angesehen werden muss, nach der Gegenauffassung nicht, da der Schuldner schon wegen des laufenden Verfahrens seine vertraglichen Rechte an den Verwalter verliert. Spiegelbildlich hierzu ist es aber auch dem anderen Teil – jetzt in seiner Rolle als Massegläubiger im Sinne des § 55 I Nr. 2 Alt. 1 InsO – verwehrt, sich an das insolvenzfreie Vermögen aus der selbstständigen Tätigkeit zu halten; die Pflichten aus dem Vertrag treffen nach der Erfüllungswahl allein die Masse.

B. Verwalter lehnt Erfüllung ab

Lehnt der Verwalter die Erfüllung ab, gestaltet er den Vertrag nach heute vorherrschendem Verständnis nicht um; seine Erklärung hat allein deklaratorische Bedeutung, sie bestätigt die mit Verfahrenseröffnung eingetretene Undurchsetzbarkeit der gegenseitigen Ansprüche.[452] Rechtsgestaltend wirkt die

449 *Marotzke* ZZP 111 (2002), 507 (510 f.).

450 *Tintelnot* EWiR 2003, 125 (126).

451 *Bork* FS Zeuner, 297 (312).

452 *Bork* FS Zeuner, 297 (307 ff.); FK/*Wegener* § 103 Rn. 99; HK/*Marotzke* § 103 Rn. 88; Mohrbutter/Ringstmeier/*Homann* § 7 Rn. 26; MünchKomm/*Huber* § 103 Rn. 176; anderer Ansicht Kölner Schrift/*Pape* 13. Kapitel Rn. 36 (das ursprüngliche Vertragsverhältnis bestehe nur noch als Abrechnungsverhältnis weiter).

Erfüllungsablehnung nur insoweit, als der Verwalter das Recht verliert, zu einem späteren Zeitpunkt Erfüllung zu wählen.[453] Der Vertragspartner hat die Wahl, eine „Forderung wegen Nichterfüllung“ als Insolvenzgläubiger zu erheben (§ 103 II 1 InsO) oder nach dem Insolvenzverfahren seinen ursprünglichen Erfüllungsanspruch gegen den Schuldner durchzusetzen – sofern weder Insolvenzplan noch Restschuldbefreiung entgegenstehen.[454] Er kann den Vertrag aber auch nach den darin vereinbarten oder gesetzlichen Rücktritts- oder Kündigungsrechten[455] schon während des laufenden Verfahrens auflösen.[456] Unterlässt er dies, existiert der Vertrag trotz Erfüllungsablehnung im schwebenden Zustand während des Insolvenzverfahrens fort.

I. Recht des Schuldners zur Vertragsdurchführung auf eigene Rechnung

Dass der Schuldner nach Beendigung des Insolvenzverfahrens seinen (nicht vom anderen Teil aufgelösten) Vertrag fortführen darf, wird allgemein für möglich erachtet.[457] Problematisch wird es jedoch, wenn es um eine Vertragsdurchführung im Verfahren selbst geht.

---

453 *Bärenz* NZI 2006, 72 (74); Mohrbutter/Ringstmeier/*Homann* § 7 Rn. 26.

454 Andres/Leithaus/*Andres* § 103 Rn. 34; *Bärenz* NZI 2006, 72 (74); FK/*Wegener* § 103 Rn. 99; *Foerste* Insolvenzrecht Rn. 231; es wird aber auch vertreten, der Vertragspartner habe das Recht, seine Leistung *trotz* Erfüllungsablehnung an die Masse zu erbringen und seine Gegenforderung *in voller Höhe* als Insolvenzforderung anzumelden – so zum Beispiel *Marotzke* Gegenseitige Verträge Rn. 5.51; *Musielak* AcP 179 (1979), 189 (201 ff.); *von Wilmowsky* KTS 2011, 453 (467).

455 Zu *vertraglichen* Rücktritts- und Kündigungsrechten *BGH* NJW 2006, 915 (917) und *von Wilmowsky* KTS 2011, 453 (473 f.); zu *gesetzlichen* Rücktritts- und Kündigungsrechten ausführlich *Bärenz* NZI 2006, 72 (75 f.), *Marwedel* ZInsO 2011, 937 (944) und Mohrbutter/Ringstmeier/*Homann* § 7 Rn. 27.

456 Der Vertragspartner kann seinen Rücktritt aber nur dann erklären, wenn er darauf verzichtet, seine „Forderung wegen Nichterfüllung“ gemäß § 103 II 1 InsO zu erheben. Denn erhöbe er sie, würde der Vertrag in ein Abwicklungsschuldverhältnis umgewandelt. Das wiederum nähme den vertraglichen Rücktrittsrechten und den gesetzlichen (§§ 323 f. BGB) die Grundlage.

Auch *von Wilmowsky* erachtet die §§ 323 f. BGB für ausgeschlossen, sofern der Vertragspartner von seinem Recht aus § 103 II 1 InsO Gebrauch macht: Es liege dann keine Pflichtverletzung des Schuldners vor (KTS 2011, 453 [473]).

457 Siehe nur *Bork* FS Zeuner, 297 (307 ff.); MünchKomm/*Kreft* § 103 Rn. 18 („…, als ob es nie zu einem Insolvenzverfahren gekommen wäre.“).

Vorausgeschickt sei aber an dieser Stelle, dass die folgenden Ausführungen allein für Verträge gelten, die den Schuldner zu Geld-, Dienst- oder Werkleistungen verpflichten. Sofern der Schuldner hingegen in der Pflicht steht, einen Gegenstand zu leisten, der mit Verfahrenseröffnung in die Masse gefallen ist, scheidet eine Vertragsdurchführung durch ihn von vornherein aus.[458]

1. Meinungsstand

Marotzke ist der Ansicht, dass das Recht, den Vertragspartner im Verfahren auf Erfüllung in Anspruch zu nehmen, nach einer Erfüllungsablehnung nicht nur dem Insolvenzverwalter fehle, sondern auch dem Insolvenzschuldner; der Anspruch des Schuldners bleibe während des gesamten Verfahrens nicht durchsetzbar.[459] Andernfalls könnte der Schuldner seinen Vertragspartner daran hindern, die Forderung wegen Nichterfüllung gemäß § 103 II 1 InsO im Verfahren anzumelden.[460]

Andere nehmen einen gegensätzlichen Standpunkt ein. Biete der Schuldner nach einer Erfüllungsablehnung seine Leistung aus insolvenzfreiem Vermögen an, habe der Vertragspartner seine geschuldete Gegenleistung zu erbringen.[461] Diese Pflicht treffe den Vertragspartner freilich nur, wenn er darauf verzichte, eine „Forderung wegen Nichterfüllung" gemäß § 103 II 1 InsO zu erheben; denn erhöbe er diese Forderung, würde der gegenseitige Vertrag in ein Abwicklungsverhältnis umgewandelt.[462]

2. Stellungnahme

§ 103 InsO dient nach vorherrschender Meinung zwei Zwecken: Der Verwalter soll einerseits in die Lage versetzt werden, einen beiderseits noch nicht (vollständig) erfüllten Vertrag zum Vorteil der Masse durchzuführen. Anderseits soll § 103 InsO dem Vertragspartner den Schutz des vertraglichen Synallagmas erhalten, er soll § 320 BGB gleichsam insolvenzfest machen.[463] Andere wiederum

458 Dies gilt jedenfalls dann, wenn der Verwalter nicht bereit ist, den Gegenstand aus der Masse freizugeben, *Marotzke* Gegenseitige Verträge Rn. 5.86.

459 HK/*Marotzke* § 103 Rn. 89; *Marotzke* Gegenseitige Verträge Rn. 8.1 und Rn. 3.38 f.

460 *Marotzke* Gegenseitige Verträge Rn. 3.39.

461 *Gerland* KrVJSchr 46 (1905), 29 (36); Jaeger/*Henckel* KO § 17 Rn. 156; *Senger/Finke* ZInsO 2012, 997 (999); *Smid* InsO § 103 Rn. 56.

462 So schon Jaeger/*Henckel* KO § 17 Rn. 154.

463 *Bork* FS Zeuner, 297 (309); *Kreft* FS Fuchs, 115 (121).

sehen in § 103 InsO nur einen deklaratorischen „Ableger" des § 320 BGB.[464] Einig sind aber alle darin, dass der Vertragspartner nicht gezwungen werden darf, seine Leistung an die Masse zu erbringen, nur um im Gegenzug eine dürftige Insolvenzquote zu erhalten; vielmehr gebührt ihm bei Vertragsdurchführung die volle Gegenleistung.[465]

Für die hier stattfindende Untersuchung spielt dieser Streit, ob § 103 InsO selbst das Recht im Sinne des § 320 BGB insolvenzfest macht oder dieses Recht auch ohne § 103 InsO besteht, indes keine Rolle. Wichtig ist nur, dass es dem Vertragspartner im Verfahren erlaubt ist, die Einrede im Sinne des § 320 BGB zu erheben; daran müssen sich weitere Überlegungen orientieren. Bleibt der Vertrag nach heute herrschendem Verständnis durch eine Erfüllungsablehnung unangetastet, besteht er also trotz Erfüllungsablehnung unverändert fort, so ist es schwer nachvollziehbar, warum der Schuldner erst nach dem Verfahren seinen vertraglichen Anspruch soll durchsetzen können, vor allem, wenn er (zum Beispiel nach einer Negativerklärung) fähig und willens ist, seine synallagmatische Gegenleistung zu erbringen. Denn bietet er seine Leistung an, ist dem Vertragspartner die Einrede im Sinne des § 320 BGB genommen – unabhängig davon, ob sie § 103 InsO zu entnehmen ist oder § 320 BGB.

Auch das in § 103 II 1 InsO verankerte Recht des Vertragspartners, eine Forderung wegen Nichterfüllung gegen die Masse zu erheben, steht dessen Inanspruchnahme durch den Schuldner nicht zwangsläufig im Wege. Eine Vertragsdurchführung scheidet erst aus, sobald der andere Teil seine „Forderung wegen Nichterfüllung" geltend gemacht hat; denn hierdurch wandelt er den Vertrag in ein Abwicklungsschuldverhältnis um – die ursprünglichen Leistungspflichten erlöschen.[466] Sofern der Vertragspartner aber noch nicht diesen Schritt vollzogen hat, gilt Folgendes: Die herrschende Meinung sieht in der „Forderung wegen Nichterfüllung" einen Anspruch auf Schadensersatz;[467] der

---

464 Vgl. *Stamm* KTS 2011, 421 (432): § 103 InsO sei nichts anderes als „die Umschreibung des § 320 BGB".

465 *Bork* FS Zeuner, 297 (309 f.); *Häsemeyer* Insolvenzrecht Rn. 20.03; *Musielak* AcP 179 (1979), 189 (199).

466 Siehe nur Uhlenbruck/*Wegener* § 103 Rn. 169; nach anderer Ansicht soll die Gestaltungswirkung jedenfalls spätestens nach Empfang einer Abschlagszahlung gemäß §§ 187 ff. InsO eintreten, HK/*Marotzke* § 103 Rn. 90.

467 *BGH* NJW 1984, 1557 (1558); NJW 1977, 1345; Mohrbutter/Ringstmeier/*Homann* § 7 Rn. 27; Uhlenbruck/*Wegener* § 103 Rn. 166; differenzierend *Marotzke* Gegenseitige Verträge Rn. 5.14 ff.

Vertragspartner sei so zu stellen, wie er bei ordnungsgemäßer Erfüllung stünde.[468] Bietet der Schuldner aber seine Leistung an, besteht meines Erachtens kein solcher Anspruch. Unabhängig davon, ob sich die Rechtsgrundlage aus den §§ 280 I, III, 281 I BGB[469] ergibt oder aus § 103 II 1 InsO,[470] eines ist stets Voraussetzung für einen Anspruch auf Schadensersatz: ein Schaden. An einem Nichterfüllungsschaden fehlt es aber, sofern der Schuldner bereit und fähig ist, seinen Teil der vertraglichen Abmachung einzuhalten.

Das Recht des Vertragspartners, seine „Forderung wegen Nichterfüllung" gemäß § 103 II 1 InsO als Insolvenzforderung geltend zu machen, ist somit nicht selbstverständlich. § 103 II 1 InsO darf nicht so verstanden werden, dass der Vertragspartner stets und ohne Berücksichtigung der Leistungsbereitschaft des Schuldners diese Forderung erheben dürfe. Denn andernfalls hätte er es in der Hand, die Masse durch seine Quote zu schmälern, obwohl er sie im Gegensatz zu den sonstigen Insolvenzgläubigern – bei einem Kaufvertrag etwa – kein bisschen bereichert hat und obwohl der Schuldner vertragstreu erfüllen möchte.

In diesem Zusammenhang ist jedoch klarstellend noch darauf hinzuweisen, dass für den Vertragspartner keine Pflicht besteht, den Schuldner zur Leistung aufzufordern. Die „Forderung wegen Nichterfüllung" ist der gesetzliche Regelfall, die Leistung des Schuldners aus insolvenzfreiem Vermögen im Verfahren die Ausnahme.[471] Erst wenn der Schuldner seine Leistung am rechten Ort, zur rechten Zeit und in rechter Art und Weise anbietet, ist § 103 II 1 InsO ausgeschlossen. Bis dahin kann der Vertragspartner jederzeit von seinem Recht, die Forderung wegen Nichterfüllung zu erheben, Gebrauch machen und damit den Vertrag in ein Abwicklungsschuldverhältnis umwandeln. Eine Vertragserfüllung durch den Schuldner wäre dann ausgeschlossen.

II. Die Leistung des Vertragspartners

Ist der Schuldner also grundsätzlich berechtigt, von seinem Vertragspartner Leistung zu verlangen, muss freilich auch geklärt werden, wie diese insolvenzrechtlich zu behandeln ist. Denkbar sind zwei Konstellationen: Entweder fällt

468 Wobei er in der Regel allein den Wertunterschied der Leistungen zum Ausgleich bringen kann (*Foerste* Insolvenzrecht Rn. 226; Kölner Schrift/*Pape* Kapitel 13 Rn. 33; Uhlenbruck/*Wegener* § 103 Rn. 173).

469 So Mohrbutter/Ringstmeier/*Homann* § 7 Rn. 27; *Musielak* AcP 179 (1979), 189 (204) zu § 326 BGB a. F.; *Stamm* KTS 2011, 421 (433).

470 Andres/Leithaus/*Andres* § 103 Rn. 35.

471 So schon *Kohler* Konkursrecht, S. 133.

sie als Neuerwerb gemäß § 35 I Alt. 2 InsO in die Masse oder aber sie ist dem insolvenzfreien Vermögen zuzuordnen.

Im Grundsatz gilt, dass gemäß § 35 I Alt. 2 InsO sämtliche pfändbaren Vermögenswerte, die der Schuldner im Verfahren neu erlangt, als Neuerwerb zur Masse fließen. Dieser Grundsatz gilt selbst dann, wenn der Schuldner Neuerwerb aus insolvenzfreiem Vermögen erwirtschaftet.[472] Deswegen muss man sich auch nicht näher mit der Frage beschäftigen, ob schon die Erfüllungsablehnung den Anspruch des Schuldners gegen seinen Vertragspartner insolvenzfrei stellt.[473] Denn selbst wenn dem so wäre, würde der Neuerwerb, den der Schuldner mithilfe des (dann zwar insolvenzfreien) Anspruchs erlangt, dennoch massezugehörig sein.[474] Anderes würde nun dann gelten, wenn sich der konkrete Neuerwerb, das heißt die Gegenleistung des anderen Teils, nach einer Negativerklärung unter die Begrifflichkeit „Vermögen aus der selbstständigen Tätigkeit" subsumieren ließe (**1.**) oder der Schuldner Neuerwerb aus der Verwertung eines Anspruchs zöge, den der Verwalter vorher freigegeben hätte (**2.**).[475]

1. Die Gegenleistung als „Vermögen aus der selbstständigen Tätigkeit"

Für einen Zufluss der Gegenleistung zum insolvenzfreien Vermögen aus der selbstständigen Tätigkeit spricht, dass es im Ergebnis der Schuldner ist, der nach einer Erfüllungsablehnung die Forderung gegen seinen Vertragspartner werthaltig macht, wenn er im Zuge seiner selbstständigen Tätigkeit seine eigene Leistung erbringt – etwa das geschuldete Werk herstellt. Folglich liegt es nahe, die Gegenleistung auch dem nach einer Negativerklärung insolvenzfreien Vermögen zuzuordnen.

Andererseits hat der Anspruch des Schuldners gegen seinen Vertragspartner bereits vor Verfahrenseröffnung bestanden, sodass er deswegen gemäß

---

472 *Runkel* FS Uhlenbruck, 315 (318 ff.); *Wagenknecht-Hose* Neuverbindlichkeiten, S. 16 ff.; *Windel* KTS 1995, 367 (395/407).

473 So wohl Jaeger/*Henckel* KO § 17 Rn. 154; *Kohler* Konkursrecht, S. 135; *Müller* NJW 1968, 225 (228); anderer Ansicht *Henckel* ZZP 99 (1986), 419 (433).

474 Das war freilich im Konkursverfahren anders, dort war der Neuerwerb konkursfrei. Somit ließ sich vertreten, das vom Schuldner Eingenommene fließe nicht zur Masse, einer Freigabe des Anspruchs bedürfe es nicht (siehe Jaeger/*Henckel* KO § 17 Rn. 155; *Mohrbutter* NJW 1968, 1125 [1126]; *Müller* NJW 1968, 225 [228]).

475 Zu Letzterem *BGH* NJW 2005, 2015 (2017); allgemein *K. Schmidt* FS Kruse, 671 (687); *Wagenknecht-Hose* Neuverbindlichkeiten, S. 102.

§ 35 I Alt. 1 InsO zur Masse gehört.[476] Somit hat die Gegenleistung des Vertragspartners auch grundsätzlich als Surrogat für den massezugehörigen Anspruch zur Masse zu fließen. Nur wenn der Verwalter auch den Anspruch mit seiner Negativerklärung aus der Masse freigegeben hätte, könnten die mit Geltendmachung des Anspruchs erlangten Vermögenswerte ebenfalls insolvenzfrei sein.[477]

Jedoch kann in der Negativerklärung allein keine solche Freigabe gesehen werden. Die Negativerklärung erfasst nur Vermögenswerte, die der Schuldner im Verfahren *neu* erwirtschaftet. Auf Ansprüche und sonstige Vermögenswerte, die bereits bei Verfahrenseröffnung bestanden haben, so wie etwa der Anspruch aus einem unerfüllten Vertrag im Sinne des § 103 InsO, hat die Negativerklärung hingegen keine Auswirkung.[478]

Verbleibt der Anspruch des Schuldners demnach trotz Negativerklärung in der Masse, muss die Lösung der Frage, wie die Leistung des Vertragspartners zu behandeln ist, außerhalb und jenseits des § 35 II 1 InsO gesucht werden.

2. *Anspruch des Schuldners auf Freigabe seines Anspruchs*

Somit ist zu klären, ob der Schuldner vom Verwalter nach dessen Erfüllungsablehnung eine Freigabe seines Anspruchs aus dem unerfüllt gebliebenen Vertrag verlangen kann. Meiner Meinung nach ist die Frage zu bejahen: Der Schuldner hat gemäß § 242 BGB einen Anspruch auf Freigabe. Denn lehnt der Verwalter die Erfüllung ab, macht er deutlich, am Anspruch des Schuldners gegen seinen Vertragspartner und an der Leistung des Letzteren kein Interesse zu haben. Und da er nicht mehr zur Erfüllungswahl umwechseln kann, ist der Anspruch für die Masse wertlos.[479] Der Masse steht die Leistung des anderen Teils nämlich nur dann zu, wenn der Verwalter auch bereit ist, die im Synallagma stehende Pflicht

---

476 *Marotzke* ZZP 111 (2002), 507 (511).

477 Vgl. allgemein *BGH* NJW 2005, 2015 (2017); *K. Schmidt* FS Kruse, 671 (687); *Wagenknecht-Hose* Neuverbindlichkeiten, S. 102.

478 Siehe *Zweiter Teil* unter B. II., S. 24 ff.

479 *Marotzke* hingegen ist anderer Ansicht. Er gesteht dem Vertragspartner auch das Recht zu, gemäß § 103 II 1 InsO seinen ursprünglichen Erfüllungsanspruch als Insolvenzforderung geltend zu machen. Infolgedessen müsse der Verwalter das Recht haben, die Zahlung der auf den Erfüllungsanspruch entfallenden Quote gemäß § 320 BGB zu verweigern, bis der Vertragspartner seine geschuldete Leistung zur Masse erbringe oder seinen Erfüllungsanspruch nach der Differenzmethode reduziere (Gegenseitige Verträge Rn. 8.6). Da der Verwalter aber für § 320 BGB eines wirksamen Anspruchs bedürfe, könne ein Anspruch auf Freigabe erst dann

des Schuldners mit Mitteln der Masse zu erfüllen – das folgt aus den §§ 103, 55 I Nr. 2 Alt. 1 InsO. Ist er hierzu aber nicht bereit, wäre es ein Widerspruch, wollte der Verwalter den (für die Masse nicht verwertbaren und deswegen nutzlosen) Anspruch des Schuldners auf die Leistung nicht freigeben und ihn stattdessen in der Masse belassen.[480]

3. *Reichweite der Freigabe – oder: das Problem der Teilleistung*

Sollte der Schuldner aber bereits vorgeleistet haben, könnte sich etwas anderes ergeben. Vorleistungen sind deswegen relevant, weil der Freigabeanspruch des Schuldners soeben damit begründet worden ist, es sei vom Verwalter widersprüchlich, die Vertragsdurchführung abzulehnen, den deswegen für die Masse nutzlosen Anspruch des Schuldners gegen seinen Vertragspartner aber in der Masse zu belassen. Der Vorwurf der Widersprüchlichkeit kann dem Verwalter aber nur gemacht werden, sofern der Anspruch des Schuldners gegen seinen Vertragspartner auch tatsächlich für die Masse wertlos ist.

An dieser Stelle sind die Rechtsprechung des *Bundesgerichtshofs* und die Auffassung eines großen Teils der Literatur von Bedeutung: Sofern der Schuldner vor Verfahrenseröffnung eine Teilleistung erbracht habe, könne der Insolvenzverwalter auch ohne Erfüllungsverlangen eine anteilige Gegenleistung beanspruchen, und zwar in der Höhe, die der Teilleistung des Schuldners angemessen sei.[481] Diese Auffassung ist in der Wurzel verbunden mit einer Entscheidung des *Reichsgerichts*: Eine Vertragspartei dürfe eine aufgrund eines zweiseitigen Vertrags empfangene Teilleistung nicht behalten, „ohne zu der entsprechenden Gegenleistung verpflichtet zu sein"; dieser „Rechtssatz" entspreche auch bei § 17 KO (heute § 103 InsO) der Billigkeit.[482]

Legte man diese Auffassung von Bundesgerichtshof und Literatur bei Teilleistungen des Schuldners zugrunde, ließe sich dem Verwalter freilich nur begrenzt Widersprüchlichkeit vorwerfen, wenn er nach einer Erfüllungsablehnung den Anspruch des Schuldners gegen seinen Vertragspartner nicht aus der Masse

erwachsen, wenn der andere Teil auf eine Teilnahme im Insolvenzverfahren verbindlich verzichtet habe (Gegenseitige Verträge Rn. 8.9).

480 Ähnlich *Marotzke* Gegenseitige Verträge Rn. 8.9.

481 RGZ 73, 58 (63 f.); *BGH* NZI 2010, 180 (181); *Henckel* ZZP 99 (1986), 419 (436); *Kreft* FS Uhlenbruck, 387 (398); MünchKomm/*Kreft* § 103 Rn. 32; Uhlenbruck/*Wegener* § 103 Rn. 21, 163.

482 RGZ 73, 58 (63).

freigeben wollte. Der Vorwurf der Widersprüchlichkeit könnte nämlich nur erhoben werden bezüglich des Teils des Anspruchs, der über das hinausgeht, was (für die bereits erbrachte Teilleistung des Schuldners) vom Vertragspartner zu leisten ist.

Aber schaut man sich die Argumentation von Rechtsprechung und Literatur zu Teilleistungen einmal näher an, wird deutlich, dass sie dogmatische Schwachstellen hat. Der Kern der Argumentation besteht in Folgendem: Es wäre unbillig, wenn der Vertragspartner das Erhaltene im Ergebnis unentgeltlich behalten dürfte; dafür gebe es keinen Sachgrund.[483] Insoweit sei der Vertragspartner nicht berechtigt, das noch offene Leistungsprogramm des Schuldners zum Anlass zu nehmen, seine gesamte Gegenleistung zu verweigern. § 320 BGB werde „für die Zwecke und während der Dauer des Insolvenzverfahrens zurückgedrängt."[484]

Nach Auffassung des Bundesgerichtshofs und eines Teils der Literatur spaltet die Verfahrenseröffnung den Vertrag also in zwei Teile – in einen einseitig erfüllten und einen beiderseits noch unerfüllten. Nur für den letzten Teil soll § 103 I InsO gelten; für den ersten gälten die „allgemeinen Regeln",[485] sodass der Verwalter vom anderen Teil gemäß § 80 I InsO eine Leistung einfordern darf, die der des Schuldners entspricht.

Das Ergebnis ist jedoch bedenklich, denn unklar bleibt, wie Vertreter dieser Meinung, insbesondere der Bundesgerichtshof, ihre Auffassung damit in Einklang bringen wollen, dass die Verfahrenseröffnung auf Verträge im Sinne des § 103 InsO keinen umgestaltenden Effekt hat, sondern allein bewirkt, dass gemäß § 320 BGB die Parteien ihre gegenseitigen Ansprüche nicht durchsetzen können. Und das leitet über zu § 320 BGB selbst. Er enthält in seinem zweiten Absatz eine Regelung für Teilleistungen. Dieser Absatz würde aber beiseitegeschoben, folgte man der hier kritisierten Auffassung. Gemäß § 320 II BGB darf eine Seite ihre gesamte Gegenleistung gemäß § 320 I BGB verweigern, wenn die andere nur eine Teilleistung erbracht hat, es sei denn, Treu und Glauben stehen entgegen. Eine Teilung des Vertrags erfolgt bei § 320 BGB also nur, wenn die Zurückbehaltung der Gegenleistung treuwidrig sein würde; in diesem Falle wäre der Vertragspartner verpflichtet, den Teil der Gegenleistung zu erbringen, welcher der Leistung entspricht.[486] Das Gleiche gilt, wenn die Vertragsparteien § 320 II BGB abbedungen haben[487] oder aber der Gläubiger die Teilleistung als

483 Siehe schon RGZ 73, 58 (63); MünchKomm/*Kreft* § 103 Rn. 32.

484 MünchKomm/*Kreft* § 103 Rn. 32.

485 Siehe nur Uhlenbruck/*Wegener* § 103 Rn. 15.

486 MünchKomm/*Emmerich* BGB § 320 Rn. 41.

487 *Von Wilmowsky* KTS 2012, 285 (296).

(Teil-)Erfüllung akzeptiert.[488] Und das muss den Ausschlag dafür geben, wie Teilleistungen des Schuldners im Zusammenhang mit § 103 InsO zu würdigen sind.[489]

Lehnt der Verwalter die Erfüllung des Vertrags ab, darf der Vertragspartner folglich die Teilleistung des Schuldners grundsätzlich behalten. Nur wenn der Verwalter Gründe vortragen kann, warum dieses Ergebnis gegen Treu und Glauben verstößt, oder wenn er vorzubringen vermag, dass die Parteien § 320 II BGB abbedungen haben oder dass der Vertragspartner die Teilleistung als (Teil-)Erfüllung akzeptiert hat, muss der andere Teil auch eine angemessene Teilleistung erbringen. Andernfalls ist der gesamte Anspruch des Schuldners für die Masse unverwertbar. Der Schuldner kann dann aber auch dessen Freigabe in seiner Gesamtheit vom Verwalter verlangen.

III. Sonderproblem Mietverträge

Eine Vertragsdurchführung außerhalb des Verfahrens steht grundsätzlich offen, weil die Erfüllungsablehnung durch den Verwalter den Vertrag nicht umgestaltet. Für Verträge aber, bei denen der Schuldner Mieter einer beweglichen Sache ist,[490] scheint der *Bundesgerichtshof* den Weg hin zu einer Vertragsdurchführung außerhalb des Verfahrens versperrt zu haben, denn er vertritt, der Insolvenzverwalter habe „entsprechend § 546 BGB“ die Mietsache an den Vermieter herauszugeben, wenn er nicht die Erfüllung des Mietvertrags wähle; ohne Erfüllungswahl ende das Besitzrecht aus dem Mietvertrag mit Eröffnung des Verfahrens, einer Kündigung bedürfe es nicht.[491] Für den Schuldner und „seinen“ Mietvertrag würde das freilich bedeuten, dass auch er die Mietsache nicht mehr benutzen dürfte.

---

488 Sehr großzügig nimmt *Bork* in FS Wellensiek, 201 (207) an, dem Verwalter könne der Nachweis gelingen, der Verkäufer habe einer Vertragsteilung bei Teilzahlung zugestimmt: „In aller Regel wird er [der Gläubiger] froh sein, wenigstens eine Teilleistung bekommen zu haben, und er wird deshalb diese Teilleistung auch als Teilerfüllung akzeptieren.“ Hiergegen wendet sich *von Wilmowsky* in KTS 2012, 285 (296) in Fn. 26: Die Interpretation Borks sei vom Willen der Parteien „in aller Regel“ nicht gedeckt.

489 So auch *Bork* FS Wellensiek, 201 (206 ff.); *Marwedel* ZInsO 2011, 937 (939 f.); *von Wilmowsky* KTS 2012, 285 (296); *ders.* KTS 2011, 453 (455) mit Fn. 5 am Ende.

490 Nur für diese gilt § 103 InsO. Für Mietverträge über unbewegliche Gegenstände und Räume ist § 103 InsO dagegen nicht anwendbar, denn insoweit greift § 108 I 1 InsO.

491 *BGH* NJW 2007, 1594.

Gegen den Standpunkt des Bundesgerichtshofs bestehen allerdings Bedenken. Eine Pflicht zur Rückgabe der Mietsache besteht gemäß § 546 BGB nur, wenn der Mietvertrag beendet ist. Von einer „Beendigung“ kann der Bundesgerichtshof freilich nicht ausgehen, er begäbe sich andernfalls in Widerspruch zu seiner Rechtsprechung, Verträge im Sinne des § 103 InsO würden durch die Verfahrenseröffnung (und die Erfüllungsablehnung) nicht umgestaltet.[492] Also versucht er es über den Umweg einer „entsprechenden“ Anwendung des § 546 BGB. Um § 546 BGB aber „entsprechend“ anwenden zu können, müsste die Situation nach Beendigung des Mietvertrags vergleichbar sein mit der, die vorliegt, wenn die Vertragsparteien ihre Ansprüche im Insolvenzverfahren nicht durchsetzen können. Sie ist es aber nicht, denn solange der Mietvertrag besteht, vermittelt er ein Recht zum Besitz.[493]

Offenbar ist die Rechtsprechung von der Sorge geleitet, ohne einen Herausgabeanspruch müsse der Vermieter auf die Mietsache bis zum Ende des Verfahrens verzichten und dürfe darüber hinaus ohne Erfüllungswahl auch keine Mieten beanspruchen. Das wäre in der Tat sehr bedenklich, doch dazu muss es nicht kommen. Denn der Vermieter hat es selbst in der Hand, ob er eine Pflicht zur Herausgabe der Mietsache gemäß § 546 BGB auslöst. Eines Schutzes über eine „entsprechende“ Anwendung des § 546 BGB bedarf er nicht. Er kann, wenn der Schuldner nicht bereit ist, den Vertrag außerhalb des Verfahrens fortzuführen, das Mietverhältnis (der Undurchsetzbarkeit der gegenseitigen Ansprüche wegen) gemäß § 543 I 1 BGB fristlos kündigen[494] und damit den Herausgabeanspruch

---

492 *BGH* NJW 2002, 2783 (2785); NJW 2006, 915 (916); NJW 2007, 1594.

493 Überzeugend und mit Verweisung darauf, dass die Erfüllungsablehnung keinen gestaltenden Einfluss auf den Vertrag hat *Bärenz* NZI 2006, 72 (74); siehe auch *Marwedel* ZInsO 2011, 937 (943).

494 § 543 I 1 BGB erlaubt die außerordentliche Kündigung aus wichtigem Grund. Dieser liegt gemäß § 543 I 2 BGB vor, wenn „dem Kündigenden unter Berücksichtigung aller Umstände des Einzelfalls … und unter Abwägung der beiderseitigen Interessen die Fortsetzung des Mietverhältnisses … nicht zugemutet werden kann.“ Für den Vermieter wäre es (nach einer Erfüllungsablehnung) aber unzumutbar, während der *gesamten* Dauer des Verfahrens keine Miete verlangen zu dürfen und darüber hinaus vom Gebrauch der Mietsache ausgeschlossen zu sein; unter diesen Umständen muss der Vermieter den Vertrag nicht bis zum vereinbarten Ende oder bis zum Ablauf der ordentlichen Kündigungsfrist weiterbestehen lassen (siehe auch *Bärenz* NZI 2006, 72 [75] zu § 314 I 1 BGB; *Marwedel* ZInsO 2011, 937 [943]).

Auch § 112 InsO steht einer Kündigung nicht im Wege: Es ist dem Vermieter nur verwehrt, die Kündigung auf eine Verschlechterung der Vermögensverhältnisse zu stützen oder auf einen Zahlungsverzug, der vor dem Eröffnungsantrag eingetreten

gemäß § 546 BGB entstehen lassen oder aber gemäß § 103 II 1 InsO eine „Forderung wegen Nichterfüllung" gegen die Masse erheben, was wiederum gemäß § 281 IV BGB nicht nur den Anspruch des Vermieters auf Zahlung der Miete, sondern wegen des vertraglichen Synallagmas auch den Anspruch des Schuldners auf die Mietsache und damit ein Recht zum Besitz dauerhaft ausschlösse.[495]

Da der Verwalter nach alledem nicht „entsprechend" § 546 BGB nach einer Erfüllungsablehnung als verpflichtet angesehen werden kann, die Mietsache an den Vermieter zurückzugeben, gilt für Mietverträge das Gleiche, was für alle anderen Verträge im Sinne des § 103 InsO nach einer Erfüllungsablehnung gilt: Der Schuldner kann den noch nicht (vollständig) erfüllten Vertrag auf eigene Rechnung durchführen.

---

ist. Nicht verwehrt ist ihm demgegenüber die Kündigung aus anderen Gründen – Gründen, die im Verfahren selbst entstehen wie etwa die Erfüllungsablehnung und die damit einhergehende (deklaratorische) Undurchsetzbarkeit der Mietforderung.

495 Zum Umstand, dass nach einer Geltendmachung des Anspruchs im Sinne des § 281 I BGB bei gegenseitigen Verträgen wegen der Verbindung von Leistung und Gegenleistung auch der Erfüllungsanspruch des Schuldners entfällt Bamberger/Roth/*Unberath* BGB § 281 Rn. 52 („Erst-recht-Schluss"). § 281 IV BGB kommt auch zumindest dann zur Anwendung, wenn man der Auffassung folgt, Anspruchsgrundlage für die „Forderung wegen Nichterfüllung" seien §§ 280 I, III, 281 I BGB. Wer hingegen § 103 II 1 InsO selbst als Anspruchsgrundlage begreift, muss § 281 IV BGB jedenfalls analog heranziehen (vgl. Gottwald/*Huber* Insolvenzrechts-Handbuch § 35 Rn. 32).

Achter Teil: Parallelverfahren

Verschuldet sich der Schuldner nach der Negativerklärung erneut, stellt sich die Frage, ob neben dem laufenden Insolvenzverfahren (künftig: Erstverfahren) ein weiteres (künftig: Parallelverfahren) eröffnet werden kann – und zwar über das insolvenzfreie Vermögen aus der selbstständigen Tätigkeit.

Parallelverfahren waren der Insolvenzpraxis bis 2007 freilich weitestgehend fremd. Über welche Vermögensgegenstände hätte das Insolvenzgericht sie auch eröffnen sollen? Immerhin gehörte gemäß § 35 InsO a. F. (jetzt § 35 I InsO) das gesamte Vermögen des Schuldners inklusive Neuerwerb zur Insolvenzmasse. Deswegen verneinte der *Bundesgerichtshof* in der Vergangenheit auch ein rechtliches Interesse an einem Parallelverfahren, wenn Neugläubiger keine verwertbaren Vermögensgegenstände nachweisen konnten.[496]

Nach neuer Rechtslage liegen infolge einer Negativerklärung jedoch zwei Vermögensmassen vor: das im Erstverfahren gebundene Vermögen und insolvenzfreies Vermögen aus der selbstständigen Tätigkeit. Die vorherrschende Meinung, der sich auch der Bundesgerichtshof angeschlossen hat, bejaht deshalb die Möglichkeit eines Parallelverfahrens über insolvenzfreies Vermögen aus der selbstständigen Tätigkeit.[497] Dem ist zuzustimmen. Gibt der Verwalter Vermögensgegenstände frei, so kann – sollten diese werthaltig sein – grundsätzlich ein zweites Insolvenzverfahren stattfinden.[498] Ein Parallelverfahren muss konsequenterweise dann aber auch nach einer Negativerklärung gemäß § 35 II 1 InsO möglich sein, denn sie schafft ähnlich einer Freigabe insolvenzfreies Vermögen.

Selbst das Gesetz bestätigt die Zulässigkeit von Parallelverfahren mittelbar in § 290 I Nr. 3 InsO: Die Restschuldbefreiung ist danach (im Parallelverfahren) zu versagen, wenn dem Schuldner in den letzten zehn Jahren vor dem Antrag auf

---

496 *BGH* NZI 2004, 444.

497 *BGH* ZInsO 2012, 481 (485); NZI 2011, 633 f.; NJW 2008, 3494 (3495); *AG Köln* NZI 2010, 743 (744); *AG Hamburg* ZInsO 2008, 680 (681); *AG Göttingen* NZI 2008, 313 (314); *Berger* ZInsO 2008, 1101 (1106); *Holzer* ZVI 2007, 289 (292 f.); *Schmerbach* ZInsO 2009, 2078 (2086); Uhlenbruck/*Hirte* § 35 Rn. 107; anderer Ansicht wohl nur *LG Dresden* NZI 2011, 291 f. und *Pape* NZI 2007, 481 (482) (auch unter Bezugnahme auf die zu § 35 InsO a. F. ergangene Rechtsprechung).

498 Siehe etwa die Begründung zum Entwurf eines Gesetzes zur Entschuldung mittelloser Personen, zur Stärkung der Gläubigerrechte sowie zur Regelung der Insolvenzfestigkeit von Lizenzen in BT-Drs. 16/7416, 35 (rechte Spalte); MünchKomm/*Schmahl*/*Vuia* § 14 Rn. 21.

Eröffnung des Insolvenzverfahrens *oder nach diesem Antrag* Restschuldbefreiung (im Erstverfahren) erteilt worden ist.

Wie allerdings ein Parallelverfahren abzulaufen hat, ist wenig geklärt. Literatur und Rechtsprechung haben bislang nur Ausschnitte eines Gesamtbildes sichtbar gemacht. Zwecks Vervollständigung seien deshalb die folgenden Fragen näher geklärt. Zuerst ist zu untersuchen, wer überhaupt ein Parallelverfahren beantragen und wer an ihm teilnehmen darf (**A.**). Im Anschluss hieran ist zu klären, unter welchen Voraussetzungen ein Eröffnungsantrag zulässig wäre (**B.**). Außerdem ist zu präzisieren, welches Vermögen einem Parallelverfahren überhaupt unterfällt (**C.**). Abschließend wird erörtert, ob der Schuldner in einem zweiten Insolvenzverfahren Restschuldbefreiung erlangen kann (**D.**).

A. Antrags- und Teilnahmebefugnis

Die Neugläubiger, die Insolvenzgläubiger aus dem Erstverfahren (Altgläubiger) und schließlich der Schuldner selbst können ein Interesse an einem Parallelverfahren haben. Da der Schuldner ein Parallelverfahren vor allem vor dem Hintergrund einer (möglichen?) Restschuldbefreiung anstreben wird, soll sein Antrag später im Zusammenhang mit der Frage betrachtet werden, ob er im Parallelverfahren Restschuldbefreiung überhaupt erlangen kann. Im Folgenden wird es daher nur um die Neugläubiger des Schuldners (**I.**) und die Insolvenzgläubiger aus dem Erstverfahren (**II.**) gehen.

I. Neugläubiger

Vor allem die Rechtsprechung hat pauschal angenommen, Neugläubiger könnten ein Parallelverfahren beantragen und daran teilnehmen.[499] Das ist zwar richtig, doch muss dieser Aspekt vertieft werden. Immerhin gibt es zwei Gruppen von Neugläubigern: solche aus beruflich veranlassten und solche aus privat veranlassten Schuldverhältnissen.

1. Neugläubiger aus beruflich veranlassten Schuldverhältnissen

Unproblematisch darf ein Parallelverfahren beantragen und daran teilnehmen ein jeder Neugläubiger, sofern seine Forderung aus einem Schuldverhältnis stammt, das einen Bezug zur selbstständigen Tätigkeit aufweist. Das gilt auch

---

499 Siehe nur *BGH* ZInsO 2012, 481 (485); NZI 2011, 633; *AG Trier* ZInsO 2009, 1967 (1968) unter 2.; *AG Göttingen* NZI 2012, 198; NZI 2008, 313 (314) unter 4. b); so auch *Schmerbach* ZInsO 2009, 2078 (2086).

für Gläubiger, deren Neuforderungen ihre Grundlage in einem Miet- oder Pachtvertrag über die Geschäftsräume oder in einem Dienstvertrag im Sinne des § 108 I 1 InsO haben, für den die Masse (nach einer Freigabe des Unternehmens) aber nicht mehr haftet.[500] Ihre Ansprüche aus Dauerschuldverhältnissen entstehen periodisch neu.[501] Infolgedessen erwerben Vermieter, Verpächter und Arbeitnehmer gemäß der im Vertrag getroffenen Vereinbarung stets auch neue Ansprüche gegen den Schuldner. Sind jene Gläubiger nun aber nach einer Freigabe des Unternehmens im Erstverfahren nicht mehr als Massegläubiger zu berücksichtigen, sind sie im Erstverfahren folglich haftungsrechtlich nicht länger privilegiert (§§ 108 I 1, 55 I Nr. 2 Alt. 2 InsO),[502] so stehen sie auf gleicher Stufe wie Neugläubiger, die erst während des Verfahrens mit dem Schuldner kontrahiert haben: Ihnen haftet nur das insolvenzfreie Vermögen. Deswegen muss es ihnen auch möglich sein, ein Parallelverfahren zu beantragen und an ihm teilzunehmen.

2. *Neugläubiger aus privaten Geschäften*

Auf den ersten Blick scheint einiges dagegen zu sprechen, Neugläubigern aus privaten Geschäften die Teilnahme am Parallelverfahren zu erlauben. Sinn und Zweck der Negativerklärung ist es immerhin, eine selbstständige Tätigkeit im Insolvenzverfahren zu ermöglichen; *hierfür* stellt der Verwalter Neugläubigern eine Haftungsmasse zur Verfügung.[503] Neugläubiger aus außerberuflichen Geschäften haben mit der selbstständigen Tätigkeit aber wenig bis gar nichts zu tun.

Bei Licht besehen lässt sich daraus jedoch nicht ableiten, insolvenzfreies Vermögen aus der selbstständigen Tätigkeit sei für sie kein Haftungsfonds. Im Gesetz gäbe es hierfür denn auch keine Stütze. § 14 InsO spricht das Antragsrecht jedem Gläubiger zu, ohne danach zu unterscheiden, ob seine Forderung aus dem geschäftlichen oder dem privaten Bereich des Schuldners stammt. Das wäre auch durch nichts zu rechtfertigen. Denn fährt der Schuldner trotz andauernden Erstverfahrens fort, in Geldangelegenheiten unbesonnen zu handeln, ist

500 Näheres zur Freigabe des Unternehmens und zur Enthaftung der Masse im *Sechsten Teil* unter C. II., S. 118 ff.

501 Siehe hierzu allgemein *Häsemeyer* Insolvenzrecht Rn. 16.16; *Ries* ZInsO 2009, 2030 (2034); für Ansprüche auf Miete: *BGH* NZI 2007, 164; für Ansprüche auf Arbeitslohn: *BGH* ZVI 2008, 433.

502 Näheres zur Enthaftung der Masse im *Sechsten Teil* unter C. II. 2., S. 122 ff.

503 Vgl. den Wortlaut des § 35 II 1 InsO sowie BT-Drs. 16/3227, 17.

es nicht einzusehen, warum nur bestimmte Neugläubiger (zumindest teilweise) im Parallelverfahren befriedigt werden sollen, andere hingegen nicht. Alle Neugläubiger sind von der erneuten Krise des Schuldners gleichermaßen betroffen und verdienen aus diesem Grunde Gleichbehandlung.

Für eine Antrags- und Teilnahmebefugnis spricht auch § 38 InsO. Danach können an einem Insolvenzverfahren alle Gläubiger teilnehmen, die zur Zeit der Verfahrenseröffnung einen Vermögensanspruch gegen den Schuldner haben. Diese Voraussetzung erfüllen aber nicht nur geschäftliche Neugläubiger, sondern auch alle anderen Neugläubiger.

II. Altgläubiger aus dem Erstverfahren

Die Frage, ob ein Altgläubiger befugt ist, nach einer Negativerklärung ein Parallelverfahren zu beantragen oder an ihm teilzunehmen, haben Rechtsprechung und Schrifttum bisher nur kursorisch behandelt. So findet man auch nur die Bemerkung, an einem weiteren Insolvenzverfahren seien nur die Neugläubiger beteiligt;[504] Anträge der Altgläubiger seien unzulässig, denn es sei bereits ein Verfahren eröffnet.[505]

Diese Begründung greift jedoch zu kurz, da die Problematik eines Parallelverfahrens auf Antrag eines Altgläubigers keineswegs neu ist. Sie ist lediglich lange Zeit verschüttet gewesen und ist nun gleichsam als Wiedergänger zurückgekehrt. Nach § 1 KO war der Neuerwerb nicht vom Konkursverfahren erfasst; aber trotz dieser klaren Rechtslage war in Rechtsprechung und Literatur die Frage virulent, ob Konkursgläubiger in einem Parallelverfahren auf diesen Neuerwerb nicht doch Zugriff nehmen können. Insoweit erscheint es lohnenswert, diese alte Streitfrage wieder aufzugreifen und unter dem Aspekt insolvenzrechtlicher Besonderheiten zu beantworten.

1. *Die Konkursordnung und das Parallelverfahren*

Die wohl herrschende Meinung im konkursrechtlichen Schrifttum vertrat die Auffassung, Altgläubiger seien nicht genötigt, während eines Konkursverfahrens

504 *BGH* ZInsO 2012, 481 (485); NZI 2011, 633; *AG Trier* ZInsO 2009, 1967 (1968) unter 2.; *AG Göttingen* NZI 2012, 198; NZI 2008, 313 (314) unter 4. b); *Ehlers* FS Haarmeyer, 15 (16); *Schmerbach* ZInsO 2009, 2078 (2086).

505 *Schmerbach* ZInsO 2009, 2078 (2086); ähnlich *AG Göttingen* NZI 2008, 313 (314) (Altgläubiger hätten in der Wohlverhaltensphase nach Abschluss des Erstverfahrens gemäß §§ 287 II 1, 295 II InsO Zugriff auf das pfändbare Vermögen des Schuldners; das spreche gegen eine Teilnahmebefugnis am Parallelverfahren).

tatenlos mit anzusehen, wie der Schuldner oder dessen Neugläubiger den Neuerwerb aufbrauchen; Altgläubigern stehe vielmehr die Möglichkeit offen, ein Parallelverfahren über den Neuerwerb zu beantragen oder an einem eröffneten Parallelverfahren teilzunehmen.[506]

Zur Begründung wurde vorgebracht, dass ein ausschließliches Recht der Neugläubiger auf den Neuerwerb im Gesetz keine Stütze finde; ein Vorrecht der Neugläubiger würde gar mit § 3 KO (jetzt § 38 InsO) konfligieren.[507] Überdies – so fügte man hinzu – seien Neugläubiger auch nicht schutzbedürftig. Sie müssten tagtäglich mit der Beendigung des laufenden Konkursverfahrens rechnen und mit der dann einsetzenden Konkurrenz seitens der Altgläubiger.[508] Auch § 14 I KO (jetzt § 89 I InsO) stehe einer Antrags- und Teilnahmebefugnis der Altgläubiger nicht entgegen. Die Norm richte sich nur gegen den Zwangszugriff „einzelner" Konkursgläubiger auf den Neuerwerb, nicht jedoch gegen ein gemeinschaftliches Konkursverfahren.[509] Um allerdings den in § 1 KO für Neugläubiger vermittelten Schutz nicht zu entwerten, sei Altgläubigern das Recht abzusprechen, mit ihrer vollen Forderung am Parallelverfahren teilzunehmen. Sie müssten sich, falls sie nicht auf ihre Beteiligung im Erstverfahren verzichteten, die Erträge anrechnen lassen, die sie im Erstverfahren erhalten haben oder erhalten werden.[510]

Gegen dieses gläubigerfreundliche Verständnis der Konkursordnung wurden jedoch in einem Teil der Literatur und Rechtsprechung Zweifel und Bedenken laut.[511] Dabei berief man sich zuvorderst auf Sinn und Zweck des § 1 KO. Der Gesetzgeber habe dem Schuldner durch die Konkursfreiheit des Neuerwerbs die Chance geben wollen, schon während eines laufenden Verfahrens den Aufbau einer neuen wirtschaftlichen Existenz voranzutreiben.[512] Um diese Chance für einen Neuanfang aber wahrnehmen zu können, benötige der Schuldner für seine Neugläubiger eine konkursfreie Haftungsmasse;

---

506 Jaeger/*Henckel* KO § 1 Rn. 147; *Kneser* KTS 1958, 135; *Pape/Wenzel* ZInsO 2008, 287 (288); Kilger/Schmidt/*K. Schmidt* KO § 1 Anm. 3 B (bei Verzicht auf Teilnahme am Erstverfahren); einschränkend *Kohler* Leitfaden Konkursrecht, S. 85 f. (eine Teilnahme der Altgläubiger am Zweitverfahren sei erst nach Beendigung des Erstkonkurses möglich).

507 Jaeger/*Henckel* KO § 1 Rn. 147.

508 Jaeger/*Henckel* KO § 1 Rn. 147 mit Verweisung auf die §§ 164, 206 II KO.

509 Jaeger/*Henckel* KO § 1 Rn. 147.

510 Jaeger/*Henckel* KO § 1 Rn. 147; *Pape/Wenzel* ZInsO 2008, 287 (288).

511 *LG Köln* KTS 1984, 155 f.; *Hess* KO § 1 Rn. 8; *Wolff* KO § 14 (unter 2.).

512 *LG Köln* KTS 1984, 155.

nur dann seien diese überhaupt bereit, ihm im Vertrauen auf den Neuerwerb beispielsweise Kredit zu geben.[513] Den Neuerwerb habe der Gesetzgeber in § 1 KO folglich mit Vorbedacht den Neugläubigern zugewiesen.[514] Dürften nun wiederum auch Altgläubiger trotz des laufenden Erstverfahrens in einem Parallelverfahren auf den Neuerwerb zugreifen, könnten sie damit einen wirtschaftlichen Neuanfang des Schuldners blockieren. Immerhin wäre es ihnen nach der Gegenauffassung erlaubt, in regelmäßigen Abständen ein neues Konkursverfahren zu beantragen, ohne dass die vorhergehenden abgeschlossen wären.[515]

Dass Altgläubiger von einem Parallelverfahren ausgeschlossen seien, gehe darüber hinaus auch aus § 14 I KO (jetzt § 89 I InsO) im Zusammenspiel mit §§ 1, 3 KO (jetzt §§ 35 I Alt. 1, 38 InsO) hervor: Konkursgläubigern stehe das Neuvermögen weder innerhalb des Konkursverfahrens zu, noch sei es ihnen erlaubt, während des Verfahrens in den Neuerwerb zu vollstrecken. Deswegen müsse nicht nur ein Antragsrecht ausscheiden, sondern auch eine bloße Teilnahme der Altgläubiger an einem Parallelverfahren.[516]

2. *Stellungnahme*

Die zu Zeiten der Konkursordnung vertretene Auffassung, Altgläubiger dürften ein Parallelverfahren über den konkursfreien Neuerwerb beantragen oder daran teilnehmen, kann für die Insolvenzordnung keinen Beifall finden.

a) Das Erstverfahren ist noch im Gange

Der Gesetzgeber hat in § 35 II 1 InsO bewusst eine Entscheidung zugunsten des Schuldners und seiner Neugläubiger getroffen. Die Materialien lassen erkennen, dass die Negativerklärung den Schuldner in die Lage versetzen soll, bereits während eines Insolvenzverfahrens eine selbstständige Tätigkeit auszuüben.[517] Hierdurch erkennt der Gesetzgeber das Interesse des Schuldners an, sich durch seine gewerbliche oder freiberufliche Tätigkeit eine „neue wirtschaftliche Existenz" aufzubauen.[518] Dies dürfte dem Schuldner aber versagt sein, sofern Altgläubiger

513 *LG Köln* KTS 1984, 155.
514 *LG Köln* KTS 1984, 155.
515 *LG Köln* KTS 1984, 155 (156).
516 *LG Köln* KTS 1984, 155 (156).
517 Vgl. BT-Drs. 16/3227, 17.
518 Vgl. BT-Drs. 16/3227, 17.

trotz Negativerklärung weiterhin – wenn auch nur in einem Gesamtvollstreckungsverfahren – auf den Neuerwerb zugreifen könnten.[519]

Zudem wird § 35 II 1 InsO von dem Gedanken getragen, Neugläubigern Vertrauen auf eine Haftungsgrundlage einzuflößen. Insbesondere hat das Insolvenzgericht die Negativerklärung des Verwalters gemäß § 35 III 2 InsO zu veröffentlichen. Neugläubigern soll damit nicht nur bedeutet werden, dass sie ihre Ansprüche nicht im Erstverfahren als Masseverbindlichkeiten geltend machen dürfen, sondern es soll ihnen auch verdeutlicht werden, dass ihnen das insolvenzfreie Vermögen aus der selbstständigen Tätigkeit haftet. Wenigstens im Vertrauen auf dieses als Haftungsmasse sollen die Neugläubiger mit dem Schuldner kontrahieren können. Dieses Vertrauen darf nicht enttäuscht werden. Enttäuscht würde es aber, wenn Altgläubiger ein weiteres Verfahren nutzen und darin den Haftungsfonds der Neugläubiger aufzehren dürften.

Überdies besteht für Altgläubiger kein Bedarf an einem Parallelverfahren. Sie müssen nicht, wie zu Zeiten der Konkursordnung befürchtet, mit ansehen, wie Schuldner und Neugläubiger den Neuerwerb vollständig verwerten. Erwirbt der Schuldner mit insolvenzfreiem Vermögen einen Gegenstand, den er privat nutzt, fällt dieser trotz Negativerklärung in die Masse des Erstverfahrens.[520] Ferner haben Altgläubiger trotz der Negativerklärung über die §§ 35 II 2, 295 II InsO ein Recht auf Teilhabe am Vermögen aus der selbstständigen Tätigkeit. Dabei muss es aber auch bleiben, will man nicht die Wertung der §§ 35 II 2, 295 II InsO aushebeln.

Dies unterstreicht auch § 35 II 3 InsO. Wollen Altgläubiger nach der Negativerklärung wieder am Neuerwerb aus der selbstständigen Tätigkeit partizipieren, haben sie die Negativerklärung für unwirksam erklären zu lassen, nicht jedoch ein Parallelverfahren zu beantragen.

b) Das Erstverfahren ist ohne Restschuldbefreiung beendet

Aber auch nachdem das Insolvenzgericht das Erstverfahren ohne Restschuldbefreiung aufgehoben hat, dürfen Altgläubiger meines Erachtens nicht mit ihren noch offenen Forderungen am (noch laufenden) Parallelverfahren teilnehmen.

---

519 Insoweit ähnelt die Argumentation derjenigen, die schon in den Tagen der Konkursordnung gegen die Teilnahme der Altgläubiger an einem Parallelverfahren vorgebracht wurde.

520 Nach einer Negativerklärung ist nur „Vermögen aus der selbstständigen Tätigkeit" insolvenzfrei. Darunter fällt einmal Vermögen, welches der Schuldner durch seine Tätigkeit erlangt, dann aber auch Vermögen, das er mithilfe des Erlangten erwirbt *und* seiner Tätigkeit „widmet" (Näheres im *Zweiten Teil* unter C., S. 36 ff.).

Gemäß § 201 I InsO haben sie vielmehr ihre Forderungen gegen das nicht im Parallelverfahren gebundene Vermögen des Schuldners geltend zu machen. Denn die Aufhebung des Erstverfahrens hat nicht zur Folge, dass sämtliches (pfändbare) Vermögen des Schuldners Teil des Parallelverfahrens würde. Das Insolvenzgericht eröffnet dieses nämlich nur über Vermögen des Schuldners, das nach der Negativerklärung (oder einer herkömmlichen Freigabe von Vermögenswerten) nicht mehr zur Masse des Erstverfahrens gehört. Und wenn folglich die Masse des Parallelverfahrens während der Dauer des Erstverfahrens nur aus diesem Vermögen bestehen kann, dann sollte sich das nicht ändern, nur weil das Erstverfahren seinen Abschluss gefunden hat. Vielmehr sollte die vormals bestehende Trennung der Haftungssphären auch nach Beendigung des Erstverfahrens aufrechterhalten bleiben. Konkret bedeutet dies, dass während der Dauer des Parallelverfahrens das Vermögen aus der selbstständigen Tätigkeit den Altgläubigern entzogen ist, ihnen aber Vermögen aus privat veranlassten Rechtsgeschäften, Erbschaften, Lottogewinnen oder einer neuen abhängigen Beschäftigung zur Befriedigung zugänglich ist.

III. Ergebnis

Nur Neugläubiger dürfen ein Parallelverfahren beantragen und daran teilnehmen. Dabei spielt es keine Rolle, ob ihre Forderungen gegen den Schuldner mit dessen selbstständiger Tätigkeit zusammenhängen oder nicht.

B. Zulässigkeit des Eröffnungsantrags

Wann ein Antrag auf Eröffnung eines Parallelverfahrens zulässig ist, wird nicht einheitlich beantwortet.

I. Fremdantrag

Der Antrag eines Gläubigers setzt gemäß § 14 I 1 InsO voraus, dass Forderung wie auch Eröffnungsgrund glaubhaft gemacht sind. Zudem muss ein rechtliches Interesse an der Eröffnung des Insolvenzverfahrens bestehen. Dieses wirft bei Parallelverfahren über Vermögen aus der selbstständigen Tätigkeit besondere Probleme auf.

1. Meinungsstand

a) Die „Dresdner" Auffassung

Sowohl das *Amts-* als auch das *Landgericht Dresden* vertreten, ein rechtliches Interesse an einem Parallelverfahren bestehe trotz Negativerklärung nur dann, wenn der Neugläubiger die Existenz insolvenzfreien und verwertbaren Vermögens glaubhaft machen könne.[521]

Zur Begründung knüpft das *Amtsgericht Dresden* an die Rechtsprechung des Bundesgerichtshofs aus dem Jahre 2004 an, wonach kein schützenswertes Interesse an einem Parallelverfahren bestehe, wenn der Neugläubiger den Nachweis verwertbaren Vermögens nicht führen könne, was seinen Grund laut Bundesgerichtshof darin habe, dass infolge § 35 InsO a. F. (jetzt § 35 I InsO) insolvenzfreies Vermögen die Ausnahme sei.[522] Diese Rechtsprechung sei auf Parallelverfahren nach einer Negativerklärung zu übertragen.[523] Auch hier sei verwertbares Vermögen die Ausnahme: Der Geschäftsbetrieb könne nicht wirtschaftlich fortgeführt werden, Gewinne seien nicht zu erzielen; die Negativerklärung stelle bereits ein gewichtiges Indiz dafür dar.[524] Des Weiteren sei der Schuldner gemäß §§ 35 II 2, 295 II InsO im Erstverfahren verpflichtet, an die Masse Abgaben zu leisten; auch aus diesem Grunde sei mit verwertbarem Vermögen nicht zu rechnen.[525]

Ergänzend bringen das *Amts-* wie auch das *Landgericht Dresden* die Rechtsprechung des Bundesgerichtshofs[526] ein, wonach der Antragsteller den Nachweis verwertbaren Vermögens führen müsse, wenn das Gericht einen Eröffnungsantrag mangels Masse schon einmal abgewiesen habe.[527] Anlass dieser Rechtsprechung sei das Bestreben, die Gerichte nicht erneut mit der Prüfung hinreichender Masse zu belasten, wenn Masseunzulänglichkeit schon einmal festgestellt worden ist.[528] Dieser Gedanke sei auf Parallelverfahren über Vermögen aus der selbstständigen Tätigkeit zu übertragen, denn auch hier sei pfändbare Masse regelmäßig nicht zu erwarten.[529]

Der Antragssteller werde durch die Obliegenheit, pfändbares Vermögen nachzuweisen, auch nicht über Gebühr belastet. Er könne solches mithilfe von

521 *LG Dresden* NZI 2011, 291 (292); *AG Dresden* ZVI 2009, 289 f.; wohl auch *Gutsche* ZVI 2008, 41 (44).

522 Vgl. *BGH* NZI 2004, 444; bestätigt durch *BGH* NZI 2008, 609 (610) und NZI 2011, 633.

523 *AG Dresden* ZVI 2009, 289 (290).

524 *AG Dresden* ZVI 2009, 289 (290); siehe auch *LG Dresden* NZI 2011, 291 (292).

525 *LG Dresden* NZI 2011, 291 (292).

526 *BGH* NZI 2002, 601.

527 *AG Dresden* ZVI 2009, 289 (290); *LG Dresden* NZI 2011, 291 (292).

528 *LG Dresden* NZI 2011, 291 (292).

529 *AG Dresden* ZVI 2009, 289 (290); *LG Dresden* NZI 2011, 291 (292).

Vollstreckungsversuchen ermitteln. Sie seien ohnehin regelmäßig erforderlich, um einen Insolvenzgrund glaubhaft zu machen.[530]

b) Die herrschende Meinung

Die herrschende Meinung tritt der „Dresdner" Argumentation jedoch entgegen. Sie ist der Auffassung, der Nachweis verwertbaren Vermögens sei nicht nötig.[531]

Der Vergleich mit der Rechtsprechung des Bundesgerichtshofs sei verfehlt, denn es könne sehr wohl insolvenzfreies und verwertbares Vermögen nach einer Negativerklärung vorhanden sein. Zum einen habe der Schuldner nach der Negativerklärung ein besonderes Interesse daran, seiner selbstständigen Tätigkeit erfolgreich nachzugehen, ihm stünden die Gewinne hieraus zu – und das wisse er auch.[532] Zum anderen könne der Verwalter im Parallelverfahren Masse durch Anfechtung gemäß §§ 129 ff. InsO generieren.[533] Letzten Endes würden auch unerfüllbare Anforderungen gestellt, wenn der Neugläubiger verwertbares Vermögen glaubhaft machen müsste.[534] Ob verwertbares Vermögen vorliege, habe deshalb das Insolvenzgericht durch Amtsermittlung gemäß § 5 InsO zu überprüfen.[535]

Auch der *Bundesgerichtshof* ist mittlerweile für den Sonderfall der Negativerklärung von seinen strengen Anforderungen an Parallelverfahren abgerückt.[536] Er begründet seinen Meinungswandel damit, dass es keine gesetzliche Grundlage dafür gebe, den Gläubiger als verpflichtet anzusehen, verwertbares Vermögen nachzuweisen.[537] Der Antrag sei zulässig, wenn der Gläubiger ein rechtliches Interesse an der Eröffnung des Insolvenzverfahrens habe und seine Forderung und den Eröffnungsgrund glaubhaft mache.[538] Das Rechtsschutzinteresse für einen Insolvenzantrag bestehe nämlich unabhängig davon, ob der Gläubiger im

---

530 *LG Dresden* NZI 2011, 291 (292); siehe auch *AG Köln* NZI 2008, 386 (387) (Zweitverfahren während Wohlverhaltensphase).

531 *AG Köln* NZI 2010, 743 (744); *AG Trier* ZInsO 2009, 1967 (1968); *AG Hamburg* ZInsO 2008, 680 (681); *AG Göttingen* NZI 2008, 313 (314); ZVI 2007, 571 (572).

532 Vgl. *AG Köln* NZI 2010, 743 (744).

533 *AG Köln* NZI 2010, 743 (744); *AG Göttingen* NZI 2008, 313 (314).

534 *AG Köln* NZI 2010, 743 (744); *AG Göttingen* NZI 2008, 313 (314); ZVI 2007, 571 (572).

535 *AG Köln* NZI 2010, 743 (744); *AG Trier* ZInsO 2009, 1967 (1968); *AG Hamburg* ZInsO 2008, 680 (681); *AG Göttingen* NZI 2008, 313 (314); ZVI 2007, 571 (572).

536 *BGH* NZI 2011, 633; anders noch *BGH* NZI 2004, 444.

537 *BGH* NZI 2011, 633 (634).

538 *BGH* NZI 2011, 633 (634).

Verfahren Befriedigung erlangen könne.[539] Selbst Masseunzulänglichkeit könne das Rechtsschutzinteresse nicht ausschließen. Sofern die Verfahrenskosten gedeckt seien, dürfe das Verfahren folglich eröffnet werden.[540]

2. Stellungnahme

Die „Dresdner" Auffassung überspannt die Anforderungen an einen Eröffnungsantrag. Der Neugläubiger muss verwertbares Vermögen nicht nachweisen.

Im Vorwort zu diesem Teil der Arbeit (S. 143) wurde bereits geklärt, warum der Bundesgerichtshof für Parallelverfahren prinzipiell den Nachweis verwertbaren Vermögens verlangt: Alles Vermögen sei grundsätzlich bereits im Erstverfahren gebunden, insolvenzfreies Vermögen deswegen die Ausnahme.[541] Dieses Verhältnis von Regel und Ausnahme existiert nach der Negativverklärung aber nicht mehr. Denn gibt der Verwalter die Negativverklärung ab, gehört das Vermögen aus der selbstständigen Tätigkeit nicht mehr zur Insolvenzmasse. Dies allein muss für ein rechtliches Interesse an einem Parallelverfahren aber schon genügen – wie der Bundesgerichtshof mit seiner neuen Rechtsprechung auch selbst vertritt.[542] Gewiss, ein Neugläubiger könnte mit den Mitteln der Zivilprozessordnung, insbesondere der Vermögensauskunft samt eidesstattlicher Versicherung, Kenntnis über den Vermögensbestand des Schuldners erhalten. Dies ist ihm nicht – wie von der herrschenden Meinung vorgebracht – unzumutbar. Doch ist er hierzu nicht verpflichtet.[543] Das folgt aus § 20 I InsO. Danach ist es die Pflicht des Schuldners, dem Gericht die Auskünfte zu erteilen, deren es bedarf, um über den Eröffnungsantrag zu entscheiden.[544] Die hierzu notwendigen Informationen hat das Gericht gemäß § 5 InsO aber von Amts wegen zu beschaffen.

Dass ein Gläubiger nicht den Nachweis verwertbaren Vermögens führen muss, ergibt sich auch schon aus der Überlegung, dass eine mögliche Unzulänglichkeit der Insolvenzmasse oder die Vermögenslosigkeit des Schuldners das rechtliche Interesse gar nicht auszuschließen vermöchte.[545] Dies muss – wie der

539 *BGH* NZI 2011, 633 (634).

540 *BGH* NZI 2011, 633 (634).

541 *BGH* NZI 2004, 444.

542 *BGH* NZI 2011, 633.

543 *BGH* NZI 2004, 587 (588 f.).

544 Insbesondere hat er eine Vermögensübersicht zu erstellen (siehe nur Uhlenbruck/*Uhlenbruck* § 20 Rn. 20 mit weiteren Nachweisen).

545 Vgl. *BGH* NZI 2011, 58 (59); MünchKomm/*Schmahl*/*Vuia* § 14 Rn. 22.

Bundesgerichtshof zutreffend hervorgehoben hat – auch bei einem Parallelverfahren gelten.[546] Andernfalls wäre § 26 InsO überflüssig.[547] Danach ist ein (zulässiger) Antrag auf Eröffnung des Insolvenzverfahrens abzuweisen, wenn das Vermögen des Schuldners voraussichtlich nicht ausreichen wird, um die Kosten des Verfahrens zu decken. Obläge es dem Gläubiger aber, Vermögen nachweisen, hätte das Gericht den Antrag bei Fehlen eben solchen Vermögens schon als unzulässig abzuweisen.

Forderte man den Nachweis insolvenzfreien Vermögens, würde das rechtliche Interesse zudem in den Rang einer weiteren positiven Verfahrensvoraussetzung erhoben. Das ist vom Gesetz aber nicht intendiert. Das Erfordernis eines rechtlichen Interesses dient lediglich als Schranke für Rechtsschutzsuchende, wenn (a) ihnen ein einfacherer und billigerer Weg offensteht, ihre Forderungen durchzusetzen, wenn (b) der Antrag missbräuchlich verfahrensfremden Zwecken dient oder wenn (c) die erstrebte Entscheidung offensichtlich nutzlos, nämlich nicht geeignet wäre, ihre Position zu verbessern.[548] Ein einfacherer und billigerer Weg, „an ihr Geld zu kommen", steht Neugläubigern abseits eines Parallelverfahrens bei einem überschuldeten Schuldner aber grundsätzlich nicht offen: Zwangsvollstreckungen sind regelmäßig wenig versprechend und im laufenden Erstverfahren können sie ihre Ansprüche nach einer Negativerklärung nicht geltend machen – weder als Insolvenz- noch als Massegläubiger. Auch wäre ihr Antrag auf Eröffnung eines Parallelverfahrens nur dann offensichtlich nutzlos, wenn sicher feststünde, dass insolvenzfreies Vermögen nicht vorliegt und auch nicht im zu eröffnenden Verfahren generiert werden könnte. Das ist jedoch nur in Ausnahmefällen anzunehmen. Der Grundsatz muss demnach lauten: Liegen Anspruch und Eröffnungsgrund vor, ist der Antrag zulässig.

Die Situation nach einer Negativerklärung kann man entgegen der Auffassung des Amts- und Landgerichts Dresden auch nicht vergleichen mit derjenigen, die besteht, wenn das Insolvenzgericht einen Eröffnungsantrag schon einmal mangels Masse abgewiesen hat. Der Bundesgerichtshof stellt im letzten Fall an neue Anträge deswegen erhöhte Anforderungen, weil bereits zu einem früheren Zeitpunkt Vermögenslosigkeit des Schuldners festgestellt worden ist.[549] Insoweit ist es gerechtfertigt, die Gerichte nicht schon wieder und ohne neue Informationen zu belasten. Von einem Gläubiger ist dann mehr zu verlangen

546 *BGH* NZI 2011, 633 (634).

547 Vgl. auch MünchKomm/*Schmahl*/*Vuia* § 14 Rn. 22.

548 *OLG Köln* NZI 2003, 99 (100).

549 Vgl. *BGH* NZI 2002, 601 (602).

als der Nachweis von Anspruch und Eröffnungsgrund. Die Situation bei Parallelverfahren ist jedoch eine andere. Hier lässt sich nicht von vornherein behaupten, der Schuldner besitze kein zumindest die Verfahrenskosten deckendes Vermögen, was das Gericht auch schon einmal festgestellt habe und deswegen nicht schon wieder mit einer Prüfung belastet werden dürfe. Sollte der Schuldner trotz der bereits im Erstverfahren abgegebenen Negativerklärung über keine verwertbaren Vermögenswerte verfügen, muss es aus diesem Grunde im Parallelverfahren zunächst bei § 26 InsO bleiben – der Antrag auf Eröffnung des Parallelverfahrens ist mangels Masse abzuweisen. Nur für einen danach gestellten (Zweit-)Antrag auf Eröffnung eines Parallelverfahrens kann die Rechtsprechung des Bundesgerichtshofs herangezogen und vom Gläubiger verlangt werden, er möge die Existenz verwertbaren Vermögens glaubhaft machen.

3. *Zwischenergebnis*

Ein Fremdantrag ist zulässig, wenn der antragstellende Neugläubiger seine Forderung und einen Eröffnungsgrund glaubhaft macht. Der Gläubiger muss nicht nachweisen, der Schuldner habe verwertbares Vermögen.

II. Eigenantrag

Eigenanträge haben im Zusammenhang mit Parallelverfahren bislang nur sehr wenig Aufmerksamkeit erhalten. Lediglich ganz vereinzelt vernimmt man, ein Eigenantrag sei nur zulässig, wenn auch eine verwertbare Vermögensmasse vorhanden sei; andernfalls fehle es an einem billigenswerten Rechtsschutzinteresse, denn ohne verwertbares Vermögen sei der Schuldner an einer gleichmäßigen Befriedigung seiner Gläubiger überhaupt nicht interessiert.[550]

Dieses einengende Verständnis geht jedoch zu weit. Im Ergebnis ist es zwar richtig, wenn gesagt wird, ein Parallelverfahren könne mangels verwertbaren Vermögens regelmäßig nicht zur Eröffnung kommen, jedoch nicht, weil – wie behauptet – der Eröffnungsantrag unzulässig wäre, sondern vielmehr, weil er (mangels Masse) unbegründet sein würde – und auch das nur, wenn die Kosten des Verfahrens nicht gemäß § 4a InsO gestundet werden können. Außerdem wird vernachlässigt, dass ein Eigenantrag bereits dann zulässig ist, wenn er ernsthaft auf Eröffnung gerichtet ist, keinen sachfremden Zwecken dient und wenn der Schuldner einen Eröffnungsgrund darlegt.[551] Verwertbares Vermögen

550 *AG Trier* ZInsO 2009, 1967 (1968); vgl. auch *Hackländer* ZInsO 2008, 1308 (1314).
551 *BGH* NJW 2003, 1187.

muss der Schuldner gerade nicht nachweisen. Somit kann das Insolvenzgericht einen verwertbaren Vermögensbestand auch nicht zur Voraussetzung der Zulässigkeit machen.

Das Erfordernis, dass verwertbares Vermögen vorliegen müsse, würde auch viel zu unbestimmt sein, da nicht klar wäre, in welcher Höhe der Schuldner nach einer Negativerklärung neues Vermögen erworben haben müsste.[552]

Festzuhalten bleibt, dass der Schuldner ebenso wenig wie die Neugläubiger insolvenzfreies Vermögen nachweisen muss, um einen zulässigen Antrag auf Eröffnung eines Parallelverfahrens zu stellen.

C. Die Masse des Parallelverfahrens

Zur Masse des Parallelverfahrens gehört allein das „Vermögen aus der selbstständigen Tätigkeit", das heißt: allein der beruflich erzielte und der Tätigkeit „gewidmete" Neuerwerb des Schuldners. Denn nur dieser ist nach der Negativerklärung der Masse des Erstverfahrens entzogen.[553] Fällt dem Schuldner sonstiger Neuerwerb zu – erhält er zum Beispiel eine Erbschaft oder streicht er einen Lottogewinn ein –, kommt dies nur den Insolvenzgläubigern des Erstverfahrens zugute; eine Aufteilung dieser Mittelzuflüsse zwischen den Insolvenzmassen des Erst- und des Parallelverfahrens findet nicht statt.[554]

Auch Betriebsmittel, die bereits zur Zeit des Erstverfahrens vorhanden waren, jedoch den Pfändungsschutz gemäß §§ 36 I 1 InsO, 811 I Nr. 5 und Nr. 7 ZPO genossen, hat man der Masse des Erstverfahrens zuzusprechen, sollte der (wahrscheinliche[555]) Fall eintreten, dass der Schuldner seine Tätigkeit im

---

552 *Pape* FS Ganter, 315 (323).

553 Sollte jedoch der Verwalter des Erstverfahrens einen Gegenstand freigegeben haben und erweist dieser sich wider Erwarten als werthaltig, so spricht nichts dagegen, auch ihn der Masse des Parallelverfahrens zuzuordnen.

554 Anderer Ansicht *Wischemeyer* ZInsO 2009, 2121 (2129).

555 Dass es in einem Parallelverfahren zu einer Beendigung der selbstständigen Tätigkeit und damit einhergehend zu einer „Entwidmung" der Betriebsmittel kommen wird, dürfte aus folgenden Gründen häufig sein: Wenngleich es dem Freiberufler-Schuldner im Erstverfahren vielleicht auch gelingen mag, seine berufsrechtliche Zulassung zu retten, so dürfte spätestens nach Eröffnung eines Parallelverfahrens durchaus die Frage nach ihrem Widerruf geboten sein (zum Zusammenspiel von § 35 II InsO und zulassungsbedürftigen Berufen *Niesert/Georgiev* NZI 2013, 1007). Lediglich bei Ärzten hat wohl auch die Eröffnung eines weiteren Insolvenzverfahrens mangels einschlägigem Widerrufstatbestand keine Auswirkungen auf die Approbation (vgl. § 5 II BÄO).

Parallelverfahren einstellt.[556] Denn um „Vermögen aus der selbstständigen Tätigkeit“, das heißt um Vermögen, das der Schuldner durch seine Tätigkeit erzielt, würde es sich bei haftungsrechtlich entprivilegierten Betriebsmitteln nicht handeln.

Doch trotz der getrennten Vermögensmassen kann das Parallelverfahren nicht losgelöst vom Erstverfahren betrachtet werden. Zum einen wird der Schuldner von seiner im Erstverfahren bestehenden Abführpflicht gemäß §§ 35 II 2, 295 II InsO mit Eröffnung eines Parallelverfahrens nicht befreit (**I.**). Zum anderen können die Altgläubiger im Erstverfahren gemäß § 35 II 3 InsO die Negativerklärung rückgängig machen und dadurch das „Vermögen aus der selbstständigen Tätigkeit“ wieder in das Erstverfahren einbinden (**II.**).

I. Die Abführpflicht gemäß §§ 35 II 2, 295 II InsO

Die dem Schuldner im Erstverfahren gemäß §§ 35 II 2, 295 II InsO auferlegte Zahlungspflicht muss auch während eines Parallelverfahrens erfüllbar bleiben.[557] Der Gesetzgeber will mit den §§ 35 II 2, 295 II InsO abhängig beschäftigte und selbstständig tätige Schuldner gleichstellen.[558] Der selbstständig tätige Schuldner hat die Masse so aufzufüllen, als wäre er abhängig beschäftigt. Wäre er aber abhängig beschäftigt, dann hätten Neugläubiger während eines laufenden Insolvenzverfahrens keinerlei Zugriff auf das Arbeitseinkommen, es fiele als Neuerwerb in die Masse. Deswegen wäre auch ein Parallelverfahren hierüber ausgeschlossen.

Will man nun dem Willen des Gesetzgebers entsprechen und selbstständig tätige Schuldner mit abhängig beschäftigten Schuldnern gleichstellen, ist es

---

Und selbst bei Gewerbetreibenden ist nach Eröffnung eines Parallelverfahrens die Gewerbeerlaubnis unentrinnbar in Gefahr. Denn obwohl § 12 S. 2 GewO deren Rücknahme oder Widerruf im Erstverfahren sperrt, macht er doch deutlich, dass erneute „ungeordnete Vermögensverhältnisse“ eine Rücknahme rechtfertigen.

556 Würde der Schuldner seine Tätigkeit einstellen, wären die geschützten Betriebsmittel nicht mehr für die berufliche Betätigung „erforderlich“. Damit verlören sie auch ihre vollstreckungsrechtliche Privilegierung und fielen in die Masse, *Smid* DZWIR 2008, 133 (138).

557 Dieses Problem stellt sich allerdings nur, wenn es dem Schuldner gelingt, trotz eines zweiten Insolvenzverfahrens seine berufsrechtliche Zulassung oder Erlaubnis zu behalten. Verliert er diese und stellt er deswegen seine Tätigkeit ein, erlischt auch seine Zahlungspflicht gemäß §§ 35 II 2, 295 II InsO (siehe hierzu den *Vierten Teil* unter F. II., S. 76).

558 BT-Drs. 16/3227, 17; siehe auch *Andres/Pape* NZI 2005, 141 (146 f.).

folglich nicht genug, das fiktive Arbeitseinkommen – wie im *Vierten Teil* angeregt[559] – vor Neugläubigern nur dann zu schützen, solange noch kein Parallelverfahren läuft. Man muss vielmehr Neugläubigern im Ergebnis auch in einem Parallelverfahren den Zugriff auf das abzuführende fiktive Arbeitseinkommen verwehren.[560] Die Frage, die bleibt, ist nur, *wie* sich dies mangels einer speziellen gesetzlichen Regelung rechtlich bewerkstelligen lässt.

1. *Abgesonderte Befriedigung § 51 Nr. 1 InsO*

Größtenteils wird der Weg über § 51 Nr. 1 InsO favorisiert: Der im Erstverfahren bestellte Verwalter könne von seinem Kollegen im Parallelverfahren eine abgesonderte Befriedigung in Höhe der abzuführenden Beträge verlangen.[561]

Das überzeugt aber wenig, und zwar schon deswegen, weil § 51 Nr. 1 InsO eine Sicherungsübereignung oder eine Sicherungszession voraussetzt. Auf § 51 Nr. 1 InsO kann sich der Verwalter des Erstverfahrens also nur berufen, wenn eine im *Vierten Teil* für zulässig befundene Sicherungsübertragung des Neuerwerbs aus der selbstständigen Tätigkeit stattgefunden hat[562] und der Verwalter des Parallelverfahrens die sicherungshalber übertragenen Vermögenswerte gemäß §§ 166 ff. InsO verwertet. § 51 Nr. 1 InsO ist aber nicht dafür geschaffen worden, um einfache Forderungen (hier: Anspruch gemäß §§ 35 II 2, 295 II InsO) während der Dauer eine Insolvenzverfahrens im Befriedigungsrange über andere Forderungen zu heben, sodass jene vorrangig zu befriedigen wären – das vermögen allein die Regelungen über Masseverbindlichkeiten.

2. *Masseverbindlichkeit*

Deswegen findet sich auch der Vorschlag, der Verwalter des Erstverfahrens könne im Parallelverfahren den Anspruch gemäß §§ 35 II 2, 295 II InsO bevorrechtigt als Masseverbindlichkeit geltend machen.[563]

Eine gesetzliche Grundlage dafür fehlt allerdings. § 55 I Nr. 1 InsO kann nicht herangezogen werden, denn die im Erstverfahren bestehende Verpflichtung des Schuldners gemäß §§ 35 II 2, 295 II InsO basiert nicht auf einer „Handlung" des Verwalters im Parallelverfahren, sondern sie fußt auf einer

---

559 Unter G. I. 2., S. 79.

560 Siehe auch *Zipperer* ZVI 2007, 541 (543).

561 *AG Hamburg* ZInsO 2008, 680 (681); *Schmerbach* ZInsO 2009, 2078 (2088); *Zipperer* ZVI 2007, 541 (543).

562 Zur Sicherungsübertragung *Vierter Teil* unter G. III., S. 81 ff.

563 *Zipperer* ZVI 2007, 541 (543).

gesetzlichen Anordnung. Auch wird die Zahlungspflicht nicht durch eine „Verwaltung, Verwertung oder Verteilung" der Insolvenzmasse des Parallelverfahrens begründet.

Ebenso wenig wie § 55 I Nr. 1 InsO ist § 55 I Nr. 3 InsO einschlägig – die Masse des Parallelverfahrens ist nicht um die abzuführenden Beträge ungerechtfertigt bereichert. Der insolvenzfreie Neuerwerb aus der selbstständigen Tätigkeit fällt mangels anderslautender Regelung gemäß § 35 I InsO zunächst in voller Höhe in die Masse des Parallelverfahrens; es fehlt deswegen bereits an einer Massemehrung ohne rechtlichen Grund.

Vergeblich zieht *Zipperer* auch die Grundsätze der „materiellen Verfahrenseinheit" heran.[564] Dieses Institut wurde entwickelt, damit der vorläufige Verwalter für den Fall, dass ein Insolvenzverfahren nicht eröffnet werden sollte, seinen unerfüllt gebliebenen Vergütungsanspruch aus vorläufiger Verwaltung in einem später doch noch eröffneten Verfahren als Masseverbindlichkeit einordnen kann.[565] Unabhängig von der Frage, ob die Lehre von einer „materiellen Verfahrenseinheit" rechtlich überhaupt haltbar ist,[566] werden selbst von deren Befürwortern sehr strenge Voraussetzungen aufgestellt. Dieselbe fortschreitende und ununterbrochene Insolvenz müsse trotz vorausgehender Antragsabweisung schließlich doch zu einer Verfahrenseröffnung führen und die Insolvenz müsse ein „wirtschaftlich einheitliches Geschehen" sein – was insbesondere Identität der Masse, der Passiva und der Gläubigerkreise erfordere.[567] An all dem fehlt es aber im Falle eines Parallelverfahrens über insolvenzfreies Vermögen aus einer selbstständigen Tätigkeit.[568] Eine materielle Verfahrenseinheit muss schon deswegen ausscheiden, weil man bei parallelen Verfahren nicht von einer ununterbrochenen Insolvenz des Schuldners, nicht von einem „wirtschaftlich einheitlichen Geschehen" sprechen kann. Gibt der Verwalter im Erstverfahren die Negativerklärung ab, so bietet er dem Schuldner die Möglichkeit für einen wirtschaftlichen Neuanfang: Insolvenzgläubiger bleiben im Verfahren gebunden und können ihre Forderungen wegen § 89 I InsO nicht (mehr) gegen den Schuldner persönlich geltend machen. Gerät dieser nach der Negativerklärung erneut in wirtschaftliche Schieflage, liegt

---

564 *Zipperer* ZVI 2007, 541 (543).

565 Näher *Ries* ZInsO 2005, 414.

566 Ablehnend *BGH* NZI 2009, 53; *OLG Celle* ZInsO 2007, 1048 (1049).

567 *Ries* ZInsO 2005, 414 (415).

568 Dies muss auch *Zipperer* in ZVI 2007, 541 (543) zugeben. Er will aber dennoch die Grundsätze der „materiellen Verfahrenseinheit" auf die Abführpflicht gemäß §§ 35 II 2, 295 II InsO anwenden.

deswegen eine weitere Insolvenz vor und nicht die, welche bereits zum Erstverfahren geführt hat.

3. *Der lakonische Hinweis des Bundesgerichtshofs*

Zuletzt hat sich auch der *Bundesgerichtshof* zu der Frage geäußert, wie mit der im Erstverfahren bestehenden Zahlungspflicht gemäß §§ 35 II 2, 295 II InsO im Parallelverfahren umzugehen sei, sich dabei aber nur sehr allgemein vernehmen lassen. Im Hinblick auf ein Zweitverfahren habe die Abführpflicht entweder zur Folge, dass der an den Insolvenzverwalter des Erstverfahrens abzuführende Teil des Einkommens im Zweitverfahren „nicht mehr zur Verfügung steh[e]", also dessen Masse schmälere, oder der Insolvenzverwalter des Erstverfahrens müsse den Anspruch im Sinne der §§ 35 II 2, 295 II InsO im Zweitverfahren anmelden.[569]

So unbestimmt und vage die Aussage des Bundesgerichtshofs auch ist, so treffend ist sie. Doch benötigt sie mehr Substanz. Was den Bundesgerichtshof zur ersten Aussage bewogen hat – der an den Insolvenzverwalter des Erstverfahrens abzuführende Teil des Einkommens stehe im Zweitverfahren „nicht mehr zur Verfügung" –, darüber lässt sich nur mutmaßen; der *IX. Senat* hat seine Auffassung nämlich mit keinem Wort begründet. Sollte er mit dem Gedanken gespielt haben, dem Verwalter des Erstverfahrens stehe ein Recht auf abgesonderte Befriedigung zu oder der Verwalter des Erstverfahrens könne den Anspruch im Sinne der §§ 35 II 2, 295 II InsO als Masseverbindlichkeit geltend machen, so wäre dem aus den oben genannten Gründen zu widersprechen.[570] Sollte der *IX. Senat* jedoch gemeint haben, dem Schuldner stehe das Recht zu, gemäß §§ 36 I 2 InsO, 850i I, 850f I lit. b ZPO einen Teil seines erwirtschafteten Neuerwerbs der Masse des Parallelverfahrens zu entziehen, würde er meines Erachtens das Richtige getroffen haben.

Nach § 850i I ZPO darf dem Schuldner zwar nur so viel verbleiben, wie er hätte, wenn sein Einkommen aus laufendem Arbeitslohn bestünde. Doch ist bereits im *Vierten Teil* der Vorschlag gemacht worden, die aus den §§ 35 II 2, 295 II InsO resultierende Zahlungspflicht über die §§ 850i I, 850f I lit. b ZPO zu berücksichtigen.[571] An diesem Vorschlag ist festzuhalten, wenn es darum geht, den Schuldner in die Lage zu versetzen, auch in einem Parallelverfahren seiner Abführpflicht nachzukommen. Den Weg zum Insolvenzgericht (§§ 36 I 2,

569 *BGH* NZI 2011, 633.
570 Unter C. I. 1. und 2., S. 158 ff.
571 *Vierter Teil* unter G. II. 2., S. 80 f.

IV 1 InsO) muss der Schuldner aber nur beschreiten, wenn er mit dem im Parallelverfahren bestellten Verwalter zu keiner Übereinkunft kommt, dieser die abzuführenden Gelder also nicht freiwillig dem Verwalter des Erstverfahrens zuführt.

Und was den zweiten Teil der Aussage des Bundesgerichtshofs betrifft – den Hinweis, der Verwalter des Erstverfahrens könne den Anspruch im Sinne der §§ 35 II 2, 295 II InsO im Parallelverfahren anmelden –, so wäre dies in der Tat de lege lata die einzige Möglichkeit, die dem im Erstverfahren bestellten Verwalter bliebe, sollte es der Schuldner nicht für nötig befinden, im Parallelverfahren einen Antrag gemäß §§ 36 I 2 InsO, 850i I, 850f I lit. b ZPO zu stellen. Die Insolvenzforderung würde dann gemäß §§ 46 S. 2, 45 S. 1 InsO mit ihrem Schätzwert veranschlagt.

Zu erwägen bleibt jedoch, ob man es nicht auch dem Verwalter des Erstverfahrens gestatten sollte, anstelle des Schuldners im Parallelverfahren einen Antrag gemäß §§ 36 I 2 InsO, 850i I, 850f I lit. b ZPO einzubringen.[572] Auf diese Weise wäre auf jeden Fall der Vorrang der Altgläubiger – wie in dieser Arbeit angeregt – sichergestellt.

II. Unwirksamkeitsbeschluss gemäß § 35 II 3 InsO im Erstverfahren

Sollte das Insolvenzgericht im Erstverfahren die Negativerklärung gemäß § 35 II 3 InsO aufheben, dann gebührt den Altgläubigern im Erstverfahren (nach einer gebundenen Positiverklärung) sämtliches Vermögen aus der selbstständigen Tätigkeit – das bereits vom Schuldner erwirtschaftete wie auch das künftige. Das wurde im *Fünften Teil* näher behandelt.[573]

Gliedern die Insolvenzgläubiger das Vermögen aus der selbstständigen Tätigkeit wieder in das Erstverfahren ein, entziehen sie freilich einem Parallelverfahren die Haftungsgrundlage. Das scheint die Insolvenzordnung aber zuzulassen. Ihr ist nämlich nicht zu entnehmen, dass ein eröffnetes Parallelverfahren einem Unwirksamkeitsbeschluss gemäß § 35 II 3 InsO im Erstverfahren entgegensteht. Verfügt der Schuldner neben seinem Vermögen aus der selbstständigen Tätigkeit über kein sonstiges verwertbares und nicht im Erstverfahren gebundenes

---

572 Gleichsam in Anlehnung an den Umstand, dass auch ein Unterhaltsberechtigter des Schuldners an dessen Stelle zu einem Antrag im Sinne des § 850f ZPO berechtigt ist, um seinen Unterhalt trotz einer Zwangsvollstreckung gegen den Schuldner durch einen Dritten zu sichern, hierzu Kindl/Meller-Hannich/Wolf/*Meller-Hannich* § 850f ZPO Rn. 22.

573 Unter B. II., S. 94 ff.

Vermögen,[574] ist das Parallelverfahren daher mangels Masse gemäß § 207 I InsO einzustellen.[575]

Neugläubiger aus beruflich veranlassten Schuldverhältnissen werden hierdurch auch nicht unangemessen benachteiligt. Infolge einer für unwirksam erklärten Negativ- und der damit einhergehenden gebundenen Positiverklärung wird ihnen nämlich das Recht zuteil, ihre offenen Forderungen im Erstverfahren als Massegläubiger geltend zu machen.[576]

Das Nachsehen haben allein Neugläubiger aus privat veranlassten Schuldverhältnissen. Ihre Forderungen werden nach der gebundenen Positiverklärung im Erstverfahren keine Masseverbindlichkeiten, denn zu solchen werden nur „Ansprüche aus der selbstständigen Tätigkeit". Im Einzelfall können sich Neugläubiger aus privat veranlassten Schuldverhältnissen aber auf das Rechtsinstitut der Verwirkung berufen. Dessen allgemeine Grundsätze, die hier mangels insolvenzrechtlicher Besonderheiten nicht näher beleuchtet werden müssen, können nämlich auch greifen, wenn die Insolvenzgläubiger aus dem Erstverfahren über einen langen Zeitraum hinweg von ihrem Recht, einen Unwirksamkeitsantrag im Sinne des § 35 II 3 InsO zu stellen, keinen Gebrauch gemacht haben, sodass insoweit bei den Insolvenzgläubigern im Parallelverfahren das schutzwürdige Vertrauen entstehen konnte, ein solcher Antrag werde nicht mehr erfolgen.

---

574 Von Bedeutung ist hier vor allem die im *Sechsten Teil* für zulässig befundene Freigabe des Unternehmens (S. 119 ff.). Sie ist strikt von der Negativerklärung gemäß § 35 II 1 InsO zu trennen. Die Negativerklärung umfasst allein den Neuerwerb aus der selbstständigen Tätigkeit, wohingegen die Freigabe des Unternehmens die strukturellen Grundlagen zum Gegenstand hat, deren der Schuldner bedarf, damit er Neuerwerb überhaupt erwirtschaften kann.

Die Insolvenzgläubiger aus dem Erstverfahren können jedoch nur die Negativerklärung gemäß § 35 II 3 InsO rückgängig machen, die Freigabe des Unternehmens hingegen nicht – sie ist endgültig, der Verwalter ist an sie gebunden (siehe allgemein zur Freigabe *Häsemeyer* Insolvenzrecht Rn. 13.15; vertiefend *Höpfner* ZIP 2000, 1517; anderer Ansicht *Hirte* in Uhlenbruck § 35 Rn. 73 am Ende: § 35 II 3 InsO gelte auch für die herkömmliche Freigabe). Das im Erstverfahren freigegebene Unternehmen verbleibt folglich im insolvenzfreien Vermögen des Schuldners und kann im Parallelverfahren weiterhin verwertet werden, obwohl die Negativerklärung im Erstverfahren für unwirksam erklärt wurde.

575 *AG Göttingen* ZVI 2007, 571 (572).

576 Siehe hierzu den *Fünften Teil* unter B. II. 1., S. 94 f.

D. Restschuldbefreiung

Ob der Schuldner im Parallelverfahren Restschuldbefreiung erlangen kann, hängt von verschiedenen Umständen ab.[577]

Vorab ist aber zunächst klarzustellen, dass sich die im Folgenden zu untersuchende Restschuldbefreiung im Parallelverfahren nur auf Forderungen derjenigen Gläubiger beziehen kann, die auch ein Parallelverfahren einleiten und an ihm teilnehmen dürfen. Somit geht es im Weiteren also nur um Forderungen von Neugläubigern.[578] Wie bereits oben behandelt, ist Altgläubigern aus dem Erstverfahren hingegen eine Teilnahme am Parallelverfahren verwehrt,[579] sodass ihre Forderungen von einer in diesem Verfahren zu erteilenden Restschuldbefreiung von vornherein nicht erfasst werden können.

Nachdem dies vorangestellt wurde, ist auch einleitend darauf hinzuweisen, dass Restschuldbefreiung im Parallelverfahren gemäß § 290 I Nr. 3 InsO spätestens dann ausscheiden muss, sobald das Insolvenzgericht im Erstverfahren den Schuldner von denjenigen Verbindlichkeiten befreit hat, die schon zur Zeit der Eröffnung dieses Verfahrens bestanden. Gleiches gilt, sobald das Gericht ihm diese Wohltat gemäß §§ 296, 297 InsO verweigert hat.

Doch um diese Fälle soll es hier im Weiteren nicht gehen. Vielmehr werden Sachverhalte behandelt, bei denen § 290 I Nr. 3 InsO (noch) nicht greift – entweder weil der Schuldner im Erstverfahren keinen (zulässigen) Antrag auf Restschuldbefreiung gestellt oder das Insolvenzgericht im Erstverfahren über die beantragte Restschuldbefreiung noch nicht entschieden hat.

I. Parallelverfahren als Sonderinsolvenz?

Eröffnet das Insolvenzgericht nach einer Negativerklärung ein Parallelverfahren, so tut es dies über das nicht im Erstverfahren gebundene und pfändbare

577 Dabei kann die Frage nach der Restschuldbefreiung auch schon im Rahmen des Antrags auf Eröffnung des Parallelverfahrens seitens des Schuldners eine wichtige Rolle spielen, so wenn der Schuldner nicht einmal die Verfahrenskosten abzudecken imstande ist. Dann kann er zwar beim Insolvenzgericht beantragen, es möge die Kosten gemäß § 4a InsO stunden. Dem folgt das Gericht aber nur, sofern der Schuldner zum einen Restschuldbefreiung beantragt. Zum anderen darf keiner der in § 4a I 3 InsO genannten Versagungsgründe des § 290 I Nr. 1 oder Nr. 3 InsO vorliegen. Andernfalls versagt das Insolvenzgericht gemäß § 4a I 4 InsO eine Stundung.

578 Siehe hierzu die Ausführungen unter A. I., S. 144 ff.

579 Siehe hierzu die Ausführungen unter A. II., S. 146 ff.

„Vermögen aus der selbstständigen Tätigkeit". Das wiederum wirft zunächst einmal die Frage auf, ob es sich bei einem solchen Verfahren um eine Sonderinsolvenz im Sinne des § 11 II InsO handelt. Die Antwort hierauf ist wichtig, denn bejahte man die Frage, wäre eine Restschuldbefreiung für den Schuldner nicht möglich,[580] sie wäre aber auch gar nicht nötig. Denn wollte man § 11 II InsO anwenden, dann würde Gegenstand des Parallelverfahrens nur das „Vermögen aus der selbstständigen Tätigkeit" sein; die Haftung des Schuldners wäre darauf beschränkt.[581]

Literatur und Rechtsprechung schwanken, was § 11 II InsO anbelangt. So wird vertreten, Vermögen aus der selbstständigen Tätigkeit sei ein „abgrenzbares Vermögenskonglomerat", es sei gemäß § 11 II InsO insolvenzfähig.[582] Andere sprechen in gleichem Sinne: Vermögen aus der selbstständigen Tätigkeit sei „insolvenzfähiges Sondervermögen"[583] oder „Sondermasse"[584]. Das alles scheint dem Duktus nach darauf hinzudeuten, dass sich das Zweitverfahren nicht auf eine natürliche Person bezieht und damit „per se keine Restschuldbefreiung möglich" ist.[585]

Dann gibt es aber auch andere, die Zweifel an der Anwendbarkeit von § 11 II InsO auf Parallelverfahren anmelden. Im Zweitverfahren sei nicht das Vermögen aus der selbstständigen Tätigkeit „Verfahrenssubjekt", sondern der Schuldner aus dem Erstverfahren sei es, und zwar erneut.[586]

Im Ergebnis ist der letztgenannten Auffassung der Vorzug zu geben. Das nach der Negativerklärung insolvenzfreie Vermögen wird nicht vom Wortlaut des § 11 II InsO erfasst – direkt ist die Norm deswegen nicht anwendbar. Aber auch gegenüber einer Analogie ist Vorsicht geboten, da es schon an einer planwidrigen Regelungslücke fehlt. Der Gesetzgeber hat nämlich zur Frage, ob § 11 II InsO für Verfahren über insolvenzfreies Vermögen gilt, zumindest mittelbar Stellung bezogen. Denn Parallelverfahren über freigegebene Massegegenstände

---

580 Gemäß § 286 InsO kann nur eine natürliche Person Restschuldbefreiung erhalten. Deswegen scheidet ein Restschuldbefreiungsverfahren aus, wenn eine Vermögensmasse im Sinne des § 11 II InsO Gegenstand des Verfahrens ist (Kothe/M. Ahrens/Grote/*M. Ahrens* § 286 Rn. 41a; Mohrbutter/Ringstmeier/*Pape* § 17 Rn. 14).

581 Allgemein hierzu FK/*Schmerbach* § 11 Rn. 27; Mohrbutter/Ringstmeier/*Pape* § 17 Rn. 14.

582 *AG Hamburg* ZInsO 2008, 680 (681).

583 *Schmerbach* ZInsO 2009, 2078 (2088).

584 *Frind* ZInsO 2012, 668 (671).

585 So ausdrücklich *Frind* ZInsO 2012, 668 (671).

586 *Berger* ZInsO 2008, 1101 (1107).

oder über „Neuerwerb“ aus der selbstständigen Tätigkeit sollen zulässig sein. Darüber hinaus soll in diesen Verfahren aber auch eine Restschuldbefreiung erteilt werden dürfen.[587] Das wiederum wäre aber nicht realisierbar, würde § 11 II InsO Anwendung finden. Will man sich folglich nicht zum Willen des Gesetzgebers in Widerspruch setzen, muss die Eröffnung eines Parallelverfahrens dahin gehen, dass es über das Vermögen des Schuldners, will sagen über das Vermögen einer natürlichen Person eröffnet wird. Restschuldbefreiung ist damit grundsätzlich möglich.

II. Kein (zulässiger) Antrag auf Restschuldbefreiung im Erstverfahren

Hat der Schuldner im Erstverfahren keinen Antrag auf Restschuldbefreiung gestellt oder war sein Antrag unzulässig,[588] scheint das auf den ersten Blick keine großen Probleme aufzuwerfen: Scheidet Restschuldbefreiung im Erstverfahren mangels eines darauf gerichteten Antrags aus, ist bei strikter Gesetzessubsumtion ein Konflikt mit § 290 I Nr. 3 InsO im Parallelverfahren ausgeschlossen. Dennoch hat sich eine Rechtsprechungslinie entwickelt, die diesem Befund entgegensteht und als deren Ergebnis das Fehlen eines (zulässigen) Antrags auf Restschuldbefreiung im Erstverfahren dazu führt, dass auch ein Antrag im Zweitverfahren ausscheidet.

Diese restriktive Rechtsprechung soll im Folgenden zunächst dargestellt werden. Im Anschluss wird der Frage nachgegangen, ob sie in ihren Grundvoraussetzungen überhaupt für die hier untersuchten Parallelverfahren relevant beziehungsweise, Relevanz vorausgesetzt, haltbar ist.

1. *Die restriktive Rechtsprechung*

Mit Beschluss vom 6.7.2006 äußerte der *Bundesgerichtshof* die Auffassung, der Schuldner könne in einem Zweitverfahren nur dann einen neuen (und diesmal zulässigen) Antrag stellen, wenn er seiner Gläubiger-Kette ein weiteres Glied

---

587 Siehe die Begründung zum Entwurf eines Gesetzes zur Entschuldung mittelloser Personen, zur Stärkung der Gläubigerrechte sowie zur Regelung der Insolvenzfestigkeit von Lizenzen in BT-Drs. 16/7416, 35 (rechte Spalte).

588 Eine Zurückweisung wegen Unzulässigkeit kommt in Betracht, wenn der Schuldner nach Stellung eines Fremdantrags die vom Gericht gesetzte Frist für einen Eigenantrag und einen Antrag auf Restschuldbefreiung verstreichen lässt (vgl. *BGH* NZI 2008, 609 [610]), wenn der Schuldner die Frist gemäß § 287 I 2 InsO nicht beachtet oder wenn er trotz Aufforderung des Gerichts die nach § 287 II InsO abzugebende Abtretungserklärung nicht vorlegt.

angereiht habe. Das vom Gesetzgeber verfolgte Ziel, die Frage rasch zu klären, ob der Schuldner Restschuldbefreiung anstrebe (vgl. §§ 287 I 2, 20 II InsO), würde verfehlt, bliebe eine Fristversäumnis für den Schuldner folgenlos. Denn dann könnte er, nachdem das Insolvenzgericht das erste Insolvenzverfahren aufgehoben habe, sofort ein neues Verfahren einleiten und den versäumten Antrag auf Restschuldbefreiung nachholen. Das sei aber nicht verfahrensökonomisch und jedenfalls dann nicht zu tolerieren, wenn kein neuer Gläubiger hinzugekommen sei.[589]

Dieser Ansatz wurde allerdings kritisiert.[590] Infolgedessen hat der Bundesgerichtshof denn auch diese Auffassung aufgegeben. Das Vorhandensein neuer Gläubiger sei richtigerweise weder notwendig noch hinreichend für das Rechtsschutzbedürfnis hinsichtlich eines neuen Antrags. Aus den obengenannten Gründen müsse aber analog § 290 I Nr. 3 InsO eine Sperrfrist von drei Jahren gelten. Nach deren Ablauf könne der Schuldner einen erneuten Insolvenz-, Stundungs- und Restschuldbefreiungsantrag stellen, unabhängig davon, ob und in welcher Höhe neue Forderungen gegen ihn bestehen.[591] Diese Sperrfrist soll aber nicht nur gelten, wenn der Schuldner im Erstverfahren einen unzulässigen Antrag auf Restschuldbefreiung gestellt hat, sie soll vielmehr auch dann gelten, wenn der Schuldner im Erstverfahren überhaupt keinen Antrag auf Restschuldbefreiung gestellt hat.[592]

Noch strenger als der Bundesgerichtshof hat das *Amtsgericht Duisburg* argumentiert. Der Schuldner könne für jede Zahlungsunfähigkeit nur einmal Restschuldbefreiung beantragen.[593] Anderenfalls wäre es ihm ein Leichtes, die Antragsfristen gemäß §§ 287 I 2, 305 I Nr. 2, III InsO (sowie die Versagungsgründe des § 290 I InsO) zur Makulatur verkommen zu lassen.[594] Der Schuldner

---

589 Zum Ganzen *BGH* NZI 2006, 601.

590 Er stieß auf praktische, aber auch dogmatische Bedenken. So wurde vorgebracht, es sei dem Schuldner ohne Weiteres möglich, mit einem neuen Gläubiger die vom Bundesgerichtshof aufgestellte Hürde zu überwinden (siehe *AG Duisburg* NZI 2008, 753 [754]; *AG Leipzig* ZVI 2007, 280 [281]). Darüber hinaus könnten sich die Präklusionsvorschriften der Insolvenzordnung nur auf das jeweils laufende Insolvenzverfahren beziehen; sie stünden deswegen einem erneuten Antrag auf Restschuldbefreiung in einem zweiten Verfahren nicht entgegen (*Hackländer* ZInsO 2008, 1308 [1311]).

591 *BGH* ZInsO 2010, 140 (Fristbeginn ab rechtskräftiger Bescheidung des ersten Antrags auf Restschuldbefreiung).

592 *BGH* ZInsO 2010, 344 (345).

593 *AG Duisburg* NZI 2008, 753 (754).

594 *AG Duisburg* NZI 2008, 753 (755).

dürfe im Fall eines unzulässigen Antrags in einem zweiten Verfahren deswegen erneut Restschuldbefreiung nur beantragen, wenn die ursprüngliche Zahlungsunfähigkeit weggefallen und er in der Folgezeit erneut zahlungsunfähig geworden sei oder im Begriff stehe, es zu werden.[595]

Zweifel und Bedenken hinsichtlich einer (erneuten) Antragstellung in einem Zweitverfahren hat schließlich auch das *Amtsgericht Trier* gehegt. Ein Antrag auf Restschuldbefreiung in einem Parallelverfahren über Vermögen aus der selbstständigen Tätigkeit könne keinen Erfolg haben, sofern der Schuldner nicht auch Restschuldbefreiung im Erstverfahren beantragt habe.[596] Man könne nicht Neugläubigern im Zweitverfahren eine Restschuldbefreiung zumuten, während Altgläubiger ihre im Erstverfahren unerfüllt gebliebenen Forderungen behielten und weiterhin gegen den Schuldner geltend machen könnten. Darin liege eine erkennbare Benachteiligung sämtlicher Neugläubiger, die es zu vermeiden gelte.[597]

2. *Stellungnahme*

Keine der obengenannten Auffassungen vermag für Parallelverfahren nach einer Negativerklärung zu greifen.

Die Rechtsprechung des Bundesgerichtshofs und die des Amtsgerichts Duisburg kann – unabhängig von der Kritik, die an ihr laut wurde[598] – für Parallelverfahren schon deswegen nicht relevant sein, weil sie zu nachgeschalteten (!) Insolvenzverfahren ergangen ist. Unter diesen Begriff fallen Verfahren, die

---

595 *AG Duisburg* NZI 2008, 753 (755).

596 *AG Trier* ZInsO 2009, 1967 (1968).

597 *AG Trier* ZInsO 2009, 1967 (1968).

598 Sehr kritisch zur Linie des BGH haben sich zum Beispiel geäußert das *AG Göttingen* NZI 2011, 545, NZI 2010, 447 (449), FK/*M. Ahrens* § 287 Rn. 31c, *Hackländer* EWiR 2009, 681 (682), *Schmerbach* ZInsO 2010, 647 (652), NZI 2009, 677 (678 f.) und *Windel* in: Das Prinzip der Selbstverantwortung, S. 449 (466). Gegen die Rechtsprechung des AG Duisburg hat *Pape* in FS Ganter, 315 (323) dezidiert Stellung bezogen.

Auch das „Gesetz zur Verkürzung des Restschuldbefreiungsverfahrens und zur Stärkung der Gläubigerrechte" vom 15.7.2013 (BGBl. I 2013 Nr. 38, S. 2379), welches die InsO voraussichtlich zum 1.7.2014 ändern wird, lehnt die Rechtsprechung des BGH ab. In der Entwurfsbegründung heißt es, dass, sofern der Schuldner keinen oder einen unzulässigen Restschuldbefreiungsantrag stelle, er zwar nachlässig, aber nicht unredlich sei; eine alsbaldige Restschuldbefreiung dürfe ihm deswegen nicht durch eine Sperrfrist, wie sie der Bundesgerichtshof entwickelt hat, verwehrt werden (BT-Drs. 17/11268, 25 [rechte Spalte]).

im Anschluss an ein bereits beendetes Erstverfahren eröffnet werden, ohne dass nach diesem eine Wohlverhaltensphase stattgefunden hätte oder eine Restschuldbefreiung erteilt worden wäre. Von solchen nachgeschalteten Verfahren sind gemäß § 38 InsO alle Gläubiger betroffen, die im Zeitpunkt der Eröffnung einen begründeten Vermögensanspruch gegen den Schuldner haben, das heißt unbefriedigt gebliebene Altgläubiger aus dem Erstverfahren wie auch zwischenzeitlich neu hinzugetretene Gläubiger. Die Ansprüche beider Gläubigergruppen würden dann natürlich auch von einer Restschuldbefreiung erfasst. Denn nach Auffassung des Bundesgerichtshofs gibt es keine „gespaltene Restschuldbefreiung", die lediglich bestimmte Verbindlichkeiten erfasst. Die Restschuldbefreiung solle dem Schuldner einen schuldenfreien Neuanfang ermöglichen; dies lasse sich nur durch eine einheitliche Restschuldbefreiung erreichen.[599]

Vor diesem Hintergrund ist nachvollziehbar, dass der Bundesgerichtshof und das Amtsgericht Duisburg die Frage stellen, welchen Sinn all die Vorschriften hinsichtlich einer (fristgerechten) Antragstellung hätten, könnte der Schuldner jene im Erstverfahren ignorieren und diese im Zweitverfahren einfach nachholen. Kann es in einem Zweitverfahren aber zu einer gleichsam „gespaltenen" Restschuldbefreiung kommen, dann besteht kein Grund, aus einem unterlassenen oder unzulässigen Antrag im Erstverfahren Konsequenzen für einen neuerlichen Antrag in einem Zweitverfahren zu ziehen.

Und hier ist nun einzuflechten, dass Parallelverfahren nach einer Negativerklärung gemäß § 35 II 1 InsO genau zu einer solchen gespaltenen Restschuldbefreiung führen können. Altgläubiger aus dem Erstverfahren sind weder berechtigt, über das Vermögen aus der selbstständigen Tätigkeit ein weiteres Verfahren einzuleiten, noch befugt, an einem solchen teilzunehmen.[600] Ihre Forderungen kann die Restschuldbefreiung im Zweitverfahren aus diesem Grunde gar nicht erfassen. Deswegen muss jeder auf Restschuldbefreiung gerichtete Antrag in jedem einzelnen Verfahren auch eigenen Regeln folgen. Der Schuldner kann folglich im Parallelverfahren einen Antrag auf Restschuldbefreiung stellen, auch wenn er einen (zulässigen) Antrag im Erstverfahren versäumt hat.

Somit bleibt nur noch die These des Amtsgerichts Trier zu überprüfen, der Schuldner müsse auch im Erstverfahren Restschuldbefreiung beantragt haben, wenn er eine solche im Parallelverfahren erhalten möchte. Zuallererst sei diesbezüglich auf das eben Gesagte verwiesen: Beide Verfahren, Erst- und

599 *BGH* ZInsO 2010, 347 (348).
600 Siehe oben unter A. II., S. 146 ff.

Parallelverfahren, sind wegen der verschiedenen Gläubiger in Sachen Restschuldbefreiung zu trennen. Darin liegt ein sachlicher Grund dafür, Gläubiger des Erst- und Gläubiger des Parallelverfahrens unterschiedlich zu behandeln.

Im Übrigen ist nicht einzusehen, warum der Schuldner einen Antrag auf Restschuldbefreiung im Erstverfahren gestellt haben muss, will er sie auch im Zweitverfahren erlangen. Vielmehr scheint es, als ob das Gericht § 290 I Nr. 3 Alt. 1 InsO übersehen habe. Denn offenbar will es eine Restschuldbefreiung im Parallelverfahren zulassen, sofern sie auch im Erstverfahren erteilt werden kann. Denn nur dann wäre die von ihm angenommene Ungleichbehandlung zwischen Alt- und Neugläubigern aufgehoben. Eine doppelte Restschuldbefreiung ist jedoch gemäß § 290 I Nr. 3 Alt. 1 InsO nicht möglich.

3. *Ergebnis*

Hat der Schuldner im Erstverfahren keine Restschuldbefreiung beantragt oder war sein darauf gerichteter Antrag unzulässig, hat das keine Folgewirkungen für Parallelverfahren.

III. Beantragte Restschuldbefreiung im Erstverfahren

Gemäß § 290 I Nr. 3 Alt. 1 InsO kann der Schuldner nur alle zehn Jahre Restschuldbefreiung erhalten. Die zehnjährige Sperrfrist setzt aber voraus, dass das Insolvenzgericht (im Erstverfahren) auch tatsächlich schon einmal Restschuldbefreiung erteilt hat. Allein der darauf gerichtete Antrag des Schuldners im Erstverfahren ist mit einer tatsächlichen Restschuldbefreiung aber noch nicht gleichzusetzen.[601]

Pape steht einem zweiten Antrag auf Restschuldbefreiung in einem Parallelverfahren dennoch sehr skeptisch gegenüber, und zwar deswegen, weil seiner Meinung nach zwei Anträge im Ergebnis gleichbedeutend seien mit zwei parallelen Wohlverhaltensphasen. Der Schuldner könne die Obliegenheiten im Sinne des § 295 InsO aber nicht doppelt, das heißt im Erst- und im Parallelverfahren erfüllen.[602] Überdies habe der Schuldner keine Möglichkeit, seine pfändbaren

601 So auch MünchKomm/*Stephan* § 290 Rn. 53a; *Schmerbach* ZInsO 2009, 2078 (2094 f.); anders aber *AG Göttingen* ZInsO 2008, 1216; ZVI 2008, 341 (342); NZI 2008, 447 (448); FK/*M. Ahrens* § 287 Rn. 38 und § 290 Rn. 35: teleologische Extension des § 290 I Nr. 3 InsO; wiederum anders *AG Bremen* NZI 2011, 146: analoge Anwendung des § 290 I Nr. 3 InsO.

602 *Pape* FS Ganter, 315 (327 f.).

Bezüge gemäß § 287 II 1 InsO doppelt abzutreten.[603] Schon deshalb scheide ein Antrag im Parallelverfahren aus.[604]

Ergänzend führt *Pape* an, einem parallelen Antrag stünde auch § 290 I Nr. 3 InsO entgegen. Solange nicht über den Erstantrag entschieden sei, könne es ein weiteres Verfahren auf Restschuldbefreiung nicht geben. Der Insolvenzordnung seien – wie aus § 290 I Nr. 3 Alt. 1 InsO und der darin angelegten zehnjährigen Sperrfrist folge – „aufeinander gesattelte" Restschuldbefreiungsverfahren mit gestaffelten Anträgen auf Restschuldbefreiung fremd.[605] Der Schuldner dürfe in einem Parallelverfahren deshalb Restschuldbefreiung nur beantragen, wenn er im Erstverfahren und noch vor dessen Aufhebung mit einem darauf gerichteten Antrag gescheitert sei oder ihn erst gar nicht gestellt habe; andernfalls könnte er die Sperrfrist unterlaufen.[606]

Papes Einwände sind aber nur zum Teil berechtigt. Soweit er bereits aus § 290 I Nr. 3 Alt. 1 InsO ableitet, es könne keine parallelen Anträge (!) auf Restschuldbefreiung geben, ist zu erwidern, dass in § 290 I Nr. 3 Alt. 1 InsO genau die gegenteilige Aussage zu finden ist. Die Restschuldbefreiung ist gemäß dieser Norm zu versagen, wenn dem Schuldner in den letzten zehn Jahren vor dem Antrag auf Eröffnung des Insolvenzverfahrens *oder nach diesem Antrag* Restschuldbefreiung erteilt worden ist. Nach dem Eröffnungsantrag kann eine Restschuldbefreiung, die dann wiederum § 290 I Nr. 3 Alt. 1 InsO auslösen würde, aber nur erteilt werden, wenn bereits neben dem in Rede stehenden Verfahren ein paralleles Erstverfahren mit einem parallelen Antrag auf Restschuldbefreiung läuft. Die Insolvenzordnung kennt also durchaus „aufeinander gesattelte" Anträge.

Auch der zweite Einwand, der Schuldner könne die Abtretungserklärung gemäß § 287 II 1 InsO nur einmal abgeben, sodass schon wegen der im Erstverfahren erklärten Abtretung ein zweiter Antrag auf Restschuldbefreiung im Parallelverfahren ausscheiden müsse, verfängt nicht. Zwar muss auch ein selbstständig tätiger Schuldner rein vorsorglich seine (möglicherweise künftigen) pfändbaren Forderungen aus einem Dienstverhältnis abtreten.[607] Doch kann es gerade bei selbstständig tätigen Schuldnern dazu kommen, dass es auf die rein vorsorgliche

603 *Pape* FS Ganter, 315 (328); siehe auch *Pape I./Pape G.* ZInsO 2013, 265 (271).

604 *Pape* FS Ganter, 315 (327 f.); auch das *AG Wetzlar* ZInsO 2014, 48 (49) hat sich Papes Argumentation bedient, um einen zweiten Antrag des Schuldners auf Restschuldbefreiung zurückzuweisen.

605 *Pape* FS Ganter, 315 (334).

606 *Pape* FS Ganter, 315 (328).

607 Zur Pflicht (auch) des selbstständig tätigen Schuldners, die Abtretungserklärung im Sinne des § 287 II InsO vorzulegen, *BGH* NZI 2010, 72 (74).

Abtretung künftiger Bezüge auf Arbeitslohn gar nicht ankommt – einfach schon deswegen, weil der Schuldner keine solchen erzielen kann, zum Beispiel, weil er zu alt für den Arbeitsmarkt ist. Ferner wirkt die Abtretung nach zum Teil vertretener Auffassung erst, wenn der Treuhänder für die Wohlverhaltensphase bestellt ist – der Schuldner also in die Treuhandphase eintritt. Die Erklärung im Sinne des § 287 II 1 InsO sei nämlich ein Vertragsangebot an den Treuhänder, das dieser erst nach seiner Bestellung annehmen könne.[608] Hält man dieses Verständnis für richtig, kann der Schuldner entgegen *Pape* sehr wohl eine zweite Abtretung (an den künftigen Treuhänder im Parallelverfahren) erklären. Der Abtretungsvertrag käme dann mit dem Treuhänder zustande, der zuerst die Erklärung des Schuldners annimmt. Und möchte man die Gegenauffassung vorziehen, die Erklärung gemäß § 287 II 1 InsO sei „nur" eine Prozesshandlung, so wird die Abtretung zwar schon im Zeitpunkt ihres Zugangs bei Gericht wirksam, der Schuldner kann seine Erklärung aber bis zur Bestellung des Treuhänders frei widerrufen.[609]

Pape weist jedoch mit Fug und Recht darauf hin, es könne zwei parallele Wohlverhaltensphasen mit gleichlaufenden Obliegenheiten (im Sinne des § 295 InsO) nicht geben. Doch ist auch hier Vorsicht geboten. Nur weil der Schuldner in zwei Verfahren Restschuldbefreiung beantragt hat, muss es nicht auch zu zwei Wohlverhaltensphasen mit Obliegenheiten im Sinne des § 295 InsO kommen. Hier muss jeweils auf den konkreten Einzelfall abgestellt werden. Das Insolvenzgericht kann dem Schuldner nämlich im Erstverfahren gemäß § 290 I InsO die Restschuldbefreiung versagen und damit auch verhindern, dass § 295 InsO (mangels Treuhandphase) dem Schuldner im Erstverfahren Obliegenheiten auferlegt; und solange diese Versagung keine Sperrfrist für das Zweitverfahren auslöst, hat sie keine Bedeutung für das Parallelverfahren. Zudem kann es zu zwei parallelen Wohlverhaltensphasen mit gleichlaufenden Obliegenheiten nicht kommen, wenn der Schuldner seinen im Erstverfahren gestellten Antrag (zusammen mit seiner Abtretungserklärung) vor dem Beginn der Obliegenheiten auslösenden Treuhandphase des Parallelverfahrens zurücknimmt. Und diese beiden Punkte sollen im Folgenden näher untersucht werden.

1. Versagung der Restschuldbefreiung gemäß § 290 I InsO

Versagt das Insolvenzgericht dem Schuldner die Restschuldbefreiung, ist Schlüsselnorm § 290 I Nr. 3 Alt. 2 InsO. Danach tritt eine (zehnjährige) Sperrfrist de

---

608 Nerlich/Römermann/*Römermann* (Stand: Juni 2010) § 287 Rn. 27 ff.; Uhlenbruck/*Vallender* § 287 Rn. 38.

609 MünchKomm/*Stephan* § 287 Rn. 54 f.

lege lata für neuerliche Anträge nur ein, wenn das Gericht Restschuldbefreiung gemäß §§ 296, 297 InsO versagt hat.

Die im Jahre 2009 ihren Ausgang nehmende Rechtsprechung des Bundesgerichtshofs sieht dies allerdings anders: § 290 I Nr. 3 InsO greife analog für den Fall, dass das Insolvenzgericht dem Schuldner Restschuldbefreiung gemäß § *290 I Nr. 4, 5 und 6 InsO* versagen sollte – es gelte aber nur eine dreijährige Sperrfrist.[610]

Diese Rechtsprechung ist jedoch sehr zweifelhaft.[611] Für eine Analogie müsste § 290 I Nr. 3 InsO zunächst einmal planwidrig lückenhaft sein. Um das zu belegen, verweist der Bundesgerichtshof aber nur auf § 290 I Nr. 3a des „Regierungsentwurfes eines Gesetzes zur Entschuldung mittelloser Personen, zur Stärkung der Gläubigerrechte sowie zur Regelung der Insolvenzfestigkeit von Lizenzen" vom 22.08.2007.[612] Danach soll der Schuldner auch dann keine Restschuldbefreiung erlangen können, wenn ihm „in den letzten drei Jahren vor dem Antrag auf Eröffnung des Insolvenzverfahrens oder nach diesem Antrag […] Restschuldbefreiung nach § 290 I Nr. 5 oder Nr. 6 versagt wurde."[613] Ob aber aus dieser geplanten Gesetzesreform, die voraussichtlich zum 1.7.2014 durch das Gesetz zur Verkürzung des Restschuldbefreiungsverfahrens und zur Stärkung der Gläubigerrechte in Kraft treten wird, eine Regelungslücke im (noch) geltenden Recht ableitbar ist, ist in Zweifel zu ziehen. Die Reform mag zwar verdeutlichen, dass § 290 I InsO nicht mehr zeitgemäß ist und einer Korrektur bedarf, sie ist aber kein Beleg dafür, dass § 290 I InsO ursprünglich lückenhaft war, dass der Gesetzgeber es schon bei Schaffung des § 290 I Nr. 3 InsO übersehen hat, die Nummern 5 und 6 des § 290 I InsO in § 290 I Nr. 3 InsO einzufügen.[614]

Zudem kann der Bundesgerichtshof, was seine analoge Anwendung von § 290 I Nr. 3 InsO auch bei Versagung der Restschuldbefreiung gemäß § 290 I Nr. 4 InsO anbelangt, sein Vorgehen von vornherein nicht mit einer planwidrigen Regelungslücke abstützen: Weder der Entwurf vom 22.8.2007 wollte eine Versagung gemäß § 290 I Nr. 4 InsO mit einer dreijährigen Sperrfrist für neuerliche Anträge auf Restschuldbefreiung sanktionieren, noch will dies das

---

610 *BGH* ZInsO 2009, 1777 zu § 290 I Nr. 5 InsO; ZInsO 2010, 347 zu § 290 I Nr. 4 InsO; ZInsO 2010, 490 zu § 290 I Nr. 6 InsO.

611 Siehe auch *AG Göttingen* NZI 2011, 545; NZI 2010, 447 (449); FK/*M. Ahrens* § 287 Rn. 31c; *Hackländer* EWiR 2009, 681 (682); *Schmerbach* ZInsO 2010, 647 (652); NZI 2009, 677 (678 f.).

612 *BGH* ZInsO 2009, 1777 (1779 f.) zu § 290 I Nr. 5 InsO.

613 BT-Drs. 16/7416, 9.

614 Siehe auch FK/*M. Ahrens* § 287 Rn. 36b.

Gesetz zur Verkürzung des Restschuldbefreiungsverfahrens und zur Stärkung der Gläubigerrechte.[615]

Da eine Analogie somit methodisch nicht infrage kommt, greift der Bundesgerichtshof mit seiner Sperrfrist-Rechtsprechung bei Versagung der Restschuldbefreiung gemäß § 290 I Nr. 5 und 6 InsO im Ergebnis einer noch nicht in Kraft getretenen Regelung vor. Hierfür gelten jedoch strenge Leitlinien. Eine *Voranwendung* eines noch nicht geltenden Gesetzes ist nur zulässig, wenn es (a) rückwirkend gelten wird oder (b), wenn sie, die Voranwendung, ein „Rechtsvakuum", ausfüllt, also noch kein gültiges und einschlägiges Altrecht vorliegt.[616] Keine der beiden Voraussetzungen ist indes bei der zum 1.7.2014 in Kraft tretenden Reform der Versagungsgründe gegeben. Und was eine *Vorberücksichtigung* anbelangt, also eine Berücksichtigung künftigen Rechts bei der Auslegung bestehenden Rechts, so ist sie nur möglich, wenn sie sich nach dem hergebrachten Auslegungs-Kanon in das Altrecht integrieren lässt.[617] Der Wortlaut des § 290 I Nr. 3 InsO ist aber eindeutig: Er lässt keinerlei Spielraum dafür, dass auch eine Versagung der Restschuldbefreiung gemäß § 290 I Nr. 5 und Nr. 6 InsO zu einer Sperrfrist führen soll.

Daraus folgt, dass die Versagung der Restschuldbefreiung gemäß § 290 I InsO de lege lata nicht auf die Restschuldbefreiung im Parallelverfahren durchschlagen kann. Kann der Schuldner im Parallelverfahren also Restschuldbefreiung erlangen, obwohl sie ihm im Erstverfahren gemäß § 290 I InsO versagt worden ist, so kommt es nicht zu zwei parallelen Wohlverhaltensphasen, die *Pape* zum Anlass nimmt, Restschuldbefreiung im Parallelverfahren generell auszuschließen.

2. *Antragsrücknahme im Erstverfahren*

Wie oben schon angesprochen, sind zwei parallele Wohlverhaltensphasen aber auch ausgeschlossen, wenn der Schuldner seinen Antrag auf Restschuldbefreiung im Erstverfahren zurücknimmt.

a) Zulässigkeit der Antragsrücknahme

Nach vorherrschender Meinung darf der Schuldner gemäß §§ 4 InsO, 269 ZPO seinen Antrag auf Restschuldbefreiung zurücknehmen.[618] Bis zur Anhörung

---

615 Siehe BT-Drs. 17/11268, 25 (rechte Spalte).

616 *Kloepfer* Vorwirkung, S. 115, 116 mit Fn. 510, 119 unter g).

617 Siehe hierzu *Kloepfer* Vorwirkung, S. 161 (Die Vorberücksichtigung bewege sich „im Rahmen des zum Entscheidungszeitpunkt formell geltenden Altrechts.").

618 *BGH* ZInsO 2011, 1127; NZI 2005, 399 (400); *AG Göttingen* NZI 2008, 447 (448); *LG Freiburg* NZI 2004, 98 (99); *AG Königstein* ZVI 2003, 365; FK/*M. Ahrens* § 287 Rn. 32; HambKomm/*Streck* § 287 Rn. 6; *Häsemeyer* Insolvenzrecht Rn. 26.16;

gemäß § 289 InsO[619] müssten die Gläubiger auch nicht zustimmen.[620] Selbst wenn ein Insolvenzgläubiger einen Versagungsantrag gemäß § 290 InsO gestellt haben sollte, stehe dies einer Rücknahme nicht im Wege.[621] Die Gläubiger hätten nämlich kein schützenswertes Interesse an einer Versagung; denn selbst wenn das Gericht die Restschuldbefreiung gemäß § 290 I InsO versagte, könnten die Insolvenzgläubiger damit einen weiteren Antrag auf Restschuldbefreiung in einem Zweitverfahren nicht verhindern.[622] Allein in der Wohlverhaltensphase stehe ein Versagungsantrag gemäß §§ 296, 297 InsO einer Rücknahme im Wege, der Schuldner könnte diese nämlich dazu benutzen, die zehnjährige Sperre gemäß § 290 I Nr. 3 Alt. 2 InsO zu umgehen.[623]

Der herrschenden Meinung ist zunächst einmal darin zuzustimmen, dass der Schuldner seinen Antrag auf Restschuldbefreiung grundsätzlich zurücknehmen darf, denn gemäß § 13 II InsO gilt ein Rücknahmeverbot nach Verfahrenseröffnung nur für den Eröffnungsantrag selbst. Zudem dient gemäß § 1 S. 1 InsO das Insolvenzverfahren primär dazu, die Gläubiger des Schuldners zu befriedigen. Es kann deswegen auch ohne einen (freiwilligen) Antrag auf Restschuldbefreiung stattfinden – immerhin ergibt es sich aus § 20 II InsO und § 287 I 1 InsO, dass es im Belieben des Schuldners steht, ob er Restschuldbefreiung begehrt oder nicht.

Dennoch sollte es, entgegen der herrschenden Meinung, dem Schuldner nicht nur dann verwehrt sein, seinen Antrag zurückzunehmen, wenn er einer Versagung der Restschuldbefreiung gemäß §§ 296, 297 InsO entgehen will. Meines Erachtens ist bei der Frage nach der Zulässigkeit einer Antragsrücknahme auch stets im Einzelfall zu prüfen, ob der Schuldner § 290 I Nr. 3 Alt. 1 InsO

Heyn/Welsch InsbürO 2007, 102 (107); MünchKomm/*Stephan* § 287 Rn. 33a; Uhlenbruck/*Vallender* § 287 Rn. 20; anderer Ansicht ist nur *Hackländer* ZInsO 2008, 1308 (1314 f.).

619 Worin das Pendant zur mündlichen Verhandlung im Sinne des § 269 I ZPO liegen soll (vgl. *LG Freiburg* NZI 2004, 98 [99]).

620 *LG Freiburg* NZI 2004, 98 (99); HambKomm/*Streck* § 287 Rn. 6; weitergehend *Heyn/Welsch* InsbürO 2007, 102 (107) und Uhlenbruck/*Vallender* § 287 Rn. 20: Rücknahme bis zur gerichtlichen Ankündigung der Restschuldbefreiung gemäß § 291 I InsO; HK/*Landfermann* § 287 Rn. 18: Rücknahme bis zur Rechtskraft der Erteilung.

621 *BGH* ZInsO 2011, 1127; *LG Freiburg* NZI 2004, 98 (99); FK/*M. Ahrens* § 287 Rn. 32; HambKomm/*Streck* § 287 Rn. 6; MünchKomm/*Stephan* § 287 Rn. 33a; Uhlenbruck/*Vallender* § 287 Rn. 20; anderer Ansicht *AG Königstein* ZVI 2003, 365.

622 FK/*M. Ahrens* § 287 Rn. 32; MünchKomm/*Stephan* § 287 Rn. 33a.

623 FK/*M. Ahrens* § 287 Rn. 33; MünchKomm/*Stephan* § 287 Rn. 33a; Uhlenbruck/*Vallender* § 287 Rn. 20.

zu umgehen trachtet, was immer dann der Fall ist, wenn er seinen Antrag allein deswegen zurücknimmt, um ihn in einem Zweitverfahren erneut zu stellen – mit dem Hintergedanken, die Restschuldbefreiung auch auf Forderungen zu erstrecken, die er während des Erstverfahrens neu begründet hat. Denn die Restschuldbefreiung soll nicht als Zuflucht für Personen dienen, die bewusst finanzielle Risiken auf andere abwälzen.

In den Materialien heißt es hierzu: Versuche der Schuldner wiederholt, seine Schuldenlast zu reduzieren, sei dies ein Missbrauch des Insolvenzverfahrens.[624] Das Insolvenzgericht darf demnach einem Schuldner, der aus einer vorherigen Krise nichts gelernt hat, vor Ablauf von zehn Jahren keine weitere Restschuldbefreiung erteilen. Das Recht, den Antrag auf Restschuldbefreiung zurückzunehmen, muss sich wiederum an dieser Wertung ausrichten. Es besteht folglich nicht, wenn der Schuldner von ihm allein deshalb Gebrauch macht, um in ein zweites Insolvenzverfahren zu flüchten, in dem er Alt- und Neuverbindlichkeiten mithilfe der Restschuldbefreiung abstreifen will.[625]

Ein anderes Ergebnis würde Missbrauch Tür und Tor öffnen: Der Schuldner könnte für längere Zeit auf Kosten seiner Gläubiger Verbindlichkeiten anhäufen – und das alles auch noch in der Gewissheit, all diese durch eine Restschuldbefreiung zu verlieren, deren Zeitpunkt und Reichweite er durch geschickte Rücknahme und Neustellung seiner Anträge bestimmen könnte. Ein Warn- und Lerneffekt, wie vom Gesetzgeber angestrebt, würde nicht erzielt. Den Materialien zu § 290 I Nr. 3 Alt. 1 InsO zufolge soll zwar nur eine „wiederholte" Restschuldbefreiung ausgeschlossen sein; es kann jedoch unter teleologischen Gesichtspunkten keinen Unterschied machen, ob der Schuldner im Erstverfahren Restschuldbefreiung erhält und vor Ablauf der zehnjährigen Sperrfrist eine zweite für Neuverbindlichkeiten anstrebt[626] oder ob er Alt- und Neuverbindlichkeiten gemeinsam dadurch abzuschütteln gedenkt, dass er im Erstverfahren seinen Antrag auf Restschuldbefreiung zurücknimmt und (zum Schutz vor seinen sämtlichen Gläubigern) in ein nachgeschaltetes Zweitverfahren überwechselt, um darin gleichsam eine „fortlaufende Restschuldbefreiung" zu erhalten. Das Ergebnis wäre jeweils dasselbe.

Man kann zwar daran denken, eine Antragsrücknahme, die nach eben aufgestellten Grundsätzen rechtsmissbräuchlich wäre, alternativ durch eine geteilte Restschuldbefreiung im Zweitverfahren zu sanktionieren, also Forderungen der

---

624 Vgl. BT-Drs. 12/2443, 190 zu § 239 RegE-InsO.

625 Anderer Ansicht *AG Göttingen* NZI 2008, 447 (449); *Heyn/Welsch* InsbürO 2007, 102 (107).

626 In diesem Fall würde § 290 I Nr. 3 Alt. 1 InsO eingreifen.

Altgläubiger, bezüglich derer der Schuldner im Erstverfahren doch gerade auf Restschuldbefreiung verzichtet hat, von einer Restschuldbefreiung im Zweitverfahren auszuklammern.[627] Auch mag man eine Sperrfrist für neue Anträge auf Restschuldbefreiung in Erwägung ziehen.[628] Eine rechtliche Handhabe dafür gibt es aber nicht, wie sogleich aufgezeigt wird:

Eine geteilte Restschuldbefreiung kommt in einem (nachgeschalteten) Zweitverfahren nicht infrage, denn neben Neugläubigern wären gemäß § 38 InsO auch Altgläubiger teilnahmeberechtigt. Insolvenzgläubiger (im Zweitverfahren) ist, wer eine Forderung gegen den Schuldner hat, die aus der Zeit vor Eröffnung des zweiten Insolvenzverfahrens herrührt. Diese Voraussetzung ist für Alt- und Neugläubiger gleichermaßen erfüllt. Dann muss jedoch die Restschuldbefreiung infolge des klaren Wortlauts der §§ 286, 301 I InsO sämtliche Insolvenzforderungen erfassen.[629]

Auch eine Sperrfrist für neuerliche Anträge auf Restschuldbefreiung liegt außerhalb dessen, was sich mithilfe insolvenzrechtlicher Normen bewerkstelligen lässt. Soweit der *Bundesgerichtshof* seinen anderslautenden Befund auf eine Analogie zu § 290 I Nr. 3 InsO stützt mit der Folge einer dreijährigen Sperrfrist für Neuanträge,[630] kann dies nicht überzeugen. Das Gleiche gilt für eine analoge Anwendung des § 296 InsO.[631] Für beide vorgeschlagenen Analogien fehlt die planwidrige Regelungslücke. Selbst wenn man die zweifelhafte Argumentation des Bundesgerichtshofs gelten lassen wollte, die Regelungslücke ergebe sich aus den aktuellen Reformbemühungen des Gesetzgebers, könnte die Regelungslücke nicht aufgewiesen werden. Nicht einmal die voraussichtlich am 1.7.2014 in Kraft tretende Änderung der Insolvenzordnung durch das Gesetz zur Verkürzung des Restschuldbefreiungsverfahrens und zur Stärkung der Gläubigerrechte umfasst eine Sperrfrist nach Antragsrücknahme – und die Problematik dürfte dem

---

627 Vgl. *Hackländer* ZInsO 2008, 1308 (1312), der eine geteilte Restschuldbefreiung im Falle einer rechtskräftigen Sachentscheidung im Erstverfahren (Erteilung oder Versagung der Restschuldbefreiung) für möglich hält, sofern die noch offenen Altforderungen aus dem Erstverfahren nicht den wesentlichen Teil der Verbindlichkeiten ausmachen.

628 *BGH* ZInsO 2011, 1127: § 290 I Nr. 3 InsO „analog“ (dreijährige Sperrfrist); *Häsemeyer* Insolvenzrecht Rn. 26.16: § 290 I Nr. 3 Alt. 2 InsO in Verbindung mit § 296 analog.

629 Zutreffend demnach *BGH* ZInsO 2010, 347 (348) (keine geteilte Restschuldbefreiung bei einem nachgeschalteten Insolvenzverfahren); siehe auch *Pape* FS Ganter, 315 (319).

630 *BGH* ZInsO 2011, 1127.

631 Zur analogen Anwendung des § 296 InsO *Häsemeyer* Insolvenzrecht Rn. 26.16.

Gesetzgeber anlässlich der Rechtsprechung des Bundesgerichtshofs bekannt sein. Nicht zuletzt vor dem Hintergrund einer vom Gesetzgeber geforderten Rechtssicherheit und einer damit einhergehenden Transparenz der Versagungsgründe[632] kann es deshalb im Fall einer Antragsrücknahme eine Sperrfrist analog § 290 I Nr. 3 InsO oder analog § 296 InsO in Verbindung mit § 290 I Nr. 3 Alt. 2 InsO nicht geben.

Da es nach alledem keine rechtliche Möglichkeit gibt, den Schuldner daran zu hindern, in einem (nachgeschalteten) Zweitverfahren Restschuldbefreiung für alle alten, aber auch für alle neuen Schulden anzustreben, nachdem er seinen Antrag auf Restschuldbefreiung im Erstverfahren zurückgenommen hat, muss es, sofern man die Wertung des § 290 I Nr. 3 Alt. 1 InsO nicht hintanstellen will, dem Schuldner versagt sein, seinen Antrag im Erstverfahren zurückzunehmen, wenn ohne Restschuldbefreiung im Erstverfahren ein Zweitverfahren mit fortlaufender Restschuldbefreiung wahrscheinlich wäre.[633]

b) Nutzanwendung der gefundenen Ergebnisse auf Parallelverfahren nach einer Negativerklärung

Im Anschluss an die soeben erfolgte Darlegung der Hinderungsgründe für eine Antragsrücknahme im Allgemeinen, ist nun nur noch zu klären, ob diese auch bei einer Antragsrücknahme im Erstverfahren greifen können, nachdem über das Vermögen aus der selbstständigen Tätigkeit ein Parallelverfahren eröffnet worden ist.

Hinsichtlich des ersten Hinderungsgrunds für eine Rücknahme – die Flucht vor den §§ 296, 297 InsO – gibt es keine Besonderheiten. Der Schuldner kann seinen im Erstverfahren gestellten Antrag auf Restschuldbefreiung nicht zurücknehmen. Er muss die anstehende Versagung der Restschuldbefreiung hinnehmen und mit ihr die Sperrfrist des § 290 I Nr. 3 InsO, die auch für die Restschuldbefreiung im Parallelverfahren gilt.

Was hingegen den zweiten Hinderungsgrund angeht – die Ausweitung des Gläubigerkreises –, so greift dieser nicht, wenn der Schuldner seinen Antrag auf Restschuldbefreiung im Erstverfahren zurücknehmen will, um diesen im Parallelverfahren zu stellen. Denn und zur Erinnerung: Altgläubigern ist es versagt,

632 Vgl. BT-Drs. 12/2443, 190 zu § 239 RegE-InsO; 16/7416, 34 (zu Nummer 21).

633 Ein Zweitverfahren wäre wahrscheinlich, wenn nach Abschluss des Erstverfahrens (ohne Restschuldbefreiung) noch Forderungen offen sein würden, die der Schuldner voraussichtlich außerhalb des Verfahrens nicht wird befriedigen können. Dann wäre noch nicht einmal seine erste Krise behoben.

am Parallelverfahren nach einer Negativerklärung teilzunehmen.[634] Eine im Parallelverfahren erteilte Restschuldbefreiung würde deswegen nur Forderungen der Neugläubiger erfassen, ließe aber Forderungen der Altgläubiger unberührt. Der Gläubigerkreis würde demnach nicht um die Neugläubiger ergänzt, die Wertung des § 290 I Nr. 3 Alt. 1 InsO würde nicht beiseitegeschoben. Vielmehr dürfte das Insolvenzgericht den Schuldner im Parallelverfahren nur von den Ansprüchen der Neugläubiger befreien, nicht hingegen von den Forderungen, die Altgläubiger gegen ihn noch haben.[635]

3. *Ergebnis*

Hat der Schuldner im Erstverfahren bereits Restschuldbefreiung beantragt, ist sie ihm aber noch nicht erteilt oder gemäß §§ 296, 297 InsO versagt worden, so steht § 290 I Nr. 3 InsO einer Restschuldbefreiung im Parallelverfahren (noch) nicht im Wege.

Da der Schuldner jedoch innerhalb von zehn Jahren nur einmal Restschuldbefreiung erhalten kann, kann Restschuldbefreiung im Parallelverfahren de lege lata nur gewährt werden, wenn diese dem Schuldner im Erstverfahren gemäß § 290 I InsO versagt worden ist oder der Schuldner seinen im Erstverfahren gestellten Antrag auf Restschuldbefreiung zurücknimmt.

E. Zusammenfassung des Achten Teils

Gibt der Verwalter die Negativerklärung ab, kann über das Vermögen aus der selbstständigen Tätigkeit auf Fremd- oder Eigenantrag ein Parallelverfahren eröffnet werden. Zu einem Fremdantrag berechtigt sind allein Neugläubiger. An einem Parallelverfahren dürfen auch nur sie teilnehmen. Altgläubigern ist die Teilnahme versagt.

Ein Fremdantrag ist bereits dann zulässig, wenn der Gläubiger Forderung und Eröffnungsgrund glaubhaft macht; verwertbares Vermögen muss er nicht nachweisen.

Um seiner sich aus dem Erstverfahren ergebenden Zahlungspflicht gemäß §§ 35 II 2, 295 II InsO zu genügen, darf der Schuldner im Parallelverfahren einen Antrag gemäß §§ 36 I 2 InsO, 850i I, 850f I lit. b ZPO stellen; daraufhin hat das

---

634 Siehe oben unter A. II., S. 146 ff.

635 Sollte der Schuldner im Parallelverfahren Kostenstundung beantragen wollen, wird man zu verlangen haben, dass er spätestens bis dahin seinen Antrag auf Restschuldbefreiung im Erstverfahren zurückgenommen haben muss.

Gericht gemäß § 36 IV 1 InsO die Mittel freizugeben, die der Schuldner benötigt, um an die Masse des Erstverfahrens zu leisten. Eine Entscheidung des Gerichts ist jedoch nicht notwendig, wenn zwischen dem Verwalter des Parallelverfahrens und dem Schuldner eine Verständigung erfolgt und jener die abzuführenden Beträge freiwillig dem Verwalter des Erstverfahrens zukommen lässt.

Wird die Negativerklärung im Erstverfahren gemäß § 35 II 3 InsO für unwirksam erklärt und damit zusammenhängend mittels gebundener Positiverklärung das im Parallelverfahren gebundene Vermögen wieder in die Masse des Erstverfahrens eingegliedert, hat das Insolvenzgericht zu prüfen, ob das Parallelverfahren mangels Masse einzustellen ist.

Im Parallelverfahren kann das Insolvenzgericht Restschuldbefreiung erteilen, wenn der Schuldner im Erstverfahren entweder einen unzulässigen oder gar keinen Antrag auf Restschuldbefreiung gestellt hat, im Erstverfahren die Restschuldbefreiung gemäß § 290 I InsO versagt worden ist oder der Schuldner im Erstverfahren seinen Antrag zulässigerweise zurückgenommen hat. Erhält der Schuldner im Parallelverfahren Restschuldbefreiung, so erfasst sie allein Forderungen der Neugläubiger.

Schlussbetrachtung

In einem Gesamtüberblick sollen die wichtigsten Erkenntnisse der Untersuchung noch einmal abschließend betrachtet werden. Insbesondere soll dieser Überblick die Chancen und Möglichkeiten für Verwalter, Schuldner und Insolvenzgläubiger aufzeigen, die sich durch § 35 II 1 InsO ergeben können.

Kern und Grundlage der Untersuchung war der *Zweite Teil.* Darin wurde herausgearbeitet, dass § 35 II 1 InsO allein darauf zugeschnitten ist, Neuerwerb aus der selbstständigen Tätigkeit und Neuverbindlichkeiten aus dieser Tätigkeit zusammenzuführen: Für Neuverbindlichkeiten haftet die Vermögenssphäre, der auch der Neuerwerb zufließt – also entweder die Masse oder das insolvenzfreie Vermögen.

Eine konnexe Begünstigungs- und Haftungslage herzustellen, ist aber auch die einzige Wirkung von § 35 II 1 InsO. Die Negativerklärung ist vor allem kein Werkzeug, um das Unternehmen in seiner Gesamtheit samt allen massezugehörigen Betriebsmitteln aus der Masse auszugliedern. Es verbleibt trotz Negativerklärung bei den §§ 157 f. InsO; die Insolvenzgläubiger bestimmen, wie es mit dem Unternehmen weitergeht – nicht der Verwalter, und schon gar nicht der Schuldner.

Die Negativerklärung ist – entgegen der vorherrschenden Meinung – auch keine Enthaftungserklärung, welche die Masse von sämtlichen Forderungen zu entlasten vermag, die mit der selbstständigen Tätigkeit im Verfahren zusammenhängen. Der Verwalter kann mit der Negativerklärung weder Masseverbindlichkeiten gemäß §§ 108 I 1, 55 I Nr. 2 Alt. 2 InsO abschütteln noch Verträge im Sinne des § 103 InsO an den Schuldner „freigeben". Zwar verbleibt dem Verwalter das Recht, Dauerschuldverhältnisse gemäß § 109 I 1 InsO und § 113 S. 1 InsO zu kündigen, doch auch dies ist kein Freibrief, denn eine Kündigung kann im Einzelfall mit den Grundrechten des Schuldners (Art. 12 I, 14 I GG) kollidieren. Wie der *Sechste Teil* ergab, darf der Verwalter nur kündigen, wenn der Schuldner keinerlei Interesse mehr an seinen Verträgen hat oder der zu kündigende Vertrag eine Unternehmensfortführung durch den Verwalter und eine damit verbundene Sanierung des Unternehmens erschwert.

Im *Sechsten Teil* ist aber auch gezeigt worden, dass eine Haftung der Masse für unternehmensbezogene Miet-, Pacht- oder Dienstverträge nur angemessen ist, solange das Unternehmen zu ihr gehört. Deswegen wurde das Freigabemodell entwickelt, wonach die Haftung des Schuldners für Miet-, Pacht- und

Dienstverträge wieder auflebt, sobald der Verwalter das Unternehmen (mit Einverständnis des Schuldners und mit Erlaubnis der Insolvenzgläubiger) aus der Masse freigibt.

Nimmt man all die gewonnenen Ergebnisse zusammen, dann stellt sich die Lage – gleichsam als Exzerpt der Teile zwei bis sieben – so dar:

1. Die Phase bis zum Berichtstermin. Der Verwalter hat sich nach Eröffnung des Verfahrens oder, sollte er bereits vorläufig bestellt worden sein, nach seiner Bestellung, Einblick in das schuldnerische Unternehmen und dessen Erträge zu verschaffen sowie die Kosten zu überschlagen – die Fixkosten, aber auch die voraussichtlich anfallenden Neuverbindlichkeiten.

Ergibt seine Analyse einen positiven Saldo und möchte der Verwalter das Unternehmen – vielleicht sogar mit freiwilliger Hilfe des Schuldners – selbst weiterführen, ist dies auch nach Einführung des § 35 II InsO weiterhin möglich. Der Verwalter muss dann auch nicht die Erklärung im Sinne des § 35 II 1 InsO abgeben; die Pflicht zur Erklärung ist nämlich daran geknüpft, dass der Schuldner selbst und eigenständig die Geschäfte führt, was nicht der Fall ist, wenn der Verwalter das Unternehmen leitet. Nur wenn der Verwalter das Unternehmen nicht selbst fortführen möchte oder wenn er es selbst mangels Ausbildung, Qualifikation etc. nicht weiterführen kann, muss er sich gemäß § 35 II 1 InsO erklären, und das auch nur, sofern der Schuldner bereit und fähig sein sollte, seine Geschäfte (zunächst bis zum Berichtstermin) im Verfahren auf eigene Rechnung fortzusetzen.

Ist der Verwalter von der Tätigkeit überzeugt, sollte er die Positiverklärung abgeben. Sämtlicher Neuerwerb aus der Tätigkeit fließt dann zur Masse, die aber auch für alle Neuverbindlichkeiten aus der Tätigkeit haftet. Ist der Verwalter hingegen von der Tätigkeit nicht oder nicht in dem Maße überzeugt, dass er eine Haftung der Masse für Neuverbindlichkeiten in Kauf zu nehmen bereit ist, ist eine Negativerklärung die richtige Wahl des Verwalters. Nach ihrer Abgabe gebührt sämtlicher Neuerwerb aus der selbstständigen Tätigkeit, künftiger als auch bereits erwirtschafteter, dem Schuldner; dieser haftet aber auch für sämtliche Neuverbindlichkeiten.[636]

Mit der Negativerklärung ist freilich zu einem guten Teil die Rechtslage wiederhergestellt, die schon zu Zeiten der Konkursordnung galt. Jedoch besteht der Unterschied darin, dass der Schuldner über die §§ 35 II 2, 295 II InsO verpflichtet ist, einen Fixbetrag an die Masse zu zahlen, und zwar in Höhe dessen, was

636 Hierzu ausführlich der *Zweite* und *Dritte Teil.*

ihm an pfändbaren Erträgen zuflösse, wäre er abhängig beschäftigt.[637] Zudem ist er gemäß §§ 35 II 2, 295 II InsO verpflichtet, die Masse für die Kosten aus den von ihm genutzten unternehmensbezogenen Dauerschuldverhältnissen im Sinne des § 108 I 1 InsO zu entschädigen.[638] Dabei hat er die Zahlungen, sofern seine Einnahmen dies zulassen, monatlich zu leisten. Bricht er mit dieser Pflicht, kann ihn das die Restschuldbefreiung gemäß § 290 I Nr. 5 InsO kosten.

2. Die Zeit nach dem Berichtstermin. Unabhängig davon, ob der Verwalter vor dem Berichtstermin das Unternehmen selbst fortführt oder die Erklärung gemäß § 35 II 1 InsO abgibt, in beiden Fällen müssen sich die Insolvenzgläubiger im Berichtstermin fragen, wie es mit dem noch zur Masse gehörenden Unternehmen des Schuldners weitergeht: Wollen sie es durch den Verwalter zerschlagen, es an einen Dritten veräußern oder aus der Masse freigeben lassen? Vom Ergebnis des Berichtstermins wird vielfach auch abhängen, welche Stellung der Verwalter zu bislang unerfüllt gebliebenen und unternehmensbezogenen Verträgen im Sinne des § 103 InsO einnimmt.

Zur ersten Option, der Zerschlagung, ist nicht viel zu sagen, außer dass sie bei Unternehmen von natürlichen Personen regelmäßig wenig verspricht – allein schon, weil der Schuldner oftmals nur über unpfändbare Betriebsmittel im Sinne der §§ 36 I 1 InsO, 811 I Nr. 5 und Nr. 7 ZPO verfügen wird.

Soll das Unternehmen hingegen an einen Dritten verkauft werden und bringt der Schuldner trotz der Aussicht, sein Unternehmen zu verlieren, weiter die Motivation auf, es (zeitweilig) auf eigene Rechnung weiterzuführen, gilt das, was schon vor dem Berichtstermin nach einer Negativerklärung gegolten hat: Der Schuldner darf den Neuerwerb aus seiner Tätigkeit einstreichen, er haftet aber auch für Neuverbindlichkeiten; überdies ist er über die §§ 35 II 2, 295 II InsO ausgleichspflichtig.

Vielfach wird jedoch die dritte Variante infrage kommen, die Freigabe des Unternehmens, und zwar dann, wenn weder Zerschlagung noch Veräußerung des Unternehmens aussichtsreich erscheinen. Nach der Freigabe muss der Schuldner wieder für alle Verbindlichkeiten aus unternehmensbezogenen Dauerschuldverhältnissen im Sinne des § 108 I 1 InsO im Außenverhältnis (zu seinen Vertragspartnern) allein aufkommen, ist aber auch wieder Herr seines Unternehmens.[639] Nach einer Freigabe des Unternehmens dürfte sich die Lage für den Verwalter auch so darstellen, dass er auf die Durchführung unerfüllt

---

637 *Vierter Teil* unter B., S. 56 ff.

638 Näheres im *Sechsten Teil* unter C. I.: „Das Ausgleichsmodell", S. 117 f.

639 Näheres im *Sechsten Teil* unter C. II.: „Das Freigabemodell", S. 118 ff.

gebliebener unternehmensbezogener Verträge im Sinne des § 103 InsO verzichtet. Dann kann der Schuldner entscheiden, ob er seinen Vertragspartnern die geschuldete Leistung anbietet und die Verträge außerhalb des Verfahrens auf eigene Rechnung, aber auch zu eigenem Vorteil abwickelt.[640]

*

Insgesamt ist nach alledem festzuhalten, dass dank § 35 II 1 InsO für einen Selbstständigen, aber auch für seine Insolvenzgläubiger wieder Hoffnung besteht – Hoffnung darauf, die Insolvenz zu meistern, und das zu beiderseitigem Vorteil.

Der Vorteil für den Schuldner liegt darin, dass er sich aus den Abgründen der Insolvenz wieder emporarbeiten kann. Dabei bieten allein schon die Negativerklärung und die Freigabe des Unternehmens für den Schuldner die Möglichkeit eines Neuanfangs. Denn trotz Negativerklärung und Freigabe des Unternehmens bleiben die Insolvenzgläubiger im Verfahren gebunden und können gemäß § 89 I Alt. 2 InsO nicht auf das insolvenzfreie Vermögen des Schuldners zugreifen – der Schuldner kann also noch einmal von vorn anfangen und Fehler der Vergangenheit vermeiden.

Für die Insolvenzgläubiger auf der anderen Seite gibt § 35 II 1 InsO die (vom alten Recht wegen dessen fehlenden Zuschnittes auf selbstständige Tätigkeiten versperrte) Aussicht frei, die Masse mit Neuvermögen angereichert zu sehen: entweder mit den Einkünften aus der selbstständigen Tätigkeit (nach der Positiverklärung) oder aber mit den Beträgen, die der Schuldner (nach der Negativerklärung) gemäß §§ 35 II 2, 295 II InsO abzuführen hat. Denn kann der Schuldner mit seinen neuen Vertragspartnern kontrahieren im Wissen um eine Haftungsgrundlage, dürfte seine Motivation, geschäftlich aktiv zu werden, stark ansteigen, nach einer Negativerklärung nicht zuletzt auch deswegen, weil er seine Einnahmen behalten kann, die den gemäß §§ 35 II 2, 295 II InsO abzuführenden Betrag übertreffen. Zudem besteht für Insolvenzgläubiger ein weiterer Vorteil: Der Verwalter kann mit einer Negativerklärung die Fortführung des (zunächst weiterhin massezugehörigen) Unternehmens dem übernahmebereiten und übernahmefähigen Schuldner überlassen. So entstehen weniger Verwalter-Gebühren und noch wichtiger: so wachsen keine Masseverbindlichkeiten aus der Unternehmensfortführung hervor.

Ob Schuldner ihre zweite Chance nutzen, wird die Zukunft zeigen. Das rechtliche Rahmenwerk ist jedenfalls vorhanden. Verwalter und Schuldner müssen es

---

640 Hierzu ausführlich der *Siebte Teil* unter B., S. 131 ff.

nur nutzen. Wahrscheinlich dürfte sein, dass einigen Schuldnern der Neustart gelingt, anderen nicht. Mehr als wahrscheinlich dürfte aber auch sein, dass die Streitigkeiten im Zusammenhang mit § 35 II 1 InsO für lange Zeit kein Ende nehmen werden – dafür ist die Materie noch zu sehr Sammelplatz sich gegenüberstehender Lager. Deswegen ist *Zipperer* nur zustimmen, wenn er meint, die „Freigabe" der selbstständigen Tätigkeit im Insolvenzverfahren hält noch einiges bereit: „Entscheidungsvorrat für die Zukunft".[641]

641 *Zipperer* ZVI 2008, 47 (48).

Schriften zum Zivilverfahrensrecht und Insolvenzrecht

Herausgegebenvon Martin Ahrens

Band 1 Christoph Renger: Wege zur Restschuldbefreiung nach dem Insolvency Act 1986. Mit Bezügen zum deutschen Recht und unter Berücksichtigung anerkennungsrechtlicher Probleme nach der EuInsVO. 2012.

Band 2 Alexander Dietzel: Der Pfändungsschutz der privaten Altersvorsorge nach den §§ 851c und 851d ZPO. 2014.

Band 3 Gabriele Janlewing: Familienrechtliche Ansprüche gegen den Selbständigen in der Insolvenz. 2014.

Band 4 Sven Schulze: Die Beweislastregel des § 22 AGG. 2014.

Band 5 Steffen Gotter: Die selbstständige Tätigkeit im Insolvenzverfahren und die Negativerklärung gemäß § 35 II 1 InsO. 2015.

www.peterlang.com